学ぶ人は、変えてゆく人だ。

目の前にある問題はもちろん、

人生の問いや、

社会の課題を自ら見つけ、

挑み続けるために、人は学ぶ。

「学び」で、

少しずつ世界は変えてゆける。

いつでも、どこて

学ぶことができ

旺メ

日本史
基礎問題精講

松本 英治・高橋 哲　共著

Basic Exercises in Japanese History

旺文社

　本書は，大学入試の基礎学力をつけるための問題集です。本格的な受験勉強を始めようとする皆さん，まずは通史的な理解を確認しようとする皆さん，あるいは難関大学の受験に向けて基礎固めをしたい皆さんを対象としています。実際の入試問題の演習を通じて，基礎的な用語を確認する問題から，正誤選択や年代整序など多様な形式の問題までを，段階的に学習することを狙っています。

　基礎学力は，教科書をベースとした学習を積み重ねることで養われます。受験勉強では，教科書を読み込んで知識を蓄えていくことが，最も重要です。

　しかし，網羅的な教科書の記述を読んで，膨大な数の人物や歴史用語に圧倒されてしまうこともあるでしょう。また，入試では，教科書の別々のページに説明されている事項が結びつけられて出題されることも少なくありません。

　これらの点に配慮すべく，本書では頻出用語など基礎知識の習得に重点を置き，関連づけて理解しておくべき事項の整理を心がけました。

　他教科の学習も疎かにできない皆さんにとって，日本史のみに多くの時間を費やすことはできません。限られた時間で最大限の効果を生み出すために，最新・良質の入試問題を精選しました。また，難問は削除するなどの改題を必要に応じて加えました。

　私たち二人は，高等学校で日本史の授業を担当しています。日々の授業や論述問題の添削を通じて，生徒が理解につまずいたり，間違えたり，あるいは苦手としたりするところを，長年見てきました。その現場経験をふまえて，わかりやすい説明と注意点の指摘を意識して執筆しました。

本書は，松本が前近代，高橋が近現代を担当しました。それぞれの専門分野に立って執筆することで理解しやすい内容となるように，また独りよがりにならないようにお互いが内容を吟味した上で，まとめたものです。旺文社で長く日本史の参考書を編集されている岡﨑有里さん，横浜編集事務所さんのアドバイスを仰ぎました。

　受験勉強は繰り返しが重要です。教科書と併用しながら，知識と理解が身につくまで，何度も取り組んで下さい。そして，本書によって基礎学力を身につけ，さらに日本史を得点源にしたいのであれば，本シリーズの標準編にも挑戦してみて下さい。

　本書を大いに利用して，皆さんが栄冠を勝ち取ることを願っています。

松本 英治　　　　高橋 哲

編集担当：岡﨑 有里　　　　編集協力：横浜編集事務所
装丁デザイン：イイタカデザイン　　　　本文デザイン：内津 剛（及川真咲デザイン事務所）
校正・校閲：株式会社友人社，杉山詩織，鈴木優美，株式会社東京出版サービスセンター，
井藤淳史，小林麻恵，中寺久美子，株式会社ぷれす
写真提供：日本銀行貨幣博物館

▼

本書は，大学入試の基礎体力をつけるための問題集です。

これから日本史の入試勉強を始める人から難関レベルの問題に挑戦したい人まで，確かな「入試基礎力・解答力」を身につけることができます。

厳選された 40 テーマ

厳選され，かつ取り組みやすいテーマ数で構成しています。

1日1テーマ取り組めば，全 40 日で日本史のほぼ全範囲の学習が可能です。目標に合わせて，取り組みやすいペースで学習を進めてください。

段階的に学習できる 2 ステップの問題構成

1テーマを2ステップに分け，ＳＴＥＰ1 基本レベル ＳＴＥＰ2 実戦レベル の2レベル構成にしています。2レベルの問題を段階的に学習することで，入試に必要な基礎力・解答力を身につけることができます。

ＳＴＥＰ1 基本レベル

◆各テーマのもっとも基本的な内容で構成
◆用語の空欄補充問題など，やさしい問題形式が中心

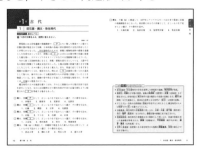

STEP 2 実戦レベル

◆各テーマの発展的な内容で構成

◆正誤問題や文章の選択問題など，解きごたえのある問題形式が中心

この 用 語 も おさえる！　　各テーマで，さらに覚えておくべき用語・合否ラインの用語などを整理して掲載しています。

解答力 UP！　　入試問題の実戦的な解答テクニック，押さえておきたい観点などを紹介しています。

知識を定着させ，理解を深める解説・精講

　基本事項をていねいに確認できる解説に加え，入試で差がつく知識などを整理した 精講 を掲載しています。最重要用語は赤太字，次に重要な用語は黒太字，重要な説明部分には波線を引いています。

詳しく！▶ 解説部分で，解答の説明だけでなく，より詳しく関係に触れているものにつけています。

注意！▶ 特に間違えそうな問題の解説につけています。

やや難 掲載された問題の中でも難しめの問題につけています。

本 書 の 特 長

▼

『日本史　基礎問題精講』は，実戦形式で問題を解きながら，「入試基礎力・解答力」を身につけることができる問題集です。

入試問題を読んで答えを導き出す力が身につくように，本書には以下のような特長をもたせています。

「基礎問」で入試の基礎力が身につく！

大学入試に必要な基礎力が身につく問題（＝基礎問）を，STEP 1 基本レベル STEP 2 実戦レベル としてレベル別に 40 テーマ分選定しました。

実際の入試問題に挑戦しながら，標準〜難関レベル入試頻出の知識を押さえることができます。

さまざまな「問題形式」に対応できる力がつく！

入試の「問題形式」に着目し，STEP 1 ではやさしい形式（用語の空欄補充問題など），STEP 2 では解きごたえのある形式（正誤問題や文章の選択問題など）を採用しています。

知識は，単に覚えただけでは得点になりません。入試の問題形式に合わせて解答できることが必要であり，この問題形式によって難易度も変化します。

本書では，基本的な形式から解きごたえのある形式まで，段階的にトレーニングできるよう問題を選定しています。

難関校入試で解答できる「読解体力」がつく！

難関校入試では，試験時間内に設問文や多くの選択肢を読みこなす「読解体力」が求められます。加えて，さまざまな形式の問題にも対応できなければなりません。

そのため，STEP 1 よりも STEP 2 では設問文や選択肢の文章を基本的にボリュームアップし，問題形式のバリエーションも増加するように問題を設定しています。

STEP 1 ⇒ STEP 2 と段階的に取り組むことによって，標準〜難関レベルの入試問題に対応できる読解体力が身についていきます。

本書を使い，入試に必要な「基礎力」と「解答力」（＝「問題形式への対応力」「読解体力」）を身につけてください。

本 書 の 使 い 方

1. STEP 1 に取り組む！

まず，各テーマの基本的な内容を押さえた STEP 1 に取り組みましょう。

解き終えたら答え合わせをし，理解できた問題には ☑ をつけ，できなかった問題はできるようになるまで何度もくり返し挑戦してください。

小問ごとに □
（＝チェックボックス）
がついています。

この 用語 も おさえる ！ や，解答力 UP ！ を読み，不足している知識を補うことも大切です。

2. STEP 2 に取り組む！

次に，各テーマの発展的な内容の STEP 2 に取り組みましょう。

解きごたえのある問題がそろっていますので，一度で終わらせるのではなく，何度もくり返し臨んでください。

STEP 1 からいきなりレベルを上げるのが不安な人は，先に全 40 テーマの STEP 1 に取り組み，その後に STEP 2 に挑戦しても OK です。

3. 解説・精講を読み込む！

解説には，解答に関する基本的な事項だけでなく，解答の周辺事項などについて説明を加えているものもあり，用語と用語のつながりを再確認できます。

精講 では，入試で差がつく知識や，合否の分かれ目となる内容などを掲載しており，難関レベルまでの知識を押さえることができます。

熟読し，入試に必要な知識をしっかりと身につけましょう。

4. 時間をおいて何度も解く！

一回解いて満足するのではなく，全問できるようになるまで，何度もくり返し挑戦しましょう。

本書には，入試に必要な知識が詰まっています。書いてある内容が完全に理解できるまでくり返し，確かな「基礎力」「解答力」を身につけてください。

もくじ

※本書で使用している入試問題は，原典の様式を尊重して掲載していますが，一部の問題のみを抜き出す，解答を補うなどの改題を適宜行っています。また編集上の都合により，設問文や問題番号，用語の表記などは，本書内で統一している箇所もあります。

1 │ 旧石器・縄文・弥生時代

STEP 1 基本レベル

1 つぎの文章をよみ，設問に答えなさい。

（東海大・改）

　群馬県にある岩宿遺跡の発掘調査で，　ア　にたい積した関東ローム層から打製石器が発見されて以降，日本列島の各地に旧石器時代の文化が存在したことが明らかとなった。(a)旧石器時代の人々は，狩猟と植物性食料の採集を基盤とした生活をおくっており，狩猟には　イ　とよばれる石器を棒の先端に装着した槍を使い，ナウマンゾウやオオツノジカなどの大型動物を捕らえていた。

　今から約1万3000年前になると，狩猟・採集生活を主としつつも，土器や弓矢の使用を特徴とする縄文文化がおこった。土器は食物の貯蔵や煮たきを可能にしたことで，人々の暮らしを大きく変えた。また，用途に応じてさまざまな種類の石器がつくられ，使用された。例えば，　ウ　は漁労に用いられた道具として知られ，海や川においても縄文時代の人々が活発に活動していたことを物語っている。また，動物の骨や角などを加工した骨角器も使用され，その多くは(b)貝塚から発見されている。

　縄文時代の人々は地面を掘りくぼめ，その上に屋根をかけた竪穴住居で定住生活をいとなみ，なかには10数軒ほどの竪穴住居が中央の広場を囲むように配置された　エ　を形成する場合もあった。

□ **問1.** 空欄　ア　として，正しいものを下記から1つ選び，その番号を記せ。
　　　1. 沖積世　　**2.** 鮮新世　　**3.** 更新世　　**4.** 完新世
□ **問2.** 空欄　イ　として，正しいものを下記から1つ選び，その番号を記せ。
　　　1. 石鏃　　**2.** 礫器　　**3.** 石斧　　**4.** 尖頭器
□ **問3.** 空欄　ウ　として，正しいものを下記から1つ選び，その番号を記せ。
　　　1. 石匙　　**2.** すり石　　**3.** 石錘　　**4.** 石皿
□ **問4.** 空欄　エ　として，正しいものを下記から1つ選び，その番号を記せ。
　　　1. 入会地　　**2.** 環状集落　　**3.** 寄合　　**4.** 環濠集落
□ **問5.** 下線（a）に関連して，沖縄県で発見された新人の化石人骨として，正しいものを下記から1つ選び，その番号を記せ。
　　　1. 浜北人骨　　**2.** 柳江人骨　　**3.** 明石人骨　　**4.** 港川人骨

□ **問6.** 下線 (b) に関連して，1877年にアメリカ人モースは日本で最初に貝塚の発掘調査をおこなった。東京都にあるその貝塚として，正しいものを下記から1つ選び，その番号を記せ。

　　　1．大森貝塚　　　**2．鳥浜貝塚**　　　**3．加曽利貝塚**　　　**4．里浜貝塚**

この用語もおさえる！

▶ **岩宿遺跡**…旧石器時代の存在を証明した群馬県の遺跡。**相沢忠洋**が発見。

▶ **黒曜石**…**石鏃**など石器の原料。産地は**和田峠**（長野県）・**白滝**（北海道）など限定される。分布状況は，縄文時代の遠方集団との交易の証拠となる。**姫川**（新潟県）などを産地とし，装身具の原料となる**ヒスイ**（硬玉）も同様の証拠。

▶ **アニミズム**…自然や自然現象に霊威が存在すると考えること。縄文時代の人々は呪術でその災いを避けようとした。

▶ **木製農具**…弥生時代の水稲農耕に用いられ，**木鍬・木鋤・田下駄**（耕作用），**木臼・竪杵**（脱穀用）などがある。磨製石器や鉄製工具で加工された。

▶ **青銅製祭器**…弥生時代の青銅器は主に祭器として用いられ，共通の祭器を用いる地域圏が形成された。**銅鐸**（近畿地方），**平形銅剣**（瀬戸内中部），**銅矛・銅戈**（九州北部）など。

▶ **吉野ヶ里遺跡**…佐賀県にある弥生時代の大規模な**環濠集落**。望楼の跡などで注目を集めた。

2 次のA〜Cの文章を読んで，後の問に答えなさい。 （青山学院大・改）

A．日本における旧石器時代には，人々は小河川の流域など一定の範囲内を移動して，a動物を狩り，植物性の食料を採取して生活していたものと考えられている。そのため，住居は簡単なテント式の小屋や一時的に利用した洞窟などであったと思われる。住居を造るための道具は発掘遺物では，土掘りや木を伐採するために使ったと思われる　あ　石斧が主なものであり，大がかりな建築・土木作業はまだ行われていなかったと考えられる。

B．縄文時代になると，気候が温暖化し，狩猟，漁労，b植物性食料採取などを組み合わせて生活出来るようになり，道具の種類も材料も飛躍的に増えた。食料の獲得が安定したことにより，人々は住居を造って定住し，c大きな集落が形成され，指導的立場の人が現れるようになった。集落内では人々が指導者のもとに共同作業を行うようになり，青森市のd三内丸山遺跡や金沢市のチカモリ遺跡，能登半島の真脇遺跡などにみられる巨木遺構の構築も可能になった。

C．弥生時代には，大陸から水稲耕作，金属器などの進んだ文化が伝わり，本格的な食料生産が開始された。大陸系の木工具の普及によって道具の製作が容易になり，e大規模な土木工事も可能になった。集落の周りに環濠を巡らし，土塁を築いてその上に柵を設けたと思われる環濠集落の形成は，大規模な土木工事が行われた証である。この集落内では，竪穴住居に加えてf掘立柱の高床倉庫，平地式建物が数を増し，人々の生活も複雑になってきたものと考えられる。

□ **問1．** 空欄　あ　に入る最も適当な語を漢字で答えなさい。

□ **問2．** 下線部aに関連して，この旧石器時代に日本列島で狩猟されていた動物の中には，明治初期にその動物の化石を調査したドイツ人の名を取って命名された動物もいる。この動物の名称とその化石が発見された湖の名の組み合わせとして正しいものを下から選び，その番号を記せ。

　　①マンモス，野尻湖　　②ナウマンゾウ，野尻湖
　　③マンモス，田沢湖　　④ナウマンゾウ，田沢湖

□ **問3．** 下線部bに関連して，この時代に利用されていた植物性食料の組み合わせとして誤っているものを下から選び，その番号を記せ。

　　①クルミ，ヤマイモ　　②ドングリ，ジャガイモ
　　③クリ，エゴマ　　　　④トチ，ヒョウタン

見られる。縄文時代に見られる墓とこの時代の風習，遺物の組み合わせとして正しいものを下から選び，その番号を記せ。

□ 問5．下線部dに関連して，この遺跡の説明として誤っているものを下から選び，その番号を記せ。

②この遺跡からは集合住居と考えられる大型の住居が検出されている。

③この遺跡では，食料獲得の点から原始農耕が行われていたと考えられる。

□ 問6．下線部eに関連して，板付遺跡からは，大規模な土木工事が行われた証拠として環濠，水田跡，矢板列，堰，水路，杭列などの遺構が検出されている。この遺跡に関連する説明として，正しいものを下から選び，その番号を記せ。

①この遺跡からは縄文時代後期の水田跡が見つかっている。

②この遺跡と並んで古い水田跡が見つかっている遺跡に菜畑遺跡がある。

④この遺跡から発見された土偶は，縄文ビーナスと呼ばれている。

□ 問7．下線部fに関連して，この建物の存在は銅鐸の絵で推定されていたが，□□□遺跡から検出された高床倉庫と考えられる遺構や梯子によって，その存在が確実になった。□□□に入る最も適当な遺跡名を下から選び，その番号を記せ。

①土井ヶ浜　②紫雲出山　③登呂　④荒神谷

以下の用語は，下線部を書き間違えやすい。誤字に注意しよう。

・縄文時代…骨角器（×格），竪穴住居（×堅），丸木舟（×船），土偶（×隅），アニミズム（×ミニ），三内丸山遺跡（×山）

・弥生時代…竪杵（×堅），環濠集落（×壕），『漢書』地理志（×史）

1 | 旧石器・縄文・弥生時代

1 問1 3 問2 4 問3 3 問4 2 問5 4 問6 1

解説

問2・3 ▶ 精講 1-2

問4　縄文時代は，広場を囲んで**竪穴住居**が環状に並ぶ**環状集落**が多い。弥生時代は，戦乱の始まりを受け，濠や土塁をめぐらした**環濠集落**が出現する。

問5　更新世の化石人骨として，**浜北人**（静岡県）や**港川人**（沖縄県）などが発見されており，いずれも**新人**段階のものである。

問6　日本の考古学は，**モース**による**大森貝塚**（東京都）の発掘調査に始まる。

2 問1 打製 問2 ② 問3 ② 問4 ③ 問5 ④ 問6 ②
　　問7 ③

解説

問1　打製石器の一つ**打製石斧**は土掘りや木の伐採に用いられた。

問2　長野県**野尻湖**で，ナウマンゾウの化石と打製石器が出土している。

問3　②：誤文。ジャガイモは新大陸原産で，17世紀初めに日本に伝来したとされる。他は縄文時代に利用された植物で，**クリ・ヤマイモ**の増殖，**エゴマ・ヒョウタン**の栽培も行われたと考えられている。

問4　③：正文。**方形周溝墓**が弥生時代，**埴輪**が古墳時代という知識から消去法で判断するとよい。縄文時代は共同墓地に楕円状の土壙を掘って死者の体を折り曲げて埋葬する**屈葬**が主流。歯を削って研ぐ**研歯**は，**抜歯**とともに縄文時代の習俗。

問5　④：誤文。**墳丘墓**は弥生時代という知識から判断する。

やや難 問6　水田跡などが発見された**板付遺跡**（福岡県）と**菜畑遺跡**（佐賀県）は，縄文時代晩期に水稲農耕が行われていたことを示す。③の鉄製の短甲は縄文時代晩期にはない。④の「縄文（の）ビーナス」は棚畑遺跡（長野県）で出土した国宝指定の**土偶**。

問7　戦後間もなく発掘された**登呂遺跡**（静岡県）では，水田跡や高床倉庫など水稲耕作の跡が出土した。①の**土井ヶ浜遺跡**（山口県）は墓地跡。②の**紫雲出山遺跡**（香川県）は戦乱に備えた**高地性集落**。④の荒神谷遺跡（島根県）は青銅製祭器の埋納跡。

精講 1-1 地質学の時代区分

地質学の時代区分では，今からおよそ**1万年前**を境に**更新世**と**完新世**に区分される。旧石器文化は更新世で，完新世への移行に伴って**縄文文化**が成立した。

	気 候	動 物	生 活
更新世	**氷河時代** →大陸と陸続きも	ナウマンゾウ オオツノジカ	旧石器文化 …狩猟を中心とした生活
完新世	**温暖化** →日本列島の形成	ニホンシカ イノシシ	縄文文化 …狩猟・漁労・採取の生活

精講 1-2 石器の名称と用途

考古学の時代区分では，打製石器のみを使用した時代を**旧石器時代**，磨製石器が出現した時代を**新石器時代**という。縄文時代は新石器時代である。

石器の名称は用途とともにおさえておくこと。写真を用いた出題もあるので，教科書などの図版をよく見ておこう。

旧石器時代	**ナイフ形石器・尖頭器**…棒の先端につける，狩猟用 **細石器**…細石刃を槍とする木などに埋め込む，狩猟用 **打製石斧**…土掘りや木の伐採に用いる
縄文時代	**石鏃**…弓矢の矢の先端につける，狩猟用 **石錘**…網のおもりとして用いる **磨製石斧**…木の伐採に用いる **石皿・すり石**…木の実をすりつぶす **石棒**…呪術的習俗に用いる
弥生時代	**石包丁**…稲穂をつみとる，大陸系の磨製石器

精講 1-3 弥生時代の墓制

弥生時代の墓は多様化し，地域性も見られた。縄文時代との違いを確認しておく。
① 棺に入れて**伸展葬**した墓が多い。**木棺墓・箱式石棺墓・甕棺墓**などがある。甕棺墓は九州北部に分布し，地上に大石をのせた**支石墓**も営まれた。
② 盛り土をした**墳丘墓**が出現する。周囲を溝で囲った**方形周溝墓**，突出部分をもつ**楯築墳丘墓**（岡山県）や**四隅突出型墳丘墓**（山陰地方）などがある。
③ 墓の規模や副葬品などのあり方から，弥生時代になると集団の中で身分差が発生していたことがわかる。

2 | 古墳時代

STEP 1 基本レベル

□ **1** 次の文を読んで，空欄 | 1 |〜| 4 | に最も適する語句を下の語群から選べ。また，| A |〜| E | に最も適する語句を，漢字（楷書）で記入せよ。同一番号・記号の空欄は同一語句である。

（駒澤大・改）

『宋書』倭国伝によると，倭の五王が南朝へ朝貢して倭王と認められていたことがわかる。千葉県稲荷台古墳出土鉄剣に「王賜」，| A |県稲荷山古墳出土鉄剣などに「獲加多支鹵大王」の文字が象嵌されていることから，そのころ倭では大王という呼称が使用されていたようである。

大王を中心としたヤマト政権は，中央・地方の豪族を大王家中心の支配体制下に組み入れるため，氏姓制度とよばれる政治的身分秩序をつくりあげた。豪族たちは，血縁などの関係で結ばれた，氏とよばれる組織を編成していた。彼らは氏単位で大王につかえ，ヤマト政権の職務を分担した。一方，大王は，豪族の家柄や勢力に応じて臣・連・| 1 |など，その身分を示す姓をあたえた。豪族は| 2 |という田地や，私有民である| B |・奴の支配を認められ，| 2 |は| B |らによって耕作され，氏上の経済的な基盤となった。

臣や連の姓をもつ有力な氏の出身者から大臣・大連が任じられ，蘇我は大臣として，| 3 |・大伴らは大連として政務を担当した。ヤマト政権は，地方豪族を| 4 |や県主に任命して地方支配をまかせ，| 1 |や直などの姓をあたえた。たとえば有力な地方豪族として上毛野| 1 |や筑紫| 1 |などがいる。

ヤマト政権のさまざまな職務は，| C |造に任じられた首長が，| C |や，それを支える| D |とよばれる職能・生産にかかわる職業部民をひきいて，軍事・財政・祭祀・外交・文書行政などをおこなった。| D |には，馬飼部・史部・忌部のような宮廷官的なものと，韓鍛冶部・錦織部のような生産に携わるものがある。

ヤマト政権は，| 4 |の領有地の一部をさいて，| E |とよばれる直轄領をおき，大王家への奉仕や貢ぎ物をおさめる子代・名代の部をおいて，地方豪族の支配を強めていった。| E |は，収穫物を納める倉庫からきたといわれている。一方，| 4 |は支配権をヤマト政権から保証されるかわりに，大王のもとにその子女である舎人・采女を出仕させ，地方の特産物を貢進し，軍事行動にも携わるなど，ヤマト政権に奉仕した。

16　第1章 古代

〔語群〕

ア．稲置　イ．田部　ウ．国司　エ．物部　オ．造
カ．吉備　キ．首　　ク．田荘　ケ．中臣　コ．平群
サ．田堵　シ．葛城　ス．君　　セ．国造　ソ．巨勢

この用語もおさえる！

▶ **埴輪**…古墳上に並べた焼き物。筒形の**円筒埴輪**と，物を形作った**形象埴輪**に大別され，形象埴輪には家形・器財・人物・動物埴輪がある。前期は円筒埴輪が用いられ，前期後半に家形・器財埴輪，中期中頃に人物・動物埴輪が現れた。

▶ **渡来人**…4～6世紀に主に朝鮮半島からやってきた人々で，鉄器や**須恵器**の生産，機織り・金属工芸などの先進技術を伝えた。「記紀」（『古事記』と『日本書紀』）には，**王仁**（西文氏の祖）・**阿知使主**（東漢氏の祖）・**弓月君**（秦氏の祖）の渡来説話が記されている。

▶ **須恵器**…硬質・灰色の土器。5世紀に朝鮮半島から製作技術が伝来した。一方，弥生土器の系譜を引く赤焼きの土器を**土師器**という。

▶ **盟神探湯**…古墳時代の呪術的な風習。熱湯に手を入れ，火傷の有無で神意を確かめようとした。

▶ **磐井の乱**…527年，筑紫国造であった**磐井**は，**新羅**と結んでヤマト政権に対して反乱をおこした。鎮圧後，ヤマト政権は九州北部の支配を強化すべく，直轄地である**屯倉**の設置を進めた。

2 次の文章を読み，(1) ～ (8) の空欄および下線部について，下記の設問に
答えなさい。

（学習院大・改）

ヤマト政権が広域の政治連合として成立していたことを示すものとして，
(1)3世紀後半から各地で造られるようになった前方後円墳の存在がある。各地
の首長たちに共通の墓制として考えられる前方後円墳は，連合の象徴とみるこ
とができる。

古墳時代中期になると，(2)さらに大型の前方後円墳も造られるようになった。
ヤマト政権の盟主である大王の墓のほか，上毛野・吉備・日向などの地方でも
それに次ぐ規模のものが造られており，これらの地域の豪族が政治的な連合体
の中で重要な地位にあった証と考えられている。ちょうどそのころ，中国の史
書には，(3)南朝に朝貢した倭の五王のことが記されている。倭の五王の最後に
あたる武は，埼玉県の稲荷山古墳から出土した鉄剣銘に「 (4) 大王」として
見える人物を指すと考えられている。

古墳時代後期には，横穴式石室が一般的になり，小型の古墳が多く造られる
ようになっていく。(5)九州や茨城県・福島県などでは，横穴の墓室に彩色や線
刻によって壁画を描いた特徴的な古墳も見られるようになった。また，奈良県
の新沢千塚や和歌山県の岩橋千塚のように，小型の古墳が密集した状況が見ら
れるようになり，これらを (6) と呼ぶ。

この時期，ヤマト政権下の各地では，地方豪族が (7) に任じられた。彼ら
は，それぞれの地域の支配権をヤマト政権から保証されるいっぽうで，大王に
対して子女を (8) や釆女として出仕させたり，屯倉や名代・子代の民を管理
したりして奉仕する関係となっていった。

〔設問〕

☐ **(1)** 下線部 (1) に関して，近年その成立年代について議論があるが，出現期
の前方後円墳としては最大の規模を持ち，墳丘の長さが280mほどにも及ぶ，
奈良県桜井市に所在する古墳の名称を答えなさい。

☐ **(2)** 下線部 (2) に関して，日本で最大の大仙陵古墳（大山古墳）は，どの都
道府県に所在しているか。都道府県名で答えなさい。

☐ **(3)** 下線部 (3) に関して，倭の五王の朝貢は中国の南朝の何という王朝に対
して開始されたか，答えなさい。

☐ **(4)** (4) にあてはまる人名を，カタカナ5文字で答えなさい。

□ **(5)** 下線部 **(5)** に関して，このような古墳を何というか。その呼称を答えなさい。

□ **(6)** 　(6)　にあてはまる語句を答えなさい。

□ **(7)** 　(7)　にあてはまる語句を答えなさい。

□ **(8)** 　(8)　には，大王の宮殿の護衛についたり，雑役に奉仕したりした役の呼称があてはまる。この呼称を答えなさい。

解答力 UP! **古墳の所在地** ─────────────────

(2) のように遺跡や古墳は，所在する都道府県名や地図上の位置を問われることが多い。以下の古墳については，時期・特徴とともに所在地をおさえよう。

- **箸墓古墳**（奈良県，前期）…出現期の最大の前方後円墳。
- **大仙陵古墳**（大阪府，中期）…仁徳天皇陵古墳。日本最大の前方後円墳。
- **誉田御廟山古墳**（大阪府，中期）…応神天皇陵古墳。日本第2位の前方後円墳。
- **造山古墳**（岡山県，中期）…日本第4位の前方後円墳。吉備地方に有力な地方豪族がいた証拠。
- **稲荷山古墳**（埼玉県，中期）…銘文に「ワカタケル大王」と記される鉄剣が出土。
- **江田船山古墳**（熊本県，中期）…銘文に「ワカタケル大王」と記される鉄刀が出土。
- **新沢千塚古墳群**（奈良県，後期）…約600基からなる群集墳。大半は小円墳。
- **竹原古墳**（福岡県，後期）…横穴式石室に壁画をもつ装飾古墳。

1　1 ス　2 ク　3 エ　4 セ
　　A 埼玉　B 部曲　C 伴　D 品部　E 屯倉

解説

2　▶**精講** 2-3

3　ヤマト政権では，臣・連の姓をもつ最有力者が大臣・大連に任じられ，政権の中枢を担った。蘇我氏は大臣，物部氏や大伴氏は大連に任じられている。

4　ヤマト政権は，大王に服属した地方豪族を国造に任じ，その支配権を保証する一方で，特産物の貢進をはじめとするさまざまな奉仕をさせた。

A　▶**精講** 2-2

B　▶**精講** 2-3

C　世襲的な職務で大王に仕えた豪族は，それぞれの職務に従事する集団を統率した。この集団を伴といい，伴を率いる首長を伴造という。

D　**詳しく!** ▶伴造に従った技術者集団の部を，総称して品部と呼ぶ。史部は漢字を用いてさまざまな記録や出納・外交文書の作成にあたった。韓鍛冶部は武器などの金属の加工，錦織部は絹織物の製作，陶作部は須恵器の製作にあたった。

2　(1) 箸墓古墳　(2) 大阪府　(3) 宋　(4) ワカタケル
　　(5) 装飾古墳　(6) 群集墳　(7) 国造　(8) 舎人

解説

(1)　箸墓古墳（奈良県）は出現期の前方後円墳として最大規模をもつ。

(2)　大仙陵古墳（大阪府）は中期に造営された日本最大の前方後円墳。

(3)　中国南朝の歴史書『宋書』倭国伝には，讃・珍・済・興・武と記された倭の五王が，あいついで朝貢してきたことが記されている。宋への朝貢は，朝鮮半島南部における外交・軍事上の立場を有利にするために行われた。

(4)　▶**精講** 2-2

(5)　横穴式石室の内部に彩色や壁画をもつ古墳を装飾古墳という。

(6)　古墳時代後期には，一定地域内に小円墳などが群集して築造された。これを群集墳といい，古墳の造営が有力農民層にも拡大した状況を示している。

(7)　**1** 4 の解説を参照。

(8)　国造の子弟は舎人として出仕し，大王の宮殿の護衛をつとめるなどの奉仕を行った。同じように出仕させた女性は采女と呼ばれた。

精講 2-1 古墳時代の時期区分

古墳時代は前期・中期・後期に時期区分される。それぞれの時期の特徴をおさえておきたい。副葬品（ふくそうひん）は被葬者（ひそうしゃ）の性格と結びついている。

	前 期	中 期	後 期
時 期	3世紀中頃〜4世紀後半	4世紀後半〜5世紀	6〜7世紀
形 態	前方後円墳が出現	巨大な前方後円墳	群集墳の造営 装飾古墳の登場
内 部	竪穴式石室（たてあなしきせきしつ）や粘土槨（ねんどかく）	竪穴式石室や粘土槨	横穴式石室
副葬品	三角縁神獣鏡（さんかくぶちしんじゅうきょう）などの銅鏡（どう）きょう），腕輪形（うでわがた）石製品，鉄製の武器や農耕具	鉄製の武器・武具の比重増大，馬具（ばぐ）の出現	多量の土器，馬具や装身具
被葬者	司祭者（しさいしゃ）的性格	武人的性格	有力農民層に拡大

精講 2-2 倭王武・ワカタケル大王

『宋書』倭国伝には，478年に南朝の宋に朝貢した倭王武（わおうぶ）の上表文（じょうひょうぶん）が収録されている。また，稲荷山古墳（いなりやま）（埼玉県）出土の鉄剣銘（てっけんめい）と江田船山古墳（えたふなやま）（熊本県）出土の鉄刀銘（てっとうめい）には，「ワカタケル大王」という大王名が記されている。この大王は倭王武で，雄略天皇（ゆうりゃくてんのう）にあたる。5世紀後半にヤマト政権の支配が関東から九州にまで及んでいたことがわかる。また，鉄剣銘・鉄刀銘は国内における漢字の使用例であることに注意したい。

精講 2-3 氏姓制度

ヤマト政権では，豪族は血縁関係などをもとに構成された氏（うじ）を中心にまとまり，大王から政権内の地位を示す姓を与えられ，職務を分担した。

姓の種類と与えられた豪族の関係は，以下の通りである。

・臣（おみ）…地名を氏の名とした有力豪族（蘇我臣（そがのおみ）・平群臣（へぐりのおみ）・葛城臣（かずらきのおみ）など）
・連（むらじ）…職掌（しょくしょう）を氏の名とした有力豪族（大伴連（おおとものむらじ）・物部連（もののべのむらじ）・中臣連（なかとみのむらじ）など）
・君（きみ）…有力な地方豪族（筑紫君（つくしのきみ）・毛野君（けぬのきみ）など）

氏姓（しせい）制度のもとでは，豪族は私有地・私有民を有した。ヤマト政権の直轄地（ちょっかつ）・直轄民とあわせて，以下の用語をおさえておこう。

・ヤマト政権…直轄地：屯倉（みやけ），直轄民：名代（なしろ）・子代（こしろ）
・豪族…私有地：田荘（たどころ），私有民：部曲（かきべ）

3 | 飛鳥時代

STEP 1 基本レベル

□ **1** 次の文を読んで，空欄 1 ～ 9 に最も適する語句を次のページの語群から選べ。同一番号の空欄は同一語句である。
(駒澤大・改)

645年，大臣として時の権力者であった蘇我入鹿が暗殺されるという 1 の変がおこった。

そもそも，蘇我氏は，入鹿の曽祖父の稲目の時代から大臣として，朝廷の財政を担当し，勢力を拡大した。具体的には，斎蔵・内蔵・大蔵といった三蔵の管理にあたったとされる。稲目は，百済の聖明王から 2 天皇へ仏教が伝えられると崇仏派として，排仏派の物部尾輿らと対立した。

この両者の対立は，それぞれの子である蘇我馬子と物部守屋の時代にまで続き，587年に馬子が守屋を滅ぼすことになる。物部氏は軍事氏族として，朝廷内で勢力を伸ばし大連として蘇我氏と対立したが，この事件で大打撃をうけた。

馬子は用明天皇のあと，泊瀬部皇子（のちの 3 天皇）を擁立するが， 3 天皇が意のままにならないと知るや，東漢直駒を使って暗殺させてしまった。このことからもわかるように馬子の時代に蘇我氏は強大な権力を手中にし，天皇家をしのぐほどに成長した。現在，石室が露出した形で残されている石舞台古墳は馬子の墓といわれており，権力の大きさをうかがわせている。蘇我氏の氏寺である 4 寺を建立したのも馬子である。馬子の権力は，蝦夷・入鹿に受けつがれた。蝦夷は，自分の屋敷を「上宮門」，子供を「王子」とよばせたとされる。入鹿は，643年に聖徳太子の子である 5 大兄王を襲撃し，自殺に追いやった。

こうした状況の中で，立ち上がったのが，中大兄皇子と中臣鎌足であった。二人は，天皇家を中心とする中央集権をめざし，蘇我氏の排斥をめざした。二人の共通の師である南淵請安に教えを受けるために通った道すがら，蘇我氏を倒す方法を思案したとも伝えられる。そして，朝鮮半島からの使節が来朝したといつわって入鹿を暗殺したのである。そのとき，蝦夷は自宅にいたが，かなわぬとみて屋敷に火をつけ，自殺してしまった。あっけないといえばあっけない蘇我本宗家の最後であった。大化改新の始まりである。

蘇我氏が滅んだのち，新しい政権が誕生した。まず，中大兄皇子の母であった 6 天皇が譲位した。しかし，かわって即位したのは中大兄皇子ではなく， 6 の弟にあたる孝徳であった。このことから近年， 1 の変とそれに続く大化改新の首謀者は中大兄皇子ではなく，孝徳天皇であったとする説も出さ

れている。それはともかくとして，新政府は，孝徳天皇，それを補佐する皇太
子が中大兄皇子，左大臣に阿倍内麻呂，右大臣に蘇我倉山田石川麻呂，□7□
に中臣鎌足らによって構成された。これに加えて，遣隋使にしたがって隋に渡
り見聞を広めてきた高向玄理・旻が国博士となった。宮も飛鳥から□8□へ移
され，政府の新たなスローガンとして「改新の詔」が出された。「改新の詔」
は四項目からなり，これを基に□9□制・地方制度の整備・班田収授・税制の
充実などが推し進められ，中央集権化が進んだとされる。

〔語群〕
ア．弘文院　**イ**．古人　**ウ**．壬申　**エ**．飛鳥　**オ**．応神　**カ**．称徳　**キ**．崇峻
ク．法隆　**ケ**．欽明　**コ**．関白　**サ**．難波　**シ**．大納言　**ス**．安康　**セ**．皇極
ソ．紫香楽　**タ**．芸亭　**チ**．乙巳　**ツ**．山背　**テ**．内臣　**ト**．有間　**ナ**．荘園
ニ．公地公民　**ヌ**．恭仁　**ネ**．中宮　**ノ**．分国　**ハ**．推古　**ヒ**．仁徳
フ．継体　**ヘ**．庚午　**ホ**．勧学院

┌─ **この用語もおさえる！** ─────────────────────
▶ 水城…九州の**大宰府**の北に設けられた防衛施設。663年，**白村江の戦い**で唐・
　新羅連合軍に大敗し，国防強化の一環として設けられた。大宰府の周囲には，
　大野城・基肄城などの**朝鮮式山城**も築かれた。
▶ 庚午年籍…670年，**天智天皇**のもとで作成された最初の全国的戸籍。
▶ 富本銭…飛鳥池遺跡で，鋳造用の工房跡とともに発見された銅銭。683年に**天
　武天皇**が使用を命じた銅銭と考えられている。
▶ 庚寅年籍…690年，**持統天皇**のもとで，**飛鳥浄御原令**に基づいて作成された戸
　籍。以降，6年ごとに戸籍を作成する体制が整った。
▶ 藤原京…中国の**都城**に倣った最初の都。**天武天皇**のときに造営が始まり，694
　年，**持統天皇**のときに遷都された。それまでの都と異なり，持統・文武・元
　明三代の天皇の都となり，天皇の住居や政務・儀式の場である「宮」とともに，
　官僚が集住する「京」が設けられた。
└──────────────────────────────────

2 次の文章を読み，後の問い（問1～問7）に答えなさい。 （龍谷大・改）

　6世紀後半に中国で隋が南北朝を統一し，高句麗などの周辺地域に進出し始めると，東アジアの国際関係は新しい段階に入った。倭では勢力をのばしつつあった蘇我馬子が，592年に ☐1☐ を暗殺して政治権力を握った。そして，①推古天皇が新たに即位し，国際的緊張のもとで蘇我馬子や厩戸王（聖徳太子）らが協力して，天皇の地位を高めつつ国家組織の形成を進めた。また②遣隋使の派遣により，中国との外交も再開された。③隋が滅び唐がおこると，引き続き遣唐使が派遣された。④7世紀の中頃には東アジアの新しい動向に応じてさらなる政治改革が進められ，中央集権体制の構築がはかられた。

　この時代の文化は，諸外国の影響を受けた仏教中心の文化であった。まず，7世紀前半に，蘇我氏や王族により広められた文化を ☐2☐ 文化という。有力な王族や中央豪族により寺院が建立されはじめ，それにともない，仏像彫刻や絵画・工芸品が作られた。

　その後，7世紀後半の ☐3☐ ・⑤持統天皇の時代には，律令国家が形成される時期の若々しい活気に満ちた ☐4☐ 文化が生まれた。仏教興隆は国家的に推進され，地方豪族も競って寺院を建立した。

☐ **問1．** 空欄 ☐1☐ ・ ☐3☐ にあてはまる語句の組み合わせとして，適切なものを次のなかから1つ選びなさい。

　　①1＝崇峻天皇　　3＝孝徳天皇　　②1＝崇峻天皇　　3＝天武天皇

　　③1＝舒明天皇　　3＝孝徳天皇　　④1＝舒明天皇　　3＝天武天皇

　　⑤1＝欽明天皇　　3＝孝徳天皇　　⑥1＝欽明天皇　　3＝天武天皇

☐ **問2．** 下線部①に関連する記述として，不適切なものを次のなかから1つ選びなさい。

　　①個人の才能・功績に応じて冠位が与えられた。

　　②厩戸王（聖徳太子）は推古天皇の甥であった。

　　③地方行政組織の「評」が各地に設置された。

　　④憲法十七条が定められ，官吏として守るべき道が示された。

☐ **問3．** 下線部②に関する記述として，不適切なものを次のなかから1つ選びなさい。

　　①倭は小野妹子を使節として隋につかわした。

　　②遣隋使にこたえて隋は裴世清を使節として倭につかわした。

　　③中国皇帝に臣属する形式の国書を持参した。

④同行した南淵請安らは，長期滞在後に帰国し，中国の制度や思想を倭に伝えた。

□ **問4.** 下線部③に関連して述べた次の文**X・Y**について，その正誤の組み合わせとして，適切なものを次のなかから1つ選びなさい。

  X. 倭は最初の遣唐使として犬上御田鍬をつかわした。

  Y. 唐は百済と結んで新羅を滅ぼした。

  ①**X**＝正 **Y**＝正 ②**X**＝正 **Y**＝誤

  ③**X**＝誤 **Y**＝正 ④**X**＝誤 **Y**＝誤

□ **問5.** 下線部④の時期の出来事（**a～d**）を，年代順に古いものから並べるとどうなりますか。適切なものを次のなかから1つ選びなさい。

  a. 飛鳥浄御原宮への遷都 **b.** 天智天皇の即位

  c. 乙巳の変   **d.** 白村江の戦い

  ①**a**→**b**→**c**→**d** ②**d**→**c**→**b**→**a**

  ③**c**→**b**→**a**→**d** ④**d**→**b**→**a**→**c**

  ⑤**b**→**d**→**c**→**a** ⑥**c**→**d**→**b**→**a**

□ **問6.** 空欄　2　・　4　にあてはまる語句の組み合わせとして，適切なものを次のなかから1つ選びなさい。

  ①2＝白鳳 4＝天平 ②2＝白鳳 4＝飛鳥

  ③2＝天平 4＝飛鳥 ④2＝天平 4＝白鳳

  ⑤2＝飛鳥 4＝白鳳 ⑥2＝飛鳥 4＝天平

□ **問7.** 下線部⑤に関する記述として，適切なものを次のなかから1つ選びなさい。

  ①大野城・基肄城を築かせた。 ②庚寅年籍を完成させた。

  ③近江大津宮に遷都した。   ④富本銭の鋳造を命じた。

（解答力 **UP!**）正誤問題のコツ ——————————————

 正文・誤文を判断する問題は，時期と内容の両面から選択肢を吟味する必要がある。選択肢だけでなく，問題文もしっかり確認しよう。

 問2の場合，問題文の下線部①には推古朝の政治姿勢が述べられているから，推古朝の政策として不適切な記述を選ばなければならない。選択肢はいずれも歴史的には正文であるが，推古朝の政策ではない，時期が異なる孝徳朝の政策が含まれている。

---

1 1 チ 2 ケ 3 キ 4 エ 5 ツ 6 セ 7 テ 8 サ 9 二

解説

1 645年，**中大兄皇子**が**中臣鎌足**らの協力を得て，**蘇我蝦夷・入鹿**を滅ぼした出来事を乙巳の変という。

2 仏教は，**欽明天皇**のときに百済の**聖明王**から伝えられた。552年説（『日本書紀』）と，538年説（『上宮聖徳法王帝説』・『元興寺縁起』）があるが，後者が有力。

3 **蘇我馬子**は587年に**物部守屋**を滅ぼし，592年には**崇峻天皇**を暗殺して，政治権力を掌握した。

4 蘇我馬子は，596年に本格的伽藍をもつ**飛鳥寺**（法興寺）を建立した。

5 蘇我入鹿は643年に**厩戸王**の子**山背大兄王**を滅ぼし，権力集中をはかった。

6 中大兄皇子の母**皇極天皇**は，乙巳の変で譲位し，**孝徳天皇**が即位した。孝徳天皇の没後，**重祚**（再び皇位に就くこと）して**斉明天皇**として即位した。

2 問1 ② 問2 ③ 問3 ③ 問4 ② 問5 ⑥ 問6 ⑤ 問7 ②

解説

問1 **1** 3の解説を参照。

問2 ①は冠位十二階，④は憲法十七条の説明としてそれぞれ正しい。▶精講 **3-1** ②も厩戸王（聖徳太子）と推古天皇の血縁関係の説明として正しい。③の「評」の設置は**大化改新**と呼ばれる孝徳朝の諸改革の一つである。

問3 ③：誤文。遣隋使は中国皇帝に対して臣属しない形式をとった。

問4 X：正文。最初の遣唐使は**犬上御田鍬**である。Y：誤文。唐は新羅と結んで百済・高句麗を滅ぼした。

問5 乙巳の変は645年の出来事。663年の**白村江の戦い**後，中大兄皇子は**近江大津宮**に遷都して**天智天皇**として即位した。672年の**壬申の乱**後，大海人皇子は**飛鳥浄御原宮**に遷都して**天武天皇**として即位した。▶精講 **3-3**

問6 推古朝の頃が飛鳥文化，天武・持統朝の頃が白鳳文化の時期にあたる。

問7 大野城・基肄城といった**朝鮮式山城**の築造（①），近江大津宮への遷都（③）は中大兄皇子による**称制**（皇太子などが即位せずに政治を執ること）の時期，**富本銭**の鋳造の命令（④）は天武朝，**庚寅年籍**の完成（②）は持統朝の出来事である。

精講 3-1 推古朝の政策 ●━━━━━━━━━

　６世紀末から７世紀初めには，推古天皇・蘇我馬子・厩戸王（聖徳太子）らが協力して政治にあたった。中国との外交が再開されるとともに，豪族を官僚として再編成する動きが進んだ。以下の事項を政策の狙いとともにおさえたい。

- ・冠位十二階（603）…個人の才能・功績に応じて冠位を授与
- ・憲法十七条（604）…豪族の官僚としての心得，仏教を新たな政治理念とする
- ・遣隋使（607）…小野妹子を派遣，中国皇帝に臣属しない形式をとる

精講 3-2 大化改新 ●━━━━━━━━━

　乙巳の変後，孝徳天皇が即位し，人事の刷新がはかられた。中大兄皇子が皇太子となり，左大臣に阿倍内麻呂，右大臣に蘇我倉山田石川麻呂，内臣に中臣鎌足，国博士に高向玄理・旻が就任し，新政権が発足した。また，飛鳥から難波（難波長柄豊碕宮）への遷都が行われた。

　646年正月，「改新の詔」が出され，公地公民制への移行などが政治方針として示された。「改新の詔」は『日本書紀』に収録されているが，大宝令などによる書き換えがなされており，正確な原文は伝わらない。孝徳朝の諸改革を大化改新というが，「改新の詔」の内容が直ちに実現したわけではなかった。

精講 3-3 ７世紀後半の政治 ●━━━━━━━━━

　７世紀後半には古代最大の対外戦争（＝663年，白村江の戦い）と内乱（＝672年，壬申の乱）がおこり，それらを契機として律令国家の建設が急速に進んだ。まず，

	↓663	白村江の戦い（唐・新羅の連合軍に大敗）
	667	近江大津宮遷都
天智天皇	670	庚午年籍の作成
	↓672	壬申の乱（大海人皇子が大友皇子に勝利）
天武天皇	672	飛鳥浄御原宮遷都
	684	八色の姓
	↓686	天武天皇の死（後をついだ持統天皇は皇后）
持統天皇	689	飛鳥浄御原令施行
	690	庚寅年籍の作成
	694	藤原京遷都

白村江の戦い→天智天皇即位，壬申の乱→天武天皇即位，天武天皇の死→持統天皇即位を覚え，天智朝・天武朝・持統朝ごとに諸政策を整理しておくとよい。

4 | 奈良時代

STEP 1 基本レベル

1 次の文を読み，下の問い（問1～6）に答えよ。　　　　　（近畿大・改）

　　ア　は，天武天皇の孫であり，藤原不比等の死後，右大臣となって政権を
にぎった。(a)不比等の4人の子は，策謀によって(b)　ア　を自害させ，政権を
掌握したが，天然痘の流行によって相次いで病没した。代わって政権の座につ
いたのは　イ　であった。

　これに対して，藤原広嗣が九州で反乱を起こしたが，鎮圧された。この乱か
ら5年の間，聖武天皇は平城京を離れ，都を転々と遷すとともに，国分寺の建
立と大仏の造立によって，国家の安定をはかろうとした。

　聖武天皇が娘の孝謙天皇に譲位すると，(c)　ウ　が光明皇太后と結んで勢力
を拡大した。　ウ　は淳仁天皇を即位させて，権力を独占したが，光明皇太后
の死去によって権力の後ろ盾を失った。一方，孝謙太上天皇は自分を看病した
　エ　を寵愛して淳仁天皇と対立した。危機感を持った　ウ　は反乱を起こし
たが，近江で敗死した。

　孝謙太上天皇は重祚して(d)称徳天皇となった。天皇は，宇佐八幡神の託宣に
よって　エ　に皇位を譲ろうとしたが，現地に行って神意を確認した和気清麻
呂によって阻止された。

☐ **問1.** 空欄　ア　　イ　に入れる人名の組み合わせとして最も適当なものは
　　どれか。
　　　　①ア＝長屋王　イ＝橘諸兄　　②ア＝長屋王　イ＝舎人親王
　　　　③ア＝橘諸兄　イ＝長屋王　　④ア＝橘諸兄　イ＝舎人親王

☐ **問2.** 空欄　ウ　　エ　に入れる人名の組み合わせとして最も適当なものは
　　どれか。
　　　　①ウ＝藤原仲麻呂　エ＝玄昉　　②ウ＝玄昉　エ＝藤原仲麻呂
　　　　③ウ＝藤原仲麻呂　エ＝道鏡　　④ウ＝道鏡　エ＝藤原仲麻呂

☐ **問3.** 下線部（a）と，それぞれが始祖となった4家との組み合わせとして最
　　も適当なものはどれか。
　　　　①武智麻呂—南家　　房前—北家　　宇合—京家　　麻呂—式家
　　　　②武智麻呂—南家　　房前—北家　　宇合—式家　　麻呂—京家
　　　　③武智麻呂—北家　　房前—南家　　宇合—式家　　麻呂—京家
　　　　④武智麻呂—北家　　房前—南家　　宇合—京家　　麻呂—式家

□ **問4.** 下線部（b）の直後のできごととして最も適当なものはどれか。
　　①聖武天皇が即位した。　　　　②光明子が皇后となった。
　　③三世一身法が施行された。　　④百万町歩開墾計画が立てられた。

□ **問5.** 下線部（c）についての文として適当でないものはどれか。
　　①恵美押勝の名を賜った。　　　②養老律令を施行させた。
　　③橘奈良麻呂らを滅ぼした。　　④太政大臣禅師に就任した。

□ **問6.** 下線部（d）についての文として最も適当なものはどれか。
　　①悲田院を設置して孤児・貧民を救済した。
　　②施薬院を設置して病人の医療に当たらせた。
　　③西大寺の造営と百万塔の製作をおこなわせた。
　　④聖武太上天皇の遺品を東大寺大仏に寄進した。

┌─ **この用語もおさえる！** ─

▶ **国・郡・里**…律令制の地方行政区画。**国司**（中央貴族を派遣）・**郡司**（かつての**国造**など地方豪族を任命）・**里長**をおいて統治した。国・郡に置かれた役所を**国府**（国衙）・**郡家**（郡衙）という。また，1里は50戸で構成された。

▶ **官位相当制**…律令制では，官吏は位階を与えられて位階に応じた官職に任命された。「当」の誤字に注意。

▶ **蔭位の制**…律令制では，五位以上の貴族の子（三位以上は孫も）は，父（祖父）の位階に応じた位階を与えられた。「蔭」の誤字に注意。

▶ **出挙**…春に稲を貸し付け，秋に利息とともに回収する制度。貧民救済の目的であったが，律令制では強制的な貸付制度となり，地方財源となった。

▶ **和同開珎**…708年に鋳造された銭貨。政府は流通を促進するために，711年に**蓄銭叙位令**を出して，蓄銭量に応じて位階を授けることとした。

2 次の文を読み，下記の設問A〜Cに答えよ。

〔立教大・改〕

　律令制度の下では人々は戸籍や計帳に登録され，満6歳以上に₁₎口分田をあたえるという班田収授法が実施された。人々は口分田1段について2束2把の稲でおさめる租を負担させられた。租のほかに₂₎公民は年齢に応じて調・庸・兵士役などを負担させられ，京まで貢納物を運ぶ人夫である（　イ　）も義務であった。しかし，自然災害や土木技術の未熟さなどにより荒れてしまう口分田も少なくなく，生活を圧迫する負担を逃れるために本籍地を離れるものがあらわれた。こうしたなか，口分田不足による税収の不安定化の改善などのために，₃₎聖武天皇の在位中の〈　あ　〉年，墾田永年私財法がだされ，一定面積にかぎって，土地の私有が公認された。これは土地の開発を推進する方策であったが，田地公有の原則をやぶる法でもあった。有力な貴族や寺院などの土地私有がこれ以降増加していった。また，戸籍の作成に際して性別や年齢をごまかして負担を免れようとする（　ロ　）という行為もめだった。

　律令制時代の戸籍は父系主義によって成り立っていたが，実際の人々の居住形態は必ずしもそうではなかった。8世紀頃の婚姻は，男女が同居せず男が女のもとへ通う（　ハ　）婚が広くみられ，夫婦の結合は緩やかであった。平安期の貴族の日記等からは，その後も11世紀頃までは妻方居住を経た新処居住が広くみられたことがわかり，子に対する妻方親族の影響力が大きかった。結婚して妻の生家の世話を受け，生まれた子も妻の家で育てられることが多く，このため，娘を天皇の后とすることでその父親は大きな政治的影響力を行使した。

□ **A．** 文中の空所（　イ　）〜（　ハ　）それぞれにあてはまる適当な語句をしるせ。

□ **B．** 文中の〈　あ　〉にあてはまる適当な数字を1つ選べ。

　　a． 723　　**b．** 743　　**c．** 765　　**d．** 792

C． 文中の下線部1）〜3）にそれぞれ対応する次の**問1〜3**に答えよ。

　　□ **問1．** これに関する説明として正しいのはどれか。

　　　　a． 家人や私奴婢の口分田は良民の10分の1とされた

　　　　b． 死者の口分田は6年ごとの班年をまって返還されるきまりであった

　　　　c． 男性にも女性にも2段の口分田があたえられるきまりであった

　　　　d． 班田収授を円滑に行うため，条坊制によって口分田などを含む土地の区画を行った

☐ **問2．これに関する説明として正しいのはどれか。**

a．正丁は，2人のうち1人，少丁は，4人のうち1人の割合で兵士役を課された

b．正丁に，絹・絁・糸・布など郷土の産物の一種を一定量納めることが課されたが，少丁には課されなかった

c．正丁に，地方での労役60日以下が課されたが，次丁には課されなかった

d．正丁に，都での労役10日間にかえて布2丈6尺の代納などが課されたが，京・畿内の住人には課されなかった

☐ **問3．この人物が行ったことはどれか。**

a．勘解由使を設けた

b．検非違使を設けた

c．恭仁・難波・紫香楽と遷都した

d．弘仁格式の編纂を命じた

解答力 UP！ 奈良時代の年代 ─────────

Bでは墾田永年私財法が出された年代が問われている。年代を覚えることは，日本史の流れをつかんだ後の作業である。座標軸になる重要な出来事の年代のみをおさえればよい。

奈良時代の年代としては，重要な出来事として以下の年代を覚えておこう。

701	大宝律令の制定	710	平城京遷都	723	三世一身法
729	長屋王の変	741	国分寺建立の詔	743	大仏造立の詔
743	墾田永年私財法	784	長岡京遷都		

4 | 奈良時代

1 問1 ① 問2 ③ 問3 ② 問4 ② 問5 ④ 問6 ③

解説

問1・2 ▶精講 4-1

問4　藤原四兄弟は，**長屋王の変**後，藤原不比等の娘の光明子を聖武天皇の皇后に立てることに成功した。これは皇族でない皇后の最初の例となった。

問5　②：正文。藤原仲麻呂は，祖父不比等がつくった**養老律令**を757年に施行した。
④：誤文。太政大臣禅師とは，765年に**道鏡**が就いた官職である。

問6　称徳天皇は，**恵美押勝の乱**後，西大寺を造営し，木造小塔である**百万塔**をつくらせた（③）。悲田院・施薬院を設け（①・②），聖武太上天皇の遺品を東大寺に寄進した（④，東大寺大仏への寄進ではない）のは，**光明皇后**（皇太后）。

2 A イー運脚　ロー偽籍　ハー妻問
　　B b　C 問1－b　問2－d　問3－c

解説

A　イ　調・庸を都まで運ぶ人夫を運脚という。

　　ロ　成人男性である正丁には，調・庸・雑徭の税や兵役の負担が課された。そのため，戸籍を女性と偽る偽籍が横行するようになった。

　　ハ　奈良時代の婚姻は，男性が女性の家に通う妻問婚が一般的だった。

B　▶解答力 UP！（p.31）

やや難 C　問1　口分田は，戸籍に基づき，6歳以上の男女に班給された。男子は2段，女子はその3分の2（cは誤り），家人・私奴婢は良民男女のそれぞれ3分の1が班給された（aは誤り）。死者の口分田は6年ごとの班年に収公された（bは正しい）。これを**班田収授法**といい，円滑に行うために土地は**条里制**によって区画された（dは誤り）。

　　問2　正丁は21～60歳，次丁は61～65歳，少丁は17～20歳のそれぞれ男性をいう。d：正文。都での労役に代えて布を納める庸は，京・畿内には課されなかった。a：誤文。兵役は，正丁の3～4人に一人を兵士として徴発し，軍団に配属した。b：誤文。郷土の産物を納める調は，少丁は正丁の4分の1とされた。c：誤文。60日以下の地方での労役である雑徭は，次丁は正丁の2分の1とされた。

　　問3　740年に**藤原広嗣の乱**がおこると，聖武天皇は恭仁・難波・紫香楽と都を転々とした（c）。勘解由使の設置（a）は桓武天皇，検非違使の設置（b）と弘仁格式の編纂（d）は嵯峨天皇の事績である。

精講 4-1 8世紀の政治

　8世紀はほぼ奈良時代にあたり，政界では藤原氏が台頭した。

　奈良時代の政治は，まず政権担当者を，藤原不比等・長屋王・藤原四兄弟・橘諸兄（玄昉・吉備真備が付随）・藤原仲麻呂（恵美押勝）・道鏡の順序で覚えよう。その上で，相次ぐ政争と結びつ

天皇	政権担当者		出来事
元明	藤原不比等	710	平城京遷都
元正		720	不比等死去
	長屋王	729	**長屋王の変**（長屋王自殺）
	藤原四兄弟		光明子，聖武天皇の皇后となる
聖武		737	藤原四兄弟死去
	橘諸兄	740	**藤原広嗣の乱**
			恭仁京遷都
		741	**国分寺建立の詔**
		743	大仏造立の詔
孝謙	藤原仲麻呂	757	**橘奈良麻呂の変**
		758	仲麻呂，恵美押勝の名を賜る
淳仁		764	**恵美押勝の乱**（仲麻呂敗死）
称徳	道鏡	769	宇佐八幡神託事件
		770	道鏡追放

けるとともに，元明～称徳の各天皇と対応させておくとよい。

精講 4-2 新しい土地政策

　奈良時代には，口分田の不足や荒廃に対応するために，以下のように新しい土地政策が模索された。貴族や大寺院の開墾によって拡大した私有地を，初期荘園と呼んでいる。

- **百万町歩の開墾計画**（722，長屋王政権）
- **三世一身法**（723，長屋王政権）
  - …灌漑施設を新設して開墾 → 三世の私有を認める
    - 旧来の灌漑施設を使用して開墾 → 本人一代の私有を認める
- **墾田永年私財法**（743，橘諸兄政権）
  - …開墾した田地（位階による面積制限あり）の永久私有を認める
    - 墾田は**輸租田**（租を納める対象）
- 寺院などを除いて開墾を一時禁止（765，道鏡政権）
- 再び開墾と永久私有を許可（772，光仁朝）

STEP 1 基本レベル

1 次のA〜Eの文を読み，下の問い（問1〜7）に答えよ。 （近畿大・改）

A．藤原 <u>1</u> は，嵯峨天皇の信任を得て， <u>ア</u> の際，天皇の秘書官長として新たに置かれた <u>2</u> に任命された。このことが，藤原氏北家が天皇家と親密な関係を結ぶ契機となった。

B． <u>イ</u> では，皇太子恒貞親王に仕えていた <u>3</u> が，橘逸勢とともに謀反を企てたとして流罪となった。恒貞親王も皇太子を廃され，代わりに皇太子となったのは，藤原 <u>4</u> の甥にあたる道康親王（後の文徳天皇）であった。

C．文徳天皇の子である清和天皇が即位すると，外祖父の <u>4</u> は太政大臣として，その即位のはじめから摂政の任をつとめていたとみられるが， <u>ウ</u> の際に正式に摂政となった。

D． <u>5</u> 天皇は，藤原基経を関白に任じたが，その際に阿衡の紛議が発生した。その後，醍醐・村上天皇が親政を行ったが，969年に起きた <u>エ</u> の後は，ほとんど常に摂政または関白が置かれるようになった。

E．摂政は天皇が <u>オ</u> の時にその政務を <u>カ</u> し，関白は天皇が <u>キ</u> の時にその政務を <u>ク</u> した。摂政・関白が連続して任命され，政権の最高の地位にあった政治形態を摂関政治と呼ぶ。

□ 問1．空欄 <u>1</u> に入れる人名として最も適当なものはどれか。
　　　①仲成　　②行成　　③広嗣　　④冬嗣

□ 問2．空欄 <u>2</u> に入れる語句として最も適当なものはどれか。
　　　①内大臣　　②蔵人頭　　③勘解由使　　④検非違使

□ 問3．空欄 <u>3</u> に入れる人名として最も適当なものはどれか。
　　　①伴善男　　②伴健岑　　③源高明　　④源満仲

□ 問4．空欄 <u>4</u> に入れる人名として最も適当なものはどれか。
　　　①良房　　②時平　　③実頼　　④忠平

□ 問5．空欄 <u>5</u> に入れる天皇名として最も適当なものはどれか。
　　　①光孝　　②宇多　　③朱雀　　④冷泉

□ 問6．空欄 <u>ア</u> <u>イ</u> <u>ウ</u> <u>エ</u> に入れる語句の組み合わせとして最も適当なものはどれか。
　　　①ア＝承和の変　　イ＝薬子の変　　ウ＝安和の変　　エ＝応天門の変
　　　②ア＝承和の変　　イ＝安和の変　　ウ＝薬子の変　　エ＝応天門の変

③ア＝薬子の変　イ＝安和の変　ウ＝応天門の変　エ＝承和の変

④ア＝薬子の変　イ＝承和の変　ウ＝応天門の変　エ＝安和の変

□ **問7.** 空欄　オ　カ　キ　ク　に入れる語句の組み合わせとして最も適当なものはどれか。

①オ＝幼少　カ＝代行　キ＝成人　ク＝補佐

②オ＝幼少　カ＝補佐　キ＝成人　ク＝代行

③オ＝成人　カ＝代行　キ＝幼少　ク＝補佐

④オ＝成人　カ＝補佐　キ＝幼少　ク＝代行

この用語もおさえる！

▶ **長岡京**…山背国にあった都。784年に桓武天皇が平城京から遷都したが，造営を主導した**藤原種継**の暗殺により，794年に**平安京**に再遷都された。

▶ **健児**…郡司の子弟らによって構成された志願による少数精鋭の兵士。治安維持などを担当。桓武天皇が東北・九州などの地域を除いて**軍団・兵士**を廃止したことに伴って採用された。

▶ **徳政相論**…805年，**藤原緒嗣**と**菅野真道**の間で行われた論争。桓武天皇が進めた「軍事と造作」（蝦夷征討と平安京造営）の二大事業について，緒嗣は中止を，真道は継続を主張した。桓武天皇の裁定により，二大事業は打ち切られた。

▶ **『令義解』**…清原夏野らが編纂した養老令の官撰注釈書。令の解釈が公式に統一されることになった。**『令集解』**は惟宗直本による私撰注釈書。

▶ **陣定**…摂関政治のもとで，国政の重要事項を審議した公卿の会議。内裏の近衛の陣で行われたことにちなむ。

2 つぎの文を読んで，下記の問いに答えよ。

(法政大・改)

　称徳天皇の没後，770年に光仁天皇が即位した。これによって天皇の血統は
　　1　天皇の子孫から　2　天皇の子孫へと移ることとなった。光仁天皇は財
政の緊縮に努めるとともに，地方政治の粛正をはかるなど国家財政を再建し，
律令制を再編するための政策を行った。

　光仁天皇と渡来系氏族の出身とされる高野新笠との間に生まれた桓武天皇
は，781年に即位して光仁天皇の政策を受け継ぐとともに，新たな都づくりに
も乗り出した。桓武天皇は仏教政治の弊害を脱し天皇の権力を強化することを
目指して，784年に平城京から山背国の長岡京に都を移したが，造宮事業を中
心的に担った藤原　i　出身の藤原種継が射殺される事件が起こり，連座した
早良親王が廃太子され亡くなるなど新都造営にも政治にも混乱が生じた。こう
したことから794年，桓武天皇は山背国葛野郡に再遷都し，山背国を山城国と
改めるとともに，都を ａ平安京と名付けたのである。

　桓武天皇は律令体制をたてなおすため，各種の改革を行った。軍事制度にお
いては旧来の軍団を基本的に廃止し，郡司の子弟で弓馬の術に巧みな者を集め
て健児とすることとした。また，国司交替の事務を審査監督する勘解由使を新
設した。さらに貴族や寺院による山林原野の占拠を禁じるとともに，雑徭を半
減し，6年ごとの班田を12年ごとに改めるなど公地公民制の維持をめざした。

　東北地方の蝦夷に対しては征東大使となった　3　や征夷大将軍となった
　4　などを相次いで派遣して征討と帰順の両面からなる政策を進めた。802
年に　4　は胆沢城を築いて鎮守府を多賀城から移し，その一方で，阿弖流為
を帰順させ，翌年には志波城を築城して東北経営の拠点を北に広げた。

　806年に桓武天皇の後継となったのは平城天皇であったが，天皇の寵愛を受
けた藤原薬子が兄の　5　と共に権勢をふるうようになる。809年に平城天皇
は退位し，弟の ｂ嵯峨天皇が即位した。平城天皇の息子の高岳親王が皇太子と
されたが，平城太上天皇は嵯峨天皇と対立するようになった。平城太上天皇は
平城京への再遷都をめざしたが，嵯峨天皇が先手を打って　4　率いる兵を動
かしたために政変は失敗し，その結果　5　は殺され，薬子は自害した。

　嵯峨天皇は藤原　ii　出身の　6　を蔵人頭に任命し，天皇の命令をすみや
かに太政官組織に伝える仕組みを整えた。また，平安京内の警察組織として検
非違使も設置した。

□ **問1.** 文中の空欄 ☐1☐ ☐2☐ にあてはまる天皇の名としてもっとも適切なものを，それぞれ一つ選べ。

    ア. 醍醐   **イ.** 淳仁   **ウ.** 文徳   **エ.** 天武

    オ. 元正   **カ.** 宇多   **キ.** 淳和   **ク.** 天智

□ **問2.** 文中の空欄 ☐i☐ ☐ii☐ にあてはまる語句としてもっとも適切なものを，それぞれ一つ選べ。

    ア. 南家   **イ.** 北家   **ウ.** 京家   **エ.** 式家

□ **問3.** 下線部 a について，平安京に関連する記述として誤っているものはどれか。

    ア. 平安京内には西鴻臚館と東鴻臚館が置かれた。

    イ. 平安京内には北市と南市が置かれた。

    ウ. 平安京内には東寺と西寺が建立された。

    エ. 平城京の諸寺院が平安京に移転することはなかった。

□ **問4.** 文中の空欄 ☐3☐～☐6☐ にあてはまる人名としてもっとも適切なものを，それぞれ一つ選べ。

    ア. 大伴家持   **イ.** 藤原保則   **ウ.** 藤原冬嗣

    エ. 藤原時平   **オ.** 坂上田村麻呂   **カ.** 小野春風

    キ. 在原業平   **ク.** 紀古佐美   **ケ.** 藤原忠平

    コ. 文室綿麻呂   **サ.** 藤原仲成   **シ.** 藤原広嗣

□ **問5.** 下線部 b について，嵯峨天皇が編纂再開を命じて820年に成立した，律令の追加・修正法をまとめた法令集とは何か。

    ア. 延喜格   **イ.** 弘仁格   **ウ.** 貞観格   **エ.** 類聚三代格

（解答力 **UP!**）地図・系図をよく見よう ――――――――――

  問3 で平安京内にどのような施設があったかが問われている。やや難問だが，平安京の構造図をよく見ていれば，取り組みやすかっただろう。

  教科書にはさまざまな地図・系図が掲載されている。本文の理解を助けるためのものだが，入試問題でその内容や説明文から出題されることも多い。

  平安時代の政治史では，蝦夷征討に関する東北地方の地図，天皇家と藤原氏の系図にも注意しておこう。

1 問1 ④ 問2 ② 問3 ② 問4 ① 問5 ② 問6 ④ 問7 ①

解説

問3・6 ▶**精講** 5-2

問4　藤原良房は臣下で最初の摂政。858年に幼少の**清和天皇**が即位すると外祖父の良房は事実上の摂政となった。866年の**応天門の変**後，正式に摂政となった。

問5　藤原基経は最初の関白。884年に**光孝天皇**は即位の際に基経を関白とした。続く**宇多天皇**も基経を関白に任じたが，888年，基経はその際の勅書を撤回させた**阿衡の紛議**を通じて，関白の政治的地位を確立した。

2　問1 1-エ 2-ク 問2 i-エ ii-イ 問3 イ
　　　問4 3-ク 4-オ 5-サ 6-ウ 問5 イ

解説

問1　光仁天皇は天智天皇の孫にあたり，皇統は天武系から天智系へ代わった。

問2・問4　5・6：**藤原種継**と，その子である**藤原仲成・薬子**は**式家**の出身である。810年の**平城太上天皇の変**（**薬子の変**）で式家が没落する一方，嵯峨天皇の信任を得た北家出身の**藤原冬嗣**が蔵人頭に就任したことで，北家の優位が確立した。

やや難 問3　**イ**：誤文。平安京内には**東市**と**西市**が置かれた。**ア**：正文。西鴻臚館・東鴻臚館は，平安京内にあった外交使節の応対施設である。**ウ・エ**も平安京の説明として正しい。知識としては難しいが，**イ**が明らかな誤文であると判断できればよい。

問4　3・4：桓武天皇の治世では，789年に征東大使**紀古佐美**を派遣して蝦夷征討を進めたが，蝦夷の族長**阿弖流為**に大敗した。そこで**坂上田村麻呂**を征夷大将軍に任命し，阿弖流為を帰順させて蝦夷征討を進め，802年に胆沢城を築いて多賀城から鎮守府を移した。

問5　**詳しく！** ▶律令の規定の補足・修正法を**格**，施行細則を**式**という。嵯峨天皇のもとで**弘仁格式**（**イ**）が編纂された。続いて清和天皇のもとで**貞観格式**（**ウ**）が，醍醐天皇のもとで**延喜格式**（**ア**）が編纂され，あわせて三代格式という。『**類聚三代格**』（**エ**）は，三代の格を集めたものである。

精講 [5-1] 令外官 •────────────────────────

令に定められていない新しい官職を**令外官**という。桓武天皇・嵯峨天皇のもとで設置された以下の令外官は，読み方を含めておさえておこう。

- ・桓武天皇→**勘解由使**…解由状を審査，国司交代の引き継ぎを監督
- ・嵯峨天皇→**蔵人頭**…天皇に直属して機密事項を扱う
- **検非違使**…初め平安京内の警察を担当，後に裁判も担当

少し発展的な知識となるが，中納言・参議・征夷大将軍・関白などの官職も令外官である。

精講 [5-2] 他氏排斥 •────────────────────────

藤原氏北家は，他の有力氏族を排除することで政治権力を拡大させた。表の他氏排斥の事件は，排除された人物を含めて覚えておく。年代整序で問われることも多い。**安和の変**によって他氏排斥が完了し，以後，摂政・関白が常置されるようになった。

藤原氏	年代	事件名	排斥された氏族
良房	842	承和の変	橘 逸勢・伴健岑
良房	866	応天門の変	伴善男・紀豊城
時平	901	－	菅原道真
実頼	969	安和の変	源 高明

精講 [5-3] 延喜・天暦の治 •────────────────────────

10世紀前半の**醍醐天皇**と**村上天皇**の治世では，摂政・関白が置かれずに天皇親政が行われ，後に「延喜・天暦の治」とたたえられた。

延喜の治	『**日本三代実録**』の完成（最後の六国史） **班田**の実施（最後の班田） **延喜の荘園整理令**（最初の荘園整理令） 『**古今和歌集**』の完成（最初の勅撰和歌集） 『**延喜格**』『**延喜式**』の完成（最後の格式の編纂）
天暦の治	**乾元大宝**の発行（最後の本朝（皇朝）十二銭）

政治・文化の両面で，律令国家の国家事業が終わりを告げ，新たな取り組みが行われた時代の転換期であった。

なお，醍醐・村上天皇による親政の合間は，朱雀天皇の治世で，**藤原忠平**が摂政・関白に就任していることに注意したい。朱雀天皇の治世には，最初の武士反乱である**天慶の乱**（承平・天慶の乱）（939～941）がおこっている。

STEP 1 基本レベル

1 次の文（A・B）を読み，問（a〜h）に最も適当な答を，**各語群・文章群（1〜4）**からそれぞれ1つ選んで，その番号を記入せよ。（西南学院大・改）

A．公領の耕地は，10世紀に名とよばれる課税単位に編成され，　ア　とよばれる有力農民が官物，臨時雑役などの納税を請け負う方式になっていった。11世紀になると，税の減免を求めて，開発した土地を中央の貴族や寺社に寄進することが広く行われた。11世紀末の白河院政期から12世紀前半の　イ　院政期にかけては，院・女院・摂関家・有力寺社の領域型荘園が多く作られた。

B．10世紀前半，ほぼ同じ時期に，平将門の乱と(1)藤原純友の乱がおこった。これらの乱をあわせて承平・　ウ　の乱という。政府は現地に勢力をもつ中下級貴族を用いて反乱を鎮圧した。これらの反乱鎮圧に功績のあった(2)平氏と源氏は，地方武士団を広く組織した武家を形成して，大きな勢力を築いた。(3)武士は一族の者を　エ　，一族以外の者を郎党に組織し，武士団を形成した。平氏は1028年に上総でおこった　オ　の乱で，いちじ勢力が衰えたが，その後，平維衡が伊勢守になり，勢力を強めた。

☐ 問a．　ア　に当てはまる農民は何か。

　　　1．田荘　　　2．郡司　　　3．田堵　　　4．郷司

☐ 問b．　イ　に当てはまる上皇は誰か。この上皇の時に，多くの寄進によって八条院領とよばれる大規模な荘園群が成立した。

　　　1．亀山　　　2．鳥羽　　　3．高倉　　　4．土御門

☐ 問c．下線部（1）に関して，藤原純友の乱を鎮圧したのは誰か。

　　　1．源為義　　　2．源経基　　　3．源義朝　　　4．源範頼

☐ 問d．　ウ　に当てはまる元号は何か。

　　　1．天徳　　　2．天暦　　　3．天慶　　　4．天安

☐ 問e．下線部（2）に関して，桓武天皇の子孫で，のちに臣籍降下して平姓を名乗り，桓武平氏の祖となった人物は誰か。

　　　1．高望王　　　2．貞純親王　　　3．以仁王　　　4．護良親王

☐ 問f．下線部（3）に関して，武士の中には都で朝廷や貴族に仕え，滝口の武士として用いられる者もいた。この滝口の武士を創設した天皇は誰か。この天皇は菅原道真を重用して藤原氏を抑えようとした。

1．伏見天皇　　2．宇多天皇　　3．朱雀天皇　　4．一条天皇

□ **問g.** 　エ　に当てはまるのは何か。

1．同朋衆　　2．家子　　3．引付衆　　4．旗本

□ **問h.** 　オ　に当てはまる武将は誰か。

1．平忠正　　2．平国香　　3．平重衡　　4．平忠常

この用語もおさえる！

▶ 公営田…823年，大宰府管内に設置された直営田。有力農民を利用した直営方式で財源確保を目指した。879年には，公営田に倣って畿内に官田（元慶官田）が設置された。いずれも国家財政の維持が困難になっていたことが背景にある。

▶ 延喜の荘園整理令…902年，醍醐天皇のもとで出された最初の荘園整理令。皇族・貴族層による違法な土地所有を禁じ，あわせて班田の励行をはかったが，不徹底に終わった。

▶ 成功…私財を出して朝廷儀式や寺社造営を請け負う見返りに，官職に任じてもらうこと。受領の地位が利権化すると，成功によって任じられることが増加した。同様の行為によって，同じ官職に再任されることを重任という。

▶ 遙任…国司が任国に赴かず，収入の確保だけを目指すこと。11世紀後半になると，受領も任国に赴かないで，代理人である目代を派遣することが一般化した。目代は，在地の有力者である在庁官人を指揮して国内を統治した。

2 次の文章および史料文を読み，下記の設問（1）〜（7）に答えなさい。

（学習院大・改）

　平安時代中頃の988年に，次の史料のような訴え状が提出された。この訴え状は，31カ条からなっており，国司の配下にある郡司や，庶民である百姓が訴えの主体となって，上位者であるはずの国司の守の非法を政府に対して訴えている。下の史料はその前文と第1条を抜粋したものである。

尾張国郡司百姓等解し申し請ふ官裁の事

　　裁断せられむことを請ふ，当国の守藤原朝臣　(1)　，三箇年の内に責め取る非法の官物あはせて濫行横法三十一箇条の愁状

一，裁断せられむことを請ふ，(2)例挙の外に三箇年の収納，暗に以て加徴せる正税四十三万千二百四十八束が息利の十二万九千三百七十四束四把一分の事

　　右，正税の本穎の式数は，三十七万千四百束なり。減省の遺を除きて定挙し，二十四万六千百十束は，明らかに税帳に録せり。（中略）よりて，公平を存せんがため，同じく息利七万三千八百六十三束を以て(3)国内の力田に率するの間，当任の守　(1)　の朝臣，三箇年の収納すでに以て繁多なり。たやすく勝計すべからず。ゆえに，いかんとなれば，窮民の身はわずかにまさに究進の勤めを致すといへども，(4)或いは見納と号し，或いは未進と称して，あまたの財物を虜掠す。此の苛責によりて，人民逃散し，彼の騒動をかさねて立浪静かならず。しかのみならず，(5)　(5)　の徒は雲のごとく部内に散満し，屠膾の類は蜂のごとく府辺に移住す。これら，まことに山川の境程を隔てたりといへども，京洛の故郷を思ふがため，なほ当国の土産を貪る。（後略）

〔設問〕

☐ **(1)**　　(1)　には，この訴え状で尾張国の人々から訴えられている人物の名（漢字2文字）が入る。その人物名を漢字2文字で記しなさい。

☐ **(2)**　下線部(2)に関して，「例挙」とは通常の貸付の意味であり，律令制下で正税の稲が人々に貸し付けられていた仕組みを指す。この仕組みを何というか，記しなさい。

☐ **(3)**　下線部(3)に関して，「力田」への課税は田地の耕作を積極的に進めることのできた有力農民への課税を指している。国司の長はこうした有力農民に対して，田地の耕作を請け負わせて課税するようになった。こうした有力農民は「力田の輩」という以外に何と呼ばれたか，漢字2文字で記しなさい。

□ **(4)** 下線部（4）に関して，国司の長は政府から徴税の方法を任されており，任国に赴任して国内の人々から多くの財物を徴収し，富を蓄積することを目指した。こうした赴任する国司の長は何と呼ばれたか，その呼称を記しなさい。

□ **(5)** 設問（4）のような国司の長に選ばれることは，中級貴族たちの願望でもあり，任命手続きの際には希望の国に任命されようと期待する人々の姿が『枕草子』にも描かれている。このような官吏任命手続きの儀式は何と呼ばれたか，漢字2文字で記しなさい。

□ **(6)** 都から赴任する国司の長は，下線部（5）に見えるように，私的な従者を同行させて，国内での収奪にも従事させた。 (5) にはこのような私的従者の呼称が入る。こうした私的従者はどのように呼ばれていたか，記しなさい。史料上の (5) に入る用語そのものでなくても，当時一般的に使われた表記で答えればよろしい。

□ **(7)** この訴え状が出されたころ，律令制下の雑徭に由来する本来は力役的だった負担は，別の名称で課されるようになっていた。何という負担名であったか，記しなさい。

（**解答力** UP!）**史料問題は設問から** ────────────

　入試問題では史料問題が出題されることも多く，苦手にしている受験生も多い。本問も大半が史料の引用である。

　史料問題では，まず設問を読むとよい。史料とは無関係に答えられる問題が多いからである。また，史料の内容把握が求められる問題でも，設問を先に読めば，どのような史料か，どこに注意して読めばよいか，見当をつけることができる。

　教科書に掲載されている史料は必ず目を通しておきたい。史料集などにも掲載されていない未見の史料が出題されることもあるが，まずは設問を読んでから史料を読解するのが鉄則である。

1　問a　3　問b　2　問c　2　問d　3　問e　1　問f　2　問g　2
　　　問h　4

解説

問a　▶精講 [6-2]

問b　詳しく！▶**八条院領**は，鳥羽上皇が皇女八条院に伝えた荘園群。後白河上皇が
　　長講堂に寄進した荘園群である**長講堂領**とともに，皇室の経済的基盤を形成した。

問c・d　939年におこった**平将門の乱**と，同じ頃におこった**藤原純友の乱**を合わ
　　せて，**天慶の乱**（承平・天慶の乱）という。

問f　滝口の武者（武士）は宮中の警備に用いられた武士。9世紀末，**菅原道真**を
　　重用した**宇多天皇**のときに設置された。

問g　武士団は，主人のもとに一族の**家子**が従い，家子が一族以外の**郎党**（郎等・郎
　　従）などの従者を率いることで，組織されていた。

問h　▶精講 [6-3]

2　(1) 元命　(2) 出挙〔公出挙〕　(3) 田堵　(4) 受領　(5) 除目
　　　(6) 郎党〔郎等・郎従〕　(7) 臨時雑役

解説

(1)　引用史料は，988年，**藤原元命**の暴政を訴えた「**尾張国郡司百姓等解**」の一
　　部である。10世紀の受領の任国支配を知る史料である。**解**は下の者が上の者に訴え
　　るときに使われる文書の様式をいう。

(2)　**出挙**（公出挙）は，春に稲を貸し付け，秋に利息とともに回収する制度。もと
　　もとは人民の生活救済のための措置だったが，律令制下では，国司が管理する正
　　税を人民に貸し付け，その利息は諸国の重要な財源となった。

(3)・(7)　▶精講 [6-2]

(4)　国司は守・介・掾・目の四等官制がとられていたが，任国に赴任する最上級者は，
　　前任者から一国の財産などを引き継ぐことから，**受領**と呼ばれるようになった。普
　　通は守である。

(5)　注意！▶官職に任命する朝廷の儀式を**除目**という。位階を与える儀式である**叙
　　位**とともに覚えておく。読み方が出題されることもある。

(6)　律令による支配のもとでは税の徴収・運搬などは**郡司**が行っていたが，受領は
　　私的な従者である**郎党**（郎等・郎従）を都から引き連れて行き，徴税を行うように
　　なった。このような動向は郡司の役割を低下させることになった。

精講 6-1 律令支配の行きづまり

　律令による支配は，戸籍・計帳によって人民を把握し，班田収授を実施する（口分田を支給）とともに，成人男性に人頭税を課す（調・庸・雑徭の賦課）しくみだった。しかし，9世紀になると，本籍地からの浮浪・逃亡に加え，戸籍の記載を女性と偽る偽籍が増加し，戸籍・計帳に基づく人民支配は形骸化した。

精講 6-2 地方支配の転換

　10世紀になると，政府は租税納入の責任と国内支配の権限を，任国に赴任する国司の最上級者である受領に集中させるようになった。

　受領は，支配下にある公領の田地を名と呼ばれる徴税単位に再編成し，田堵と呼ばれる有力農民に耕作を請け負わせ，官物（租・調・庸や公出挙に由来，米・絹など）・臨時雑役（雑徭に由来，労働）を課すようになった。課税対象は，人（戸籍に記載された成人男性に賦課）から土地（名の広さに応じて田堵に賦課）に転換することになった。

精講 6-3 武士の台頭と戦乱

　10世紀の地方政治の変化の中で，豪族や有力農民の武装化が進み，紛争が多発した。政府は，武芸に優れた中下級貴族を追捕使や押領使に任じて派遣し，鎮圧にあたらせた。その中には，地方に留まり，武装した豪族や有力農民を郎党などとして組織する者もいた。こうして形成が進んだ地方の武士団は，11世紀になると，中央貴族の血をひく清和源氏（源経基を祖）や桓武平氏（平高望を祖）を棟梁と仰ぎ，源平両氏のもとに組織化されるようになった。

　武士が台頭する過程での戦乱は，以下の表の事項をおさえておく。清和源氏については，系図をもとに源経基→満仲→頼光・頼信→頼義→義家の順番を覚え，戦乱との関係を整理するとよい。満仲と，その子頼光・頼信兄弟は，奉仕を通じて摂関家と密接な関係を築き，諸国の受領を歴任したことにも注意したい。

戦乱名	年代	概要	鎮圧者
天慶の乱 （承平・天慶の乱）	939〜941	平将門の反乱（関東） 藤原純友の反乱（瀬戸内海）	平貞盛・藤原秀郷 源経基
平忠常の乱	1028〜1031	平忠常の反乱（関東）	源頼信
前九年合戦	1051〜1062	安倍氏の反乱（東北）	源頼義・源義家
後三年合戦	1083〜1087	清原氏の内紛（東北）	源義家

第2章 中　世

7 院政期・鎌倉時代1

□ **1** 日本の中世は鎌倉幕府の成立に始まるという考え方があったが，最近では武家社会が成長した院政期を中世に含める見解が主流となっている。このことを踏まえて次の文章の空欄を適語で補い，下線部について設問に答えよ。

（名城大・改）

　公領が公卿らの ア や院分国として上皇の私領のようになり，院政の経済的基盤となる一方で，多くの荘園をもつ大寺院は僧兵を組織して国司と争い，ₐ強訴して朝廷に対する要求を通そうとするようになった。その圧力に対して警護や鎮圧のために用いられたのが武家で，彼らが中央の政界に進出するきっかけとなった。

　武家の棟梁として源氏は東国に勢力を広げ，桓武天皇を祖とする伊勢平氏は伊賀などを地盤として発展した。平正盛は出雲で源義親を討ち，その子忠盛は瀬戸内海で海賊を平定して イ 上皇に重用され，武家であると同時に院近臣となって朝廷内に大きな位置を占めたのである。

　上皇の死後，皇位と摂関家の継承をめぐる対立から， ウ 上皇は左大臣藤原頼長と結んで源為義や平忠正らの武士を集めた。これに対抗して エ 天皇はᵦ平清盛や源義朝らを動員して上皇方を撃破した。この天皇が院政を始めると，院近臣の間で権力争いが起こり， オ は源義朝と組んで挙兵したが，清盛によって滅ぼされた。

　このような京都を舞台とする内乱は，貴族社会の内部抗争が武士の力で解決されることを明らかにし，一部の貴族たちに「武者の世」が到来したことを嘆かせている。清盛の勢威は急速に高まり，平氏の一族を高位高官に任じて全盛を迎えたが，平氏による政権は武士でありながら貴族的な性格が強かった。

　このような平氏の栄華に対しては旧勢力からの反発も強く，1177年には院近臣らが平氏打倒をはかる カ 事件が起こった。こののち清盛は院を幽閉するなど，強圧的な手段で権力を独占していくが，このような手法は逆に院・貴族・寺社と各地の源氏など，反対勢力の結集をうながすことになった。

　東国の武士団は源氏の嫡流である源頼朝と広く主従関係を結び，1183年に平氏が都落ちしたあと，頼朝は朝廷が出した キ によって東国の支配権を認められた。ここに真の武家政権となる鎌倉幕府が確立する道が開かれたのである

が，院政期が中世武家社会を成り立たせた時代だといえる論拠をみることがで
きる。

〔設問〕

☐ **(1)** 下線部 **a** について，山法師と呼ばれた延暦寺の僧兵がかついで強訴した
神輿はどこのものか。

☐ **(2)** 下線部 **b** について，この内乱を何と呼ぶか。

┌─ この**用語**もおさえる！ ─────────────────────

▶ **院庁**…院に付属する家政機関。院政は，院（上皇）が天皇家の家長という立
場から天皇を後見した。そのため，上皇の命令を伝える**院宣**とともに，院庁
が出す**院庁下文**が国政一般に効力をもつようになった。

▶ **六勝寺**…院政期に天皇家によって造営された「勝」のつく6寺。白河天皇が
建立した**法勝寺**など。造営費用を調達するために，**成功**などの売位・売官が
盛んになった。

▶ **関東御領**…鎌倉時代に将軍家が所有した大量の荘園。朝廷が平氏から没収し，
源 頼朝に与えた**平家没官領**を中心として形成された。

▶ **大犯三カ条**…鎌倉時代の**守護**の職権。国内の御家人に**京都大番役**を催促し，
謀叛人と殺害人を逮捕することをいう。

▶ **大田文**…一国内の荘園・公領ごとの田地面積や荘園領主・地頭の氏名を記し
た土地台帳。

▶ **御成敗式目**…1232年，執権**北条泰時**が定めた武家の法典。貞永式目ともいい，
51カ条からなる。**道理**と呼ばれる武家社会の慣習と源頼朝以来の先例に基づ
き，裁判基準を定めた。御家人社会にのみ適用された。

└──

2 つぎの文章を読み，下記の問いに答えよ。

(法政大・改)

　平氏政権による権力の独占は，後白河上皇や貴族，大寺院，源氏などの不満を呼び起こした。こうした情勢を受け，後白河上皇の皇子以仁王は，平氏打倒を呼びかけた。これを受けて立ち上がったのが a源頼朝である。源義朝の子で，　1　の乱ののち，伊豆国に流されていた頼朝は，相模国の鎌倉を根拠地として勢力を拡大し，1183年には後白河上皇に東国の支配権を認めさせた。

　1185年に長門国の壇の浦で平氏が滅亡すると，頼朝は b諸国に守護，荘園や公領には地頭を任命する権利などを獲得した。こうして，頼朝は支配権を西国にもおよぼし，1192年に　2　に任命され，武家政権としての鎌倉幕府が確立した。

　頼朝の死後，幕府の実権を握るようになったのが c北条氏で，執権の地位を一族で受け継いだ。勢力を拡大する幕府に対して，朝廷では　3　上皇を中心に政治の立て直しがおこなわれた。1221年には，　3　上皇が執権の北条義時を追討するために兵をあげた。この　4　の乱で d圧倒的な勝利を収めた幕府は，朝廷に対して優位な立場を築いていった。

□ **問1.** 空欄　1　～　4　に入るもっとも適切な語句または人物の名を，一つ選べ。

　　ア. 治承　　**イ.** 平治　　**ウ.** 保元　　**エ.** 承久

　　オ. 貞永　　**カ.** 後醍醐　　**キ.** 後鳥羽　　**ク.** 後三条

　　ケ. 左大臣　　**コ.** 太政大臣　　**サ.** 征夷大将軍

□ **問2.** 下線部 a について述べた文として，正しいものを，一つ選べ。

　　ア. 藤原秀衡を討ち，陸奥・出羽二国を支配下においた。

　　イ. 公文所の長官に，東国御家人の大江広元を任じた。

　　ウ. 1190年に上洛し，右近衛大将に任じられた。

　　エ. 北条政子を妻とし，長男の実朝が家督を相続した。

□ **問3.** 下線部 b に関連して，鎌倉幕府の守護・地頭について述べた文として，誤っているものを，一つ選べ。

　　ア. 守護は，国内の御家人に対して京都大番役を催促した。

　　イ. 守護は，主として西国出身の御家人が任命された。

　　ウ. 守護は，国内の御家人を指揮して治安維持にあたった。

　　エ. 地頭は，年貢・公事の徴収・納入と所領の管理を任務とした。

□ **問4.** 下線部cに関する説明として，正しいものを，一つ選べ。

　　ア. 北条時頼は，引付のもとに新たに評定をおいて評定衆を任命し，裁判制度の確立につとめた。

　　イ. 北条時宗は，御成敗式目を制定し，御家人同士や御家人と荘園領主のあいだの紛争を裁く基準を示した。

　　ウ. 北条義時は，侍所別当の和田義盛を滅ぼし，政所別当と侍所別当の地位をかねてその権力を固めた。

　　エ. 北条泰時は，二度にわたる元の襲来にさいして，執権として幕府軍を指揮した。

□ **問5.** 下線部dに関連して，乱後の幕府の政策について述べた文として，正しいものを，一つ選べ。

　　ア. 京都に執権をおいて，朝廷の監視，京都の警備，西国の統轄にあたらせた。

　　イ. 国司の得分を保障する新たな基準として，新補率法を定めた。

　　ウ. 朝廷方についた貴族や武士の所領を没収し，その地に連署をおいた。

　　エ. 三人の上皇を配流し，仲恭天皇にかえて，後堀河天皇を即位させた。

(解答力 **UP!**) **鎌倉時代の政治** ─────────────────────

　鎌倉時代の政治は，源頼朝の死後は，北条氏を中心に展開する。執権をつとめた北条氏嫡流の当主（得宗）ごとに，政策や出来事を整理しておくことが鉄則である。

　問4は，このような整理ができていれば易しい。一方で，選択肢の内容も注意深く判断しよう。選択肢**ア**を見ると，北条時頼が裁判制度の確立につとめたことは正しいが，役職とその説明に誤りがあることを見抜けただろうか。

1 ア 知行国 イ 鳥羽 ウ 崇徳 エ 後白河 オ 藤原信頼
カ 鹿ヶ谷（の陰謀） キ 寿永二年十月宣旨
(1) 日吉神社 (2) 保元の乱

解説

ア 院政期には，上級貴族に知行国主として一国の支配権を与え，その国からの収益を取得させる知行国の制度が広まった。上皇自身が所有する知行国を院分国といい，院政を支える経済的基盤となった。

イ 平忠盛は，瀬戸内海の海賊平定などで鳥羽上皇の信任を得て，昇殿を許され，武士・院近臣として重用された。

カ 鹿ヶ谷の陰謀とは，1177年，後白河法皇の院近臣であった藤原成親・俊寛らが，京都郊外の鹿ヶ谷で平氏打倒を企てたが，露顕して処罰された事件。

(1) ▶**精講** 7-1

(2) ▶**精講** 7-2

2 問1 1-イ 2-サ 3-キ 4-エ 問2 ウ 問3 イ
問4 ウ 問5 エ

解説

問1 1：▶**精講** 7-2 2：▶**精講** 7-3

問2 ア：誤文。源頼朝は，藤原秀衡の死後，子の泰衡を討ち，陸奥・出羽2国を支配下に置いた。イ：誤文。公文所（後の政所）の長官となった大江広元は貴族出身で，東国御家人ではない。エ：誤文。源実朝は源頼朝の次男で，長男は源頼家である。

問3 イが誤り。守護は主として東国出身の御家人が任命された。

問4 ア：誤文。北条時頼は評定のもとに新たに引付を置いて引付衆を任命した。イ：誤文。御成敗式目を制定したのは北条泰時である。エ：誤文。二度にわたる元の襲来に対応した執権は北条時宗である。

問5 ア：誤文。承久の乱後に京都に六波羅探題を置いて，朝廷の監視，京都の警備，西国の統轄にあたらせた。イ：誤文。新補率法は地頭の得分を保障する新たな基準である。ウ：誤文。承久の乱後，朝廷方についた貴族や武士の所領を没収し，戦功のあった御家人をその地の地頭に任命した。その際に，新補率法で給与を保障された地頭を新補地頭という。

精講 7-1 僧兵の強訴

院政期，多くの荘園を所有した大寺院は，下級僧侶を僧兵として組織し，朝廷に強訴して要求を通そうとした。朝廷は武士を用いて鎮圧にあたらせたため，武士の中央政界への進出を招いた。以下の事項をおさえておきたい。

・南都…**興福寺**の僧兵（奈良法師），**春日神社**の神木を利用
・北嶺…**延暦寺**の僧兵（山法師），**日吉神社**の神輿を利用

なお，**白河上皇**は，北面の武士を組織し，源平の武士を登用した。**注意!!** ▶ 後鳥羽上皇が，新たに組織した**西面の武士**と区別しておくこと。

精講 7-2 保元の乱と平治の乱

保元の乱は，鳥羽法皇の死をきっかけに，天皇家・摂関家内部の対立を背景としておこった。平治の乱は，後白河上皇の院近臣同士の対立を背景としておこった。

中央政界の権力抗争が武士の実力により解決されたことで，2つの戦乱の勝者となった平清盛の地位と権力は急速に高まった。一方，平治の乱で父義朝に従って敗れた源頼朝は，伊豆に流されることになった。

保元の乱 (1156) の対立関係		
○		×
後白河天皇（弟）	天皇家	**崇徳上皇**（兄）
藤原忠通（兄）	摂関家	**藤原頼長**（弟）
平清盛（甥）	平氏	**平忠正**（叔父）
源義朝（子）	源氏	**源為義**（父）

平治の乱 (1159) の対立関係		
○		×
藤原通憲（自害）	院近臣	**藤原信頼**（斬首）
平清盛	武士	**源義朝**（謀殺）

精講 7-3 鎌倉幕府の成立過程

鎌倉幕府は，いくつかの段階を経て成立した。

以仁王の令旨を得て挙兵した源頼朝は，鎌倉入りを果たすと，**侍所**を設置して御家人との主従関係の確立につとめた。平氏が都落ちすると，1183年の**寿永二年十月宣旨**で朝廷から東国支配権の承認を得た。

平氏滅亡後，頼朝は源義経追討を目的に守護・地頭の設置を朝廷から認められた。義経をかくまった**奥州藤原氏**を滅ぼすと，頼朝は上洛して**右近衛大将**に任じられた。後白河法皇の死後，征夷大将軍に任じられた。

1180	侍所設置
1183	東国支配権獲得
1185	守護・地頭設置
1189	奥州平定
1190	右近衛大将任官
1192	征夷大将軍任官

上記の経緯は，内容だけでなく，年代整序でもよく問われる。

1 次の文章をよみ，設問に答えなさい。

（東海大・改）

　平安時代末期から鎌倉時代にかけておこなわれた合戦では，馬に騎乗した状態で矢を射る技術が重視されていたため，武士は日ごろの生活においても騎射三物と総称される笠懸，犬追物，　ア　などの弓技の習練に励んだほか，広大な原野で，勢子（駆りたて役）を使って追い出した獣を仕留める巻狩という大規模な狩猟で，技を競い合った。

　鎌倉時代の武士は血縁的な結びつきを重んじ，本家（宗家）を中心に一族が固く結束していた。本家の首長を　イ　または家督といい，一族の他の構成員を　ウ　または家子というが，平時には，　イ　が主導する形で先祖の祭りや一族の氏神の祭祀をおこない，戦時には，　イ　の指揮のもとで一族が団結して戦いに参加したのである。鎌倉幕府の軍事体制は，　イ　制とよばれるこのような武士の結合のありかたに依存しており，戦時の軍役や，内裏や院御所の警備にあたる　エ　役などは，　イ　が責任者となって　ウ　に割り当てる形で奉仕がおこなわれていた。

　(a)この時代の武士の所領は，　イ　がその多くを相続したが，　ウ　にも分けあたえられていた。また，女子にも相続の権利が認められており，御成敗式目には女子の相続に関する規定がある。しかし，鎌倉時代も後期になると，所領の細分化が進み，さらに貨幣経済にまきこまれて，(b)窮乏状態におちいる御家人も多くなった。このような状況のなかで，遠隔地の分家と本家の関係が希薄になる一族もいた。さらに，それぞれの家の嫡子が所領をすべて相続する　オ　相続がしだいに拡大していき，　イ　制は衰退していくことになるのである。

　他方，鎌倉時代後期には，社会情勢の変化に適応しながら，勢力を拡大する武士もいた。とくに畿内やその周辺では，荘園内に乱入し，年貢やその他の物資を略奪する者もあらわれた。幕府や荘園領主は，既成の社会秩序にあからさまに反発する彼らを　カ　とよび，その鎮圧を図った。しかし，城をかまえ，丸太を転がしたり，石つぶてを投げるなどして抵抗する　カ　の制圧は困難を極めた。

☐ **問1.** 空欄　ア　〜　カ　に適切な語句を記しなさい。

□ **問2.** 下線 (a) に関連して，鎌倉幕府の将軍が，従者である御家人に対し，彼らが所有する先祖伝来の所領に対する権利を保障することを何というか。その呼称を漢字4文字で記しなさい。

□ **問3.** 下線 (b) に関連して，13世紀末，鎌倉幕府は，御家人の所領の質入や売買を禁止し，すでに売却された所領については，一部の例外を除き，売り主に返し，さらに御家人を当事者とする金銭貸借関係の訴訟を受け付けないことなどを内容とする法令を制定した。この法令が制定された時に用いられていた年号を記しなさい。

┌─ ￼この 用 語 もおさえる ！ ─┐

▶ **摂家将軍**…源氏将軍が3代で途絶えた後，摂関家から幼い **藤原頼経** を後継者として迎え入れた。1226年に4代将軍に就任。藤原将軍ともいう。

▶ **皇族将軍**…6代以降は，皇族を将軍として迎え入れた。1252年，**後嵯峨上皇** の皇子 **宗尊親王** が6代将軍に就任。親王将軍ともいう。

▶ **佃**…荘園内で地頭や荘官が下人を使って耕作させた直営地。居館である館の周辺部に設けられ，年貢や公事がかからない。**門田・正作** などともいう。

▶ **異国警固番役**…蒙古襲来に備えて，九州北部の要地を御家人に警備させる番役。**文永の役** 後，大幅に整備された。**弘安の役** 後も課され，御家人にとって重い負担となった。「固」の誤字に注意。

▶ **鎮西探題**…1293年，博多に設置された鎌倉幕府の役職。北条氏一門が任命され，九州の政務や裁判，西国の防備などを担当した。

▶ **一期分**…本人一代限りで，死後は惣領に所領を返す約束つきの相続。鎌倉時代の御家人社会では女性の相続も認められていたが，後期になると女性の相続分などに一期分が適用され，女性の地位は低下の傾向を見せた。

2 次の文章を読み，それぞれの設問に答えなさい。解答は，漢字を用いるべきところは正確な漢字で記入しなさい。選択問題については記号を選びなさい。

（中央大・改）

後鳥羽上皇によって引き起こされた承久の乱が，幕府の圧倒的な勝利によって終結してから数年の間に，執権の地位に就いていた父，3代将軍実朝が暗殺されて以降，実質上の将軍として振る舞っていた叔母，そして，京都から鎌倉に下り，幕府の公文所（政所）別当の地位に就いた政策通の　A　の3名があいついで死去したが，①承久の乱後，京都にとどまっていた北条泰時は，父が死去した1224年に鎌倉に戻り，その跡を継いで執権となるとともに，叔父の　B　を連署に迎えて②幕府の政治組織の基礎固めに着手した。

1246年に執権となった泰時の孫北条時頼は，同年，前将軍藤原頼経と結びついていた北条氏一門の名越氏を失脚させる一方，翌年には幕府成立に貢献した有力御家人三浦氏を滅ぼした。この事件は一般に　C　と呼ばれている。　D　と称される北条氏の嫡流は，これ以降，③執権の地位に就いているかどうかに関係なく，幕府の権力を握るようになった。

☐ **問1.** 空欄Aに入る人物の姓名を記しなさい。

☐ **問2.** 下線部①について，承久の乱後，朝廷の監視，京都の警備，西国御家人の統括などを目的として，幕府が京都に設置した組織の名称を記しなさい。

☐ **問3.** 空欄Bに入る人物の姓名を記しなさい。

☐ **問4.** 下線部②について，泰時が行った政治改革の具体策と，この具体策の役割・目的の説明との組み合わせとして正しいものを，一つ選びなさい。

　　ア． 引付衆の選任—裁判の迅速化

　　イ． 評定衆の選任—合議による幕政運営

　　ウ． 問注所の設置—御家人の統率

　　エ． 引付衆の選任—合議による幕政運営

　　オ． 評定衆の選任—御家人の統率

☐ **問5.** 空欄Cに入る事件の名称を記しなさい。

☐ **問6.** 空欄Dに入る語句を漢字2文字で記しなさい。

☐ **問7.** 下線部③について，北条氏嫡流の家臣として，しだいに幕府の実権を握るようになった勢力の総称と，この勢力の代表者の一人としてあげられる平頼綱が，有力御家人の安達泰盛を滅ぼした事件の名称，及び同事件の発生年の組み合わせとして正しいものを，一つ選びなさい。

ア．非御家人—明徳の乱—1255年

イ．御内人—正中の変—1324年

ウ．非御家人—霜月騒動—1297年

エ．内管領—明徳の乱—1324年

オ．御内人—霜月騒動—1285年

(解答力 UP!) 鎌倉時代の戦乱 ————————————————

　鎌倉時代には，北条氏が勢力を拡大していく過程で数多くの戦乱があった。**問5・問7**では，このような鎌倉時代の戦乱が問われている。

　以下の戦乱については，勝者と敗者とともに，戦乱の位置づけを確認しておこう。
・**比企能員の乱**（1203）
　…〇北条時政 ⇔ ×比企能員，源頼家の将軍廃位につながる
・**和田合戦**（1213）
　…〇北条義時 ⇔ ×和田義盛，北条氏が政所別当に加え侍所別当を兼任
・**承久の乱**（1221）
　…〇北条義時 ⇔ ×後鳥羽上皇，後鳥羽上皇の討幕計画を打倒
・**宝治合戦**（1247）
　…〇北条時頼 ⇔ ×三浦泰村，北条氏の地位が不動となる
・**霜月騒動**（1285）
　…〇平頼綱 ⇔ ×安達泰盛，御内人と有力御家人の対立

1　問1　ア－流鏑馬　イ－惣領　ウ－庶子　エ－京都大番　オ－単独
　　　　カ－悪党　問2　本領安堵　問3　永仁

解説

問1　ア：武芸訓練である笠懸・犬追物・流鏑馬を騎射三物という。「流鏑馬」の読
み方と誤字に注意。オ：鎌倉時代後期から惣領制の解体が始まり，嫡子が全部の
所領を相続する単独相続が一般化していった。カ：悪党とは，畿内やその周辺で，
荘園の年貢を略奪するなどの暴力的行為に及ぶ武士を，取り締まる幕府や荘園領
主の側から呼んだ言い方である。

問2　▶ 精講 8-1

問3　詳しく！ ▶ 1297年に発布された永仁の徳政令は，経済的に窮乏した御家人の救
済策として出された。①御家人の所領の売買・質入れ禁止，②非御家人に売却の所
領は無償返却，③御家人に売却の所領は20年未満の場合は無償返却，④御家人に関
する金銭貸借訴訟の不受理，の4点を内容としておさえておく。

2　問1　大江広元　問2　六波羅探題　問3　北条時房　問4　イ
　　　　問5　宝治合戦　問6　得宗　問7　オ

解説

問1　大江広元は，公文所（後の政所）の初代別当をつとめた。侍所の初代別当和
田義盛，問注所の初代執事三善康信とともに覚えておきたい。

問2　▶ 精講 8-2

やや難 **問3**　北条時房は，承久の乱で活躍し，北条泰時が執権になると，新設された執権
の補佐役である連署に就任した。

問4　イが正しい。北条泰時は，有力御家人らを評定衆に選んで，合議制に基づく
幕府政治を確立した。

問5　1247年，北条時頼は，有力御家人である三浦泰村一族を滅ぼした。これを宝治
合戦といい，北条氏の地位は不動のものとなった。

問6　得宗とは北条氏嫡流の当主をいう。北条義時が徳宗と号したことに由来する。
北条時頼は，執権を退いた後も，得宗として権力を掌握した。

問7　オが正しい。得宗の家臣を御内人といい，その中心を内管領という。得宗の権
力拡大とともに御内人と御家人の対立も激しくなった。1285年，内管領の平頼綱
が有力御家人の安達泰盛を滅ぼす霜月騒動がおこった。

精講 8-1 御家人制と惣領制 •────

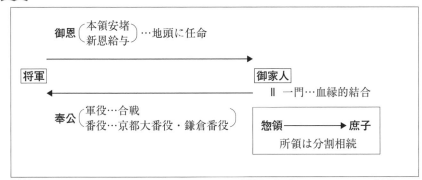

　鎌倉時代の武士は，一族が血縁的に結びつき，**一門（一家）**を構成した。本家の長である**惣領（家督）**は，一族を代表して将軍と主従関係を結び，地頭に任命されて**本領安堵・新恩給与**の御恩を受けた。所領は一族で分割相続され，合戦への参加や京都大番役などの奉公は，惣領が一族の構成員である庶子に割り当てて負担させた。将軍と御家人の主従関係を御家人制，その背後にある一族の結束を惣領制といい，鎌倉幕府の政治・軍事体制の基盤となった。

　13世紀後半になると，御家人の経済的窮乏が深刻化した。その原因として，①蒙古襲来の負担と不十分な恩賞，②分割相続による所領の細分化，③貨幣経済の浸透による所領の質入れや売却，の3点があげられる。

精講 8-2 鎌倉時代の政治過程 •────

　鎌倉時代の政治過程は，北条氏嫡流の当主を**時政→義時→泰時→時頼→時宗→貞時→高時**の順番で覚え，それぞれの執政中にどのような出来事があったかを整理するとよい。とりわけ，戦乱と新設の役職・機関を覚えておく。

　幕政は，泰時のもとで有力御家人による**合議制**が確立するが，次第に北条氏独裁の傾向が強まり，モンゴル（蒙古）襲来を経て得宗専制政治へと転換する。また，藤原頼経の将軍職就任（**摂家将軍**）が泰時，宗尊親王の将軍職就任（**皇族将軍**）が時頼の執政中であることもおさえたい。

時政	1203	比企能員の乱
義時	1213	和田合戦
	1221	承久の乱
	1221	六波羅探題設置
泰時	1225	評定衆・連署設置
	1232	御成敗式目
時頼	1247	宝治合戦
	1249	引付衆設置
時宗	1274	文永の役
	1281	弘安の役
貞時	1285	霜月騒動
	1293	鎮西探題設置
	1297	永仁の徳政令
高時	1324	正中の変
	1331	元弘の変

9 | 南北朝期・室町時代1

STEP 1 基本レベル

1 次の文章を読み，　1　～　6　の問いに答えなさい。

（日本大・改）

　南北朝の内乱は，足利尊氏の孫足利義満が3代将軍につくころにはしだいに
おさまってきた。義満は，京都の室町に「花の御所」とよばれる邸宅をかまえ
て政治を行ったことから，この幕府を室町幕府という。義満は，守護どうしの
対立や一族の内紛を利用して守護の勢力を弱め，1391（明徳2）年に山陰地方
の山名氏清を滅ぼし，(ア)<u>1399（応永6）年には中国地方の大内義弘を討伐す</u>
るなど，地方支配を強化していった。

　こうして武家勢力内での将軍家の地位を高めつつ，義満は，南朝方との和平
交渉もすすめた。その結果，1392（明徳3）年，南朝の(イ)<u>後亀山天皇</u>が北朝
の後小松天皇に譲位するという形で南北朝の合体を実現し，内乱に終止符を打
つことに成功した。このころまでに義満は，それまで朝廷が持っていた京都の
市政権や，諸国に課す段銭徴収権などを掌握し，全国的な統一政権としての幕
府を確立した。

　幕府の支配機構もととのえられた。将軍を補佐する管領が大きな権限をもち，
(ウ)<u>三管領</u>とよばれる足利氏一門の三氏が交代でその職についた。管領につぐ
重職は，軍事・警察の任務をつかさどる　(エ)　の長官（所司）で，(オ)<u>四職</u>と
よばれる有力守護の四氏が任命されるのが慣例であった。これらの有力守護は
在京して重要政務を決定し，幕政の運営にあたり，領国は守護代に統治させる
のが原則であった。

　幕府の財政基盤としては，直轄領である御料所からの収入だけではまかなえ
ず，高利貸の土倉・酒屋からの土倉役・酒屋役，交通の要地にかかる　(カ)　・
　(キ)　といった金融や商業・運輸の業者からの税収にたよった。ほかにも守護・
国人への課税や，内裏の造営などの国家的行事の際には，守護を通して全国の
荘園や公領に税を課すこともあった。また，幕府の保護のもとで手広く金融活
動を行う京都五山の寺院からの献上銭や，さらには日明貿易による臨時収入も
重要な財源であった。

□　1　　下線部（**ア**）の戦いとして最も適切なものを，次の①～④から1つ選
びなさい。
　　①明徳の乱　　②嘉吉の乱　　③永享の乱　　④応永の乱

58　　第2章　中世

□ **2** 下線部（**イ**）の天皇が属する皇統（**a**）と，その皇統が継承していた皇室領荘園（**b**）の組み合わせとして最も適切なものを，次の①～④から1つ選びなさい。

① (a) 大覚寺統　(b) 八条院領　　② (a) 大覚寺統　(b) 長講堂領
③ (a) 持明院統　(b) 八条院領　　④ (a) 持明院統　(b) 長講堂領

□ **3** 下線部（**ウ**）をつとめたのは何氏か。最も適切なものを，次の①～④から1つ選びなさい。

①大内氏　②斯波氏　③一色氏　④土岐氏

□ **4** 空欄　（**エ**）　に記入すべき語句として最も適切なものを，次の①～④から1つ選びなさい。

①侍所　②問注所　③六波羅探題　④記録所

□ **5** 下線部（**オ**）の四氏のうち，のちに応仁の乱で西軍の主将となったのは何氏か。最も適切なものを，次の①～④から1つ選びなさい。

①細川氏　②赤松氏　③山名氏　④京極氏

□ **6** 空欄　（**カ**）・（**キ**）　に記入すべき語句の組み合わせとして最も適切なものを，次の①～④から1つ選びなさい。

① (カ) 段銭　(キ) 棟別銭　　② (カ) 関銭　(キ) 津料
③ (カ) 官物　(キ) 臨時雑役　　④ (カ) 運上　(キ) 冥加

┌─ この**用語**もおさえる**！** ─────────────

▶ 綸旨（りんじ）…天皇の意志を側近の蔵人（くろうど）が承って伝える形式の文書。**建武の新政（けんむのしんせい）**では，すべての土地所有権の確認は綸旨で行うとしたため，混乱が生じた。「綸」の誤字に注意。

▶ 雑訴決断所（ざっそけつだんしょ）…建武の新政で所領関係の裁判を行った機関。鎌倉（かまくら）幕府の**引付（ひきつけ）**を継承する。

▶ 建武式目（けんむしきもく）…1336年，幕府を開く目的のもとに**足利尊氏（あしかがたかうじ）**が明らかにした当面の政治方針。

▶ 守護代（しゅごだい）…守護が任国を統治するために置いた代官。守護は京都にいて幕府に出仕することを原則としたため，任国には守護代を置いて統治を任せた。

└─────────────────────────────

2 中世の政治・社会に関する次の文章を読み，下の設問に答えよ。（明治大・改）

　南北朝期以降，室町戦国時代に入って，(ア)戦乱状態が恒常化するようになると，中世前期には見られない新たな軍事関係の制度が出現するようになる。そのような制度の中で，戦闘を継続しなくてはならない武士たちにとって，特に重要な意味を持ったものは，兵粮の確保に関わる制度であったといえるだろう。

　初期の室町幕府の政治を支えた二人の人物である(イ)足利直義と高師直の対立から発生した戦乱においては，□□□□□・尾張国・美濃国の三箇国にあった荘園の年貢の半分を，一年分に限って兵粮として確保することを武士に認める法令が室町幕府によって発せられる。この制度の実施においては，武士に対する兵粮の配分が(ウ)守護の責任によってなされるものとされたために，守護とそれが統率する武士との間に，御恩と奉公の関係に基づく主従関係が見られていくようになる。

　この動きは，守護の領国支配形成の前提の一つとなるものであった。

設問

□ **1.** 空欄□□□□□にあてはまる語句として正しいものを，次の①〜④のうちから一つ選べ。

　　①三河国　　②和泉国　　③伊勢国　　④近江国

□ **2.** 下線部（ア）に相当する戦乱とそれに直接関わりを持つ人物の組み合わせとして正しいものを，次の①〜④のうちから一つ選べ。

　　①明徳の乱―山名氏清　　②応永の乱―足利義教
　　③永享の乱―足利義満　　④応仁の乱―赤松満祐

□ **3.** 下線部（イ）について述べた文章として誤っているものを，次の①〜④のうちから一つ選べ。

　　①直義は，足利尊氏の弟にあたる人物である。
　　②直義は，足利尊氏と幕府の政務の分担を行なっている。
　　③直義と師直の対立が解消した後に，足利尊氏は征夷大将軍となる。
　　④師直は，足利尊氏の執事にあたる人物である。

□ **4.** 下線部（ウ）の地位にあったものの中には，足利氏の一門出身で将軍を補佐する役職につくものがいた。それにあてはまらないものを，次の①〜④のうちから選べ。

　　①畠山氏　　②細川氏　　③京極氏　　④斯波氏

☐ **5.** 上記の文章に関連して，中世後期の政治・軍事に関する文として正しいものを，次の①〜④のうちから選べ。

　①足利義満は，自らに対抗しうるだけの外様大名の勢力を削減するための戦いをおこした。

　②室町幕府の奉公衆は，天皇と上皇の警護を主な任務として編成されたものである。

　③守護の制度は，建武政権が一時廃止した後に，室町幕府があらためて復活させたものである。

　④15世紀の末に，南近江の国人たちは内紛を続ける畠山氏を追い出して自治支配を実現させた。

（解答力 | UP！）南北朝期・室町時代の戦乱 ————————————————

　2・3で問われているように，南北朝期・室町時代には戦乱が相次いだ。

　以下の戦乱については，勝者と敗者とともに，戦乱の位置づけを確認しておこう。年代整序で問われることも多い。

・**中先代の乱**（1335）…〇足利尊氏 ⇔ ×北条時行，北条氏残党の反乱

・**観応の擾乱**（1350〜1352）

　…〇足利尊氏・×高師直 ⇔ ×足利直義，北朝の内紛

・**明徳の乱**（1391）…〇足利義満 ⇔ ×山名氏清，有力守護の討伐

・**応永の乱**（1399）…〇足利義満 ⇔ ×大内義弘，有力守護の討伐

・**永享の乱**（1438）

　…〇足利義教・〇上杉憲実 ⇔ ×足利持氏，将軍・関東管領と鎌倉公方の対立

1 　 **1** ④ 　 **2** ① 　 **3** ② 　 **4** ① 　 **5** ③ 　 **6** ②

解説

1 ▶ 解答力 UP! （p.61）

2 　 詳しく！ ▶ 鎌倉時代後期，**後嵯峨上皇**の没後，天皇家は**後深草上皇**の流れを
くむ**持明院統**と**亀山天皇**の流れをくむ**大覚寺統**に分裂し，皇位の継承や皇室領荘
園の相続などをめぐって対立した。鎌倉幕府の調停により，両統が交代で皇位につ
く**両統迭立**がとられた。持明院統は**長講堂領**を相続し，後の**北朝**につながり，大覚
寺統は**八条院領**を相続し，後の**南朝**につながった。

3 　 将軍の補佐役である**管領**は，足利氏一門で，有力守護でもある**細川・斯波・
畠山氏**が交代で任命され，**三管領**と呼ばれた。

4 　 室町幕府の機構のうち，都の警備や刑事裁判を担当したのは**侍所**である。
その長官である**所司**は，有力守護の**赤松・一色・山名・京極**の四氏から任命され，
四職と呼ばれた。

5 　 1467年に始まる応仁の乱は，**細川勝元**方を東軍といい，**山名持豊**（宗全）方
を西軍といった。

2 　 **1** ④ 　 **2** ① 　 **3** ③ 　 **4** ③ 　 **5** ①

解説

1 ▶ 精講 9-1

2 ▶ 解答力 UP! （p.61）

3 　 ③が誤り。足利尊氏は1338年に北朝から征夷大将軍に任じられると，弟の**足利
直義**と政務を分担した。しかし，直義と尊氏の執事**高師直**の対立が表面化し，
1350年，**観応の擾乱**と呼ばれる戦乱に発展し，師直・直義はともに殺害された。

4 　 **1** **3** の解説を参照。

5 　 ②：誤文。室町幕府の直轄軍である**奉公衆**は，将軍の護衛や御料所の管理など
を任務とした。③：誤文。後醍醐天皇が天皇親政を目指した建武の新政では，諸国
に**守護**と**国司**を併置した。④：誤文。1485年に始まる**山城の国一揆**は，南山城の国
人たちが畠山氏を国外に退去させ，自治的支配を実現した。①の外様大名は，江戸
時代の用語と思って迷ったかもしれないが，室町時代にも足利氏と関係が薄い守護
大名を指す用語として使われた。足利義満に討伐された有力守護の**土岐康行・山名
氏清・大内義弘**は足利氏一門ではないので正しい。

精講 9-1 守護の権限拡大 •

　南北朝の動乱の中で，地方武士を各国ごとに軍事動員する守護の役割が大きくなった。そのため，室町幕府は守護の権限を大幅に拡大した。

- **刈田狼藉**（紛争相手の所領の稲を一方的に刈り取る行為）の取締権
- **使節遵行**（幕府の裁判の判決を強制執行する権限）の職権
- **半済令**…荘園・公領の年貢の半分を徴発する権限を与える

　　　　1年限り，3国（近江・美濃・尾張）対象 → 永続化，全国化

　鎌倉時代の守護の権限は，**大犯三カ条**に見られるように**軍事・警察権**に留まったが，室町時代の守護は，それに加えて**行政・司法権**まで権限が拡大した。これらの権限を得た守護は，荘園・公領を侵略し，**国人**と呼ばれる有力な地方武士を統制下に組み入れ，一国全体に及ぶ支配を確立させていった。

精講 9-2 足利義満の治世 •

　室町幕府は，足利義満の治世のもとで，武家・公家・寺社をまたぐ全国政権を形成した。義満の政策は，①守護，②朝廷，③五山の3つに整理するとよい。

　①としては，有力守護を討伐し，勢力の削減につとめた（**土岐康行の乱**，明徳の乱，応永の乱）。②としては，南北朝の合体を実現し，朝廷権限の吸収をはかった（京都の裁判・警察権，土倉・酒屋への商業課税権，諸国に課す段銭徴収権）。また，将軍を辞して**太政大臣**となり，朝廷に実権をふるった。③は，臨済宗の官寺制度として五山・十刹の制を整備したことをおさえる。

　なお，対外的には明との国交を結び，**日明貿易**を開始したことも重要である。

精講 9-3 鎌倉・室町幕府の財政 •

　鎌倉幕府は，荘園・公領制のもとで**関東御領・関東知行国**を財政基盤とした。

　室町幕府は，御料所と呼ばれる直轄地が少なく，財政は**貨幣経済**への依存度が高かった。室町幕府の財政は，右の表の財源の名称を覚えておきたい。

土倉役・酒屋役	京都で高利貸を営む土倉・酒屋に賦課
関銭・津料	交通の要所に設けた**関所**で徴収
五山の献金	金融活動を行う京都五山の僧侶に賦課
抽分銭	日明貿易に携わる商人に賦課
段銭・棟別銭	国家的行事の際に守護を通じて全国に賦課
分一銭	**徳政令**の発布時に債権・債務の一定割合を手数料として徴収

STEP 1 基本レベル

1 つぎの文章を読み，下記の問いに答えよ。

（法政大・改）

　近畿地方やその周辺部では，鎌倉時代の後期から，領主による支配の単位である荘園や公領の内部に，いくつかの村が生まれ，南北朝の動乱のなかで，各地に広がっていった。このような自治的な村は，惣村とよばれた。

　室町時代の惣村は，村民の会議である　1　の決定に従って，おとな・　2　などとよばれる指導者によって運営された。惣村は，ₐ農業生産に必要な山や野原などの共同利用地を確保するとともに，灌漑用水の管理をおこなった。また，領主へ納める年貢などを惣村がひとまとめにして請け負う　3　もしだいに広がっていった。

　強い連帯意識で団結した惣村の構成員は，荘官の免職や年貢の減免などを求めて一揆を結び，強訴・　4　といった実力行使をしばしばおこなった。また，惣村の有力者のなかには，守護と主従関係を結んで　5　となるものも現れたため，領主の現地支配は次第に困難になっていった。

　惣村は，時には荘園・公領の枠を越えて連合した。このような勢力が大きな武力となって中央の政界に衝撃をあたえたのが，1428年の　6　の土一揆である。ᵦこの時の土一揆は，徳政を要求し，京都の土倉・　7　などの金融業者をおそって，質物や売買・貸借証文をうばった。

　1441年の　8　の土一揆では，数万人の一揆構成員が京都を占拠し，室町幕府はついにその要求を受けて徳政令を発布した。

□ **問1.** 空欄　1　～　8　に入るもっとも適切な語句を，以下の**ア**～**ツ**のなかから一つ選べ。

　　ア．地侍　**イ**．百姓　　**ウ**．荘官　　**エ**．弁官　　**オ**．米屋

　　カ．酒屋　**キ**．沙汰人　**ク**．奉行人　**ケ**．逃散　　**コ**．寄合

　　サ．評定　**シ**．引付　　**ス**．地下請　**セ**．地下検断　**ソ**．応永

　　タ．正長　**チ**．嘉吉　　**ツ**．永享

□ **問2.** 下線部ａに関連して，室町時代の農業に関して述べた文として正しいものを，以下の**ア**～**エ**のなかから一つ選べ。

　　ア．畿内や西日本一帯では，粟を裏作とする二毛作が普及した。

　　イ．室町幕府によって新田開発が積極的におこなわれ，耕作地が広がった。

　　ウ．手工業の原料として，苧・桑・楮・漆・藍が栽培された。

エ．深耕用の備中鍬，脱穀用の千歯扱が考案され，生産性が上がった。

☐ **問3**．下線部 **b** は，ある将軍の代始めにおきた。この将軍を，以下の**ア〜エ**の
なかから一人選べ。

ア．足利義持　　**イ**．足利義教　　**ウ**．足利義満　　**エ**．足利尊氏

┌─ この **用語** もおさえる！ ─────────────────────

▶ **御文**…本願寺の**蓮如**が書いたかなの文章。誰でも**極楽往生**できると**浄土真宗**
（一向宗）の教えを平易に説いた。信仰組織である**講**で読み聞かされ，**門徒**の
結束を促す役割を果たした。

▶ **天文法華の乱**…1536年，**延暦寺**が対立する京都の**日蓮宗**（法華宗）寺院を焼
打ちした事件。京都の日蓮宗の信者は**法華一揆**を結び，町政を自治的に運営
していたが，事件によって一時京都を追われた。

▶ **寺内町**…**浄土真宗**の寺院や道場を中心に建設された町。門徒の商工業者が集
住した。販売座席である**市座**を設けないなど**楽市**として存在し，自由な商業
取引を原則とした。

▶ **会合衆**…**堺**の自治を担った36人からなる豪商。**合議**によって市政を自治的に
運営した。

▶ **年行司**…**博多**の自治を担った12人からなる豪商。博多も堺と同じく自治都市
として繁栄した。「**司**」の誤字に注意。

2 次の文章を読み，設問に答えなさい。

（中央大・改）

　　15世紀の後半以降，約1世紀にわたり続いた戦国の争乱は，一般に応仁の乱をもってその始まりとみなすことが多いが，実のところ東国ではそれより以前から争乱状態に入っていた。その発端は，1438年に①6代将軍足利義教が，幕府に反抗的な鎌倉公方足利持氏を攻め滅ぼした永享の乱である。この乱が終結した翌年には結城合戦が起こり，　A　上杉憲実の手によって持氏の遺児2人が殺害されたが，その後，もう1人の遺児であった足利成氏が鎌倉公方に就任し，鎌倉府が再建された。

　　しかし，成氏は　A　上杉憲忠と対立し，1454年，憲忠を謀殺した。これ以降，成氏およびその子孫と，上杉氏との間で30年近くにもわたって争いが続いたが，この戦乱を　B　と呼ぶ。戦乱の初期の段階に，成氏は鎌倉から下総に移り住み，　C　と称されるようになったが，一方，室町幕府は1457年に足利義政の弟政知を新たな鎌倉公方として東国に派遣し，成氏に対抗させた。だが，政知は鎌倉に入ることができず，伊豆の堀越に留まらざるを得なかったため，堀越公方と呼ばれた。

　　さらに，公方権力の分裂のみならず，　A　上杉氏も，山内・扇谷の2家に分かれて争うなど，東国は他の地域よりも早い段階から戦国時代に突入した。こうした中，堀越公方家では足利政知の死去後，茶々丸が家督を継いだが，1493年に茶々丸は伊豆に進行してきた　D　に敗れ，堀越公方は滅亡した。

　　その後，②　D　および彼の跡を継いだ者たちは，相模を拠点に関東地方にも進出し，他の戦国大名や　C　と争いつつ，勢力範囲を拡大していった。

□ **問1．** 下線部①について，専制政治への反発から義教は家臣によって暗殺されてしまうが，この事件の発生年代，名称，暗殺を企てた守護大名の姓名の組み合わせとして正しいものを，次の**ア～オ**の中から一つ選びなさい。

　　　ア． 1440年—寧波の乱—大内義隆

　　　イ． 1441年—嘉吉の変—赤松満祐

　　　ウ． 1443年—三浦の乱—山名氏清

　　　エ． 1445年—応永の乱—大内義弘

　　　オ． 1446年—元弘の変—今川了俊

□ **問2．** 空欄Aは，鎌倉公方を補佐する役職である。この役職の名称を記しなさい。

□ **問3．** 空欄Bに入る乱の名称を記しなさい。

□ **問4.** 空欄Cに入る役職の名称を記しなさい。

□ **問5.** 空欄Dに入る人物の姓名を記しなさい。

□ **問6.** 下線部②に関連して，Dとその後継者をはじめ，戦国大名たちの中には年貢・公事などを銭に換算して表示した上で，それを家臣の軍役負担の基準とした大名がいた。この制度の名称を記しなさい。

(解答力 **UP!**) 下剋上の事例 ―――――――――――――――――

　本問は，関東地方における下剋上をテーマにしている。下の者が上の者の勢力をしのいでいく現象を下剋上といい，戦国期の特徴である。他の典型的な下剋上の事例としては，幕府のケースと中国地方のケースがある。矢印は，権力が移っていく方向を示している。

　・幕府…将軍足利氏 → 管領細川氏 → 三好長慶 → 松永久秀
　・中国地方…守護大内義隆 → 重臣陶晴賢 → 国人毛利元就

　また，山城の国一揆と加賀の一向一揆も下剋上の事例である。国人たちが中心となって，守護を排除して自治的支配を実現した。

　・山城の国一揆（1485 ～ 1493）
　　…国人たちが両畠山軍（義就・政長）の国外退去を実現 → 8年間の自治
　・加賀の一向一揆（1488 ～ 1580）
　　…本願寺門徒と国人たちが守護富樫政親を排除 → 約1世紀の自治

1 問1　1-コ　2-キ　3-ス　4-ケ　5-ア　6-タ　7-カ　8-チ
　　問2　ウ　問3　イ

解説

問1　**詳しく！**▶1428年におきた正長の徳政一揆（土一揆）（6）は，実力で債務の破棄や売却地の取り戻しを成し遂げた**私徳政**であったのに対して，1441年の**嘉吉の徳政一揆**（土一揆）（8）では，一揆の要求を受け入れて幕府は初めて**徳政令**を発布した。徳政令の発布は，金融業者である**土倉・酒屋**の衰退を招いた。幕府は，土倉役・酒屋役が減収したため，以後，**分一銭**の納入を義務づけた**分一徳政令**を出すようになった。

問2　**ア**：誤文。畿内や西日本一帯で普及した二毛作は，麦を裏作とする。**イ・エ**：ともに誤文。新田開発による耕地面積の拡大，備中鍬・千歯扱の考案による生産性の向上は，江戸時代の事象である。

問3　正長の徳政一揆は6代将軍足利義教の，嘉吉の徳政一揆は7代将軍足利義勝の**代始め**におきた（**代始めの徳政**）。

2 問1　イ　問2　関東管領　問3　享徳の乱　問4　古河公方
　　問5　北条早雲〔伊勢宗瑞〕　問6　貫高制

解説

問1　1441年，有力守護赤松満祐が将軍足利義教を暗殺した事件を**嘉吉の変**という。年代も問われているが，覚えていなくても解答できる。

問2　鎌倉府は，足利尊氏の子基氏を鎌倉公方としたことに始まった。鎌倉公方は基氏の子孫が受け継ぎ，その補佐役である関東管領は上杉氏が世襲した。

問3　1454年，鎌倉公方**足利成氏**が関東管領**上杉憲忠**を謀殺したことに始まる戦乱を，**享徳の乱**という。

問4　享徳の乱を契機に，**古河公方**足利成氏（下総古河を拠点）と**堀越公方**足利政知（伊豆堀越を拠点）とに分裂した。

問5　京都から下ってきた**北条早雲**（伊勢宗瑞）は，関東の混乱に乗じて，堀越公方足利茶々丸を滅ぼして伊豆を奪い，相模の**小田原**を本拠とした。

問6　▶**精講** 10 - 3

精講 10-1 惣村の自治 •━━━━━━━━━━━━━━━━━

南北朝期以降，畿内とその周辺で自治的な村落である惣村が成立した。自治の特徴を整理すれば，右の表のようになる。

構成員	名主と新興小農民（惣百姓）
結合	祭祀集団（宮座）を中心
指導者	おとな（長・乙名）・沙汰人 侍身分を獲得する者も（地侍）
会議	寄合
規約	惣掟
活動	共同利用地（入会地）・用水の管理 警察権の行使（地下検断） 年貢納入の請け負い（地下請）

精講 10-2 武家社会の変化 •━━━

室町時代になると，嫡子がすべての所領を相続する単独相続が一般化した。嫡子の立場が絶対的に優位となり，庶子が嫡子に従属するようになったため，家督をめぐる争いが増加した。

鎌倉時代は，御成敗式目で悔返し（一度子息に譲った所領を親が取り戻すこと）が決められているように，家督相続では親の意思が絶対であった。しかし，室町時代になると，主君や家臣の意向が家督相続に大きな影響を与えるようになり，家督争いは複雑化した。

その最たる例が，15世紀中頃の，畠山家（義就・政長）・斯波家（義廉・義敏）の家督争い，8代将軍足利義政の弟義視と，子の義尚を推す義政の妻日野富子の間の家督争いであった。これらに幕府の実権をめぐって対立していた細川勝元と山名持豊（宗全）が介入したため，応仁の乱へと発展したのである。

精講 10-3 戦国大名の家臣団統制 •━━━━━━━━━━━━━━

戦国大名は領国支配の中で家臣団統制を重視した。国人・地侍を家臣団に組み込み，以下のような方法で統制を行った。

・指出検地…自己申告方式の検地，土地と農民の直接支配を意図
・貫高制…家臣の収入額を銭に換算，貫高に見合った軍役を賦課
・寄親・寄子制…地侍を有力家臣のもとで組織化，集団戦に活用

戦国大名は領国支配の基本法として分国法を制定した。家臣団統制に関する条文が大半で，家臣に一乗谷への移動を求めた（城下町集住）「朝倉孝景条々」（朝倉氏），家臣相互の紛争を私闘で解決することを禁じた（喧嘩両成敗法）「甲州法度之次第」（武田氏）や「今川仮名目録」（今川氏）などをおさえたい。教科書に掲載の条文も，よく読んでおくこと。

注意!!▶ なお，「塵芥集」（伊達氏）は分国法の名称から戦国大名を類推しにくいので，入試ではよく問われる。誤字にも注意したい。

11 ｜ 織豊期・江戸時代前期1

STEP 1　基本レベル

□ **1** 次の（A）・（B）の各文の（　1　）〜（　9　）について，{（ア）〜（ウ）}
の中から最も適当な語句を選びなさい。

（関西大・改）

（A）　ヨーロッパ人との接触は，天文12年（1543），ポルトガル人の乗った船が，
種子島に漂着したことに始まった。当時の日本ではポルトガル人やスペイン
人を南蛮人とよんだ。天文18年（1549）に鹿児島に来着したイエズス会の創
設者のひとりである（　1　）{（ア）ルイス＝フロイス　（イ）オルガンチノ
（ウ）フランシスコ＝ザビエル} は，大内義隆，大友宗麟らの大名の保護を
受けて布教を開始した。

　　当時の戦国大名にとって，貿易の取引を通じて富の獲得をはかることは大
きな魅力であった。この貿易取引の中で，ポルトガル船は生糸や火薬などを
もたらし，わが国からは，（　2　）{（ア）錫　（イ）金　（ウ）銀} が主に輸出
された。

　　種子島に伝わった鉄砲は，（　3　）{（ア）近江　（イ）紀伊　（ウ）和泉} の
国友などを拠点にして，国内で大量生産され，鉄砲を使用した戦闘が行われ
るようになった。

　　さらに，宣教師たちはヨーロッパの新しい技術を伝えた。天文学・地理学
の分野では，地球儀，世界図や天文観測機がもたらされ，（　4　）{（ア）ヴァ
リニャーニ　（イ）ペドロ＝ヴァウチスタ　（ウ）ガスパル＝ヴィレラ} が伝え
た活字印刷術を使った出版物も発行された。

（B）　徳川家康は，平和的に貿易を奨励する外交方針を取り，慶長5年（1600）
に豊後へ漂着したオランダ船リーフデ号の航海士（　5　）{（ア）ドン＝ロ
ドリゴ　（イ）ヤン＝ヨーステン　（ウ）ルイス＝ソテロ}，水先案内人ウィリ
アム＝アダムズらを外交・貿易の顧問として採用した。

　　オランダ・イギリス両国の商館が（　6　）{（ア）平戸　（イ）長崎　（ウ）
府内} に開設され，両国との貿易も始まった。幕府はスペインとの貿易にも
力を注ぎ，スペイン領であったノビスパン，すなわちメキシコへの使節とし
て京都の貿易商人（　7　）{（ア）角倉了以　（イ）茶屋四郎次郎　（ウ）田中
勝介} を派遣して通商を開こうとしたが，不成功に終わった。また，仙台藩
主伊達政宗は，家臣の（　8　）{（ア）支倉常長　（イ）今井宗薫　（ウ）末次

平蔵｝をローマ教皇とスペイン国王のもとに派遣した。

　幕府はアジア諸国との貿易にも積極的な姿勢を示し，ルソン・アンナン・カンボジア・シャムなどと親善をはかるとともに，日本船の渡航や貿易を奨励し，京都・堺などの豪商や西国大名に海外渡航を許可した朱印状を与えた。この貿易は，（　9　）｝**(ア)**徳川秀忠　**(イ)**徳川家光　**(ウ)**徳川家綱｝の時代まで続けられた。

第3章

近世

この用語もおさえる！

▶ **五大老**…豊臣政権において重要政務を合議した有力大名。**徳川家康**・**前田利家**・**毛利輝元**・**小早川隆景**・**宇喜多秀家**・**上杉景勝**で，隆景の死後に五大老と呼ばれた。**石田三成**・浅野長政・増田長盛・前田玄以・長束正家の政務を分掌した腹心の家臣は**五奉行**といい，区別したい。

▶ **人掃令**…1591年，豊臣秀吉が，武家奉公人が町人・百姓になること，百姓が町人になることを禁じた法令。翌年にも再令され，職業別の戸口調査が行われ，諸身分の確定が促された。**身分統制令**ともいう。

▶ **バテレン追放令**…1587年，豊臣秀吉が宣教師の国外追放を命じた法令。九州平定の途次，博多で発令した。布教と一体化している貿易は従来通り奨励したので，キリスト教の取締りとしては不徹底に終わった。

▶ **海賊取締令**…1588年，豊臣秀吉が**倭寇**などの海賊行為を禁止した法令。海上支配が強化され，後期**倭寇**の活動は鎮静化していった。

▶ **文禄の役**…1592年，豊臣秀吉によっておこされた最初の朝鮮侵略の戦い。約15万人を派兵し，秀吉は肥前の**名護屋城**で指揮をとった。戦局の悪化で停戦。2度目の派兵を**慶長の役**といい，朝鮮ではあわせて**壬辰・丁酉倭乱**といった。

2 次の文章を読み，それぞれの設問に答えなさい。解答は，漢字を用いるべきところは正確な漢字で記入しなさい。選択問題については記号を選びなさい。

(中央大・改)

　15世紀の後半に京都で応仁の乱が起こると争乱は全国に広がり，室町幕府の権威は失墜して戦国時代に入った。この全国的な争乱は①16世紀の前半になってもおさまらず，16世紀の後半に②織田信長が台頭するようになってようやく収束に向かった。

　信長の家は，織田家の中でも尾張守護代の庶流の家柄であったが，父信秀の時代に勢力を増し，父の跡を継いだ信長は一族などとの対立を制して尾張一国の戦国大名としての地位を確立した。そして，信長は周辺の大名らを倒して自らの支配領域を拡大し，　A　と刻まれた四文字の印判を用い，近畿地方から北陸地方，東海地方に至るまでの広大な地域を支配下に置いた。

　しかし，1582年，京都の本能寺に滞在した信長は家臣であった明智光秀に攻められ，全国の統一を達成する前に自刃した。その後，この明智光秀を倒し，信長の後継者となったのが家臣の③豊臣（羽柴）秀吉であった。秀吉は，対立する大名らとの戦いなどをつづけながら，一方で全国統治のための施策も行い，1590年には全国の統一を成し遂げた。

□ **問1.** 下線部①の時期に来航したポルトガル人やスペイン人を，当時の日本では何と呼んだか，その名称を漢字3文字で記しなさい。

□ **問2.** 下線部①の時期に伝えられたキリスト教に関する次の記述 **a〜d** について，正しい記述の記号を組み合わせたものを，一つ選びなさい。

　　a. 1549年，フランシスコ会の宣教師フランシスコ゠ザビエルが来日した。
　　b. 国内にコレジオやセミナリオがつくられた。
　　c. 大内義弘，有馬晴信，大村純忠はキリシタン大名と呼ばれる。
　　d. 1582年，天正遣欧使節がローマ教皇のもとに派遣された。

　　ア. a・b　　**イ.** a・c　　**ウ.** a・d
　　エ. b・c　　**オ.** b・d

□ **問3.** 下線部②の織田信長が行った事柄を記した次の記述 **a〜e** について，古いものから年代順に正しく配列したものを，一つ選びなさい。

　　a. 足利義昭を京都から追放して室町幕府を倒した。
　　b. 比叡山延暦寺を焼き打ちにした。
　　c. 上洛の途にあった今川義元と戦い，討ち死にさせた。

d．甲斐国で武田勝頼を自刃させて武田氏を滅亡させた。

e．斎藤竜興を倒して稲葉山城を攻略した。

　　ア．b→c→a→d→e　　**イ**．c→e→a→d→b

　　ウ．c→e→b→a→d　　**エ**．e→b→c→d→a

　　オ．e→c→b→a→d

☐ **問4**．空欄Aには日本の統一を果たそうとした織田信長の強い意志を示した漢字4文字が入る。この4文字を記しなさい。

☐ **問5**．下線部③の豊臣（羽柴）秀吉が行った事柄についての記述として正しいものを，一つ選びなさい。

　　ア．小牧・長久手の戦いで柴田勝家を破り敗退させた。

　　イ．摂政に任じられると，全国の大名に停戦命令を出した。

　　ウ．京都に聚楽第を築き，正親町天皇を迎えた。

　　エ．太閤検地で京枡の使用を公定した。

　　オ．スペイン船の来航を禁止した。

☐ **問6**．下線部②の織田信長や下線部③の豊臣（羽柴）秀吉に仕え，妙喜庵待庵をつくったと伝えられている，茶道の大成者の姓名を記しなさい。

解答力 UP！ 年代整序問題

　問3は，選択肢の出来事を年代順に並び替える年代整序問題である。年代整序問題は，一般的に正答率が低く，苦手とする受験生が多い。

　年代整序問題は，長い期間の紛らわしい出来事を年代順にさせる出題と，短い期間の流れを年代順にさせる出題とがある。本問は，織田信長の統一事業の流れが問われており，後者のパターンである。細かい年代を覚えておく必要はないが，展開や因果関係をきちんと理解しているかがポイントとなる。

　このような短い期間の流れを問う年代整序問題は，教科書に年表・地図が掲げられている分野がよく出題される。前近代では，以下の内容に注意しよう。

　①奈良時代の政治　②東北地方の蝦夷征討　③源平の争乱と鎌倉幕府の成立

　④鎌倉時代の政治　⑤室町時代の日明・日朝関係

　⑥織田信長・豊臣秀吉の統一事業　⑦江戸時代初期の対外関係

1　1（ウ）　2（ウ）　3（ア）　4（ア）　5（イ）　6（ア）　7（ウ）
　　　8（ア）　9（イ）

解説

2　▶ **精講** 11 - 1

3　鉄砲の産地は，和泉の堺，近江の国友，紀伊の根来を覚えておく。

4　イエズス会宣教師ヴァリニャーニ（ヴァリニャーノ）は，金属製活字による**活字印刷術**を伝え，ローマ字による出版物もつくられた（キリシタン版・天草版）。

5・6　**詳しく!** ▶ 1600年，オランダ船リーフデ号が豊後に漂着した。徳川家康は乗船していたオランダ人**ヤン＝ヨーステン**とイギリス人**ウィリアム＝アダムズ**を江戸に招いて外交顧問とした。その後，オランダ・イギリスは，幕府から貿易許可を得て，肥前の平戸に商館を開設した。オランダ人とイギリス人は，当時は**紅毛人**と呼ばれた。

9　日本人の海外渡航の禁止は1635年で，徳川家光の治世である。

2　問1　南蛮人　問2　オ　問3　ウ　問4　天下布武　問5　エ
　　　問6　千利休

解説

問1　▶ **精講** 11 - 1

問2　a：誤文。フランシスコ＝ザビエルはイエズス会の宣教師。b：正文。**コレジオ**は宣教師の養成学校，**セミナリオ**は神学校。c：誤文。大内義弘は室町時代の守護。d：正文。キリシタン大名の**大友義鎮（宗麟）・有馬晴信・大村純忠**は，1582年，ヴァリニャーニの勧めで，**天正遣欧使節**をローマ教皇のもとに派遣した。

問3・問4　▶ **精講** 11 - 2

問5　ア：誤文。**賤ヶ岳の戦い**で柴田勝家を破った。**小牧・長久手の戦い**では徳川家康らと戦って和睦した。イ：誤文。関白に任じられ，全国の大名に停戦命令を出した。この命令を**惣無事令**と呼ぶことがある。ウ：誤文。京都に聚楽第を築き，**後陽成天皇**を迎えた。オ：誤文。バテレン追放令で宣教師の国外追放を命じたが，スペイン船の来航を禁止したことはない。

問6　堺の豪商**千利休**は，織田信長・豊臣秀吉に仕え，茶の湯の儀礼を定めて茶道を確立した。**妙喜庵待庵**は，侘茶の精神に基づく茶室である。

精講 11-1 南蛮貿易

16世紀後半に日本に来航したのはポルトガル人とスペイン人で，当時は**南蛮人**と呼ばれ，その貿易を**南蛮貿易**といった。主な輸入品は，**中国産生糸**で，ポルトガルの拠点である**マカオ**，スペインの拠点である**マニラ**からもたらされた。一方，日本からは**石見銀山**などで産出した大量の銀が輸出された。また，貿易はキリスト教の布教と一体化しており，ポルトガル船は布教を認めたキリシタン大名領に入港した。**長崎**（大村領）や**豊後府内**（大友領）が代表例である。

精講 11-2 織田信長の統一事業

織田信長の統一事業は，その経過をおさえておく必要がある。出来事は地図上でも確認しておきたい。

岐阜城に移ると，「**天下布武**」の印判を使用して上洛の意志を明らかにした。また，**安土**の城下町には**楽市令**を出して，商工業者の自由な営業活動を認めた。

1560	桶狭間の戦い	**今川義元**を破る
1567	岐阜城に移る	斎藤竜興を破る
1568	入京	足利義昭を将軍とする
1570	**石山合戦**始まる	顕如が一向一揆を指示
1571	延暦寺焼打ち	
1573	室町幕府滅亡	足利義昭を追放
1575	長篠の戦い	**武田勝頼**を破る
1576	安土城の築城	
1582	本能寺の変	明智光秀の謀反

精講 11-3 太閤検地

豊臣秀吉によって進められた一連の検地を**太閤検地**という。太閤検地の結果，検地帳に登録された耕作者は，年貢を負担するかわりに土地の権利を保証された。**荘園制**は完全に解体され，耕作者は百姓身分となり，**兵農分離**が確定していった。

太閤検地の要点は以下の通りである。
① 基準の統一…面積表示を新しい基準で町・段・畝・歩に統一し，**京枡**を採用した。
② **石高制**の採用…村ごとに田畑・屋敷地の面積と等級（上・中・下・下々など）を調査する。1段あたりの生産力である**石盛**（例えば上田ならば1石5斗）を定め，面積を乗じて，石高を算出する。石高とは，土地の生産力を米の収穫量で換算した数値である。
③ 検地帳の作成…村ごとに作成し，等級，面積，石高，耕作者などを記載する。一地一作人の原則に基づき，実際の耕作者を年貢負担者として登録した。

1 近世の政治に関する次の文章を読み，下の設問に答えよ。

（明治大・改）

　1603年（慶長 8 ）に征夷大将軍の宣下を受けた徳川家康は，江戸に幕府を開き，その体制の基礎を固めていった。 2 年後，家康は子の秀忠に将軍職を譲り，自身は　a　へ移って大御所として実権をふるった。そして，1614年（慶長19）から翌年にかけての大坂の役では，徳川氏による体制づくりの妨げとなる豊臣氏を滅ぼした。

　大坂の役後，幕府は大名と朝廷・公家の統制に着手した。大名統制の根幹となるのが，1615年（元和元）に制定された武家諸法度である。この武家諸法度は徳川家康が南禅寺金地院の　b　に起草させ，秀忠の名で発布され，その後，将軍の代がわりごとに少しずつ修正して出された。　c　の時に発布されたそれには，大名が国元と江戸とを 1 年交代で往復する参勤交代が義務づけられており，将軍と大名の主従関係の確立がみられる。

　朝廷・公家に対する統制策として，1615年に出された禁中並公家諸法度がある。そこでは天皇や公家が独自に権力を行使したり，他の大名に利用されないようにするため，天皇の行動への規制，公家の座位，(ア)紫衣勅許の条件，武家官位などについて基準が定められた。また，幕府は公家から選んだ　d　を設置し，朝廷と幕府の連絡に用いて，朝廷に幕府側の指示をあたえた。このように幕府は天皇・朝廷の伝統的な権利にまで介入していった。

設問

□ **1**．空欄 a に入る地名として正しいものを，一つ選べ。
　　　①岡崎　　②小田原　　③日光　　④駿府　　⑤京都

□ **2**．空欄 b に入る人名として正しいものを，一つ選べ。
　　　①隆光　　②契沖　　③沢庵　　④天海　　⑤崇伝

□ **3**．空欄 c に入る人名として正しいものを，一つ選べ。
　　　①吉宗　　②家光　　③綱吉　　④家宣　　⑤家綱

□ **4**．下線部（ア）をめぐって生じた幕府の干渉などをきっかけに，幕府の同意を得ずに譲位した天皇は誰か。正しいものを，一つ選べ。
　　　①光格天皇　　　②後水尾天皇　　　③後桜町天皇
　　　④後陽成天皇　　⑤明正天皇

□ **5.** 空欄 d に入る役職として正しいものを，一つ選べ。

①京都所司代 　②大坂城代 　③奏者番 　④門跡 　⑤武家伝奏

┌ この 用 語 も おさえる！ ┐

▶ **一国一城令**…1615年，大名の居城を一つに限ることを江戸幕府が命じた法令。**大坂の陣（役）** の直後に出され，大名の軍事力を抑圧する狙いがあった。

▶ **大御所**…隠居した前将軍の敬称。**徳川家康**は1605年に子の**秀忠**に将軍職を譲ったが，その後も実権を握り続けた。2代秀忠・8代**吉宗**・9代**家重**・11代**家斉**が大御所となり，家重以外は実権を握り続けた。

▶ **月番交替**…**老中**をはじめ，寺社奉行・町奉行・勘定奉行などの勤務方法。江戸幕府の役職は複数名を原則とし，毎月交替でそのうちの一人が諸般の政務を担当した。

▶ **俸禄制度**…大名が家臣に直轄地からの年貢を**蔵米**として支給する制度。逆に家臣に領地を与え，領民支配を認める制度を**地方知行制**という。多くの藩では，17世紀半ばに俸禄制度が一般化し，大名の領地・領民の支配力が高まった。

▶ **寺請制度**…民衆すべてが寺院の**檀家**となって，寺院が檀家であることを証明する制度。幕府は，**宗門改め**を実施してキリスト教の信者を摘発し，禁教のために，すべての人々に寺院の檀家となることを強制した。

2 次の文章を読み，問1〜問8の設問に答えなさい。

(明治大・改)

　徳川家康は外交に積極的であった。家康は，1600年に豊後に漂着した_アリーフデ号の航海士や水先案内人を江戸に招き，外交・貿易の顧問とした。家康はまた明との国交回復を試みたほか，スペインとの貿易にも積極的であった。一方，生糸で巨利を得ていたポルトガル商人らに対しては，_イ糸割符制度を設け，利益独占の排除を試みた。朝鮮との関係については，1609年に宗氏は朝鮮との間で（　**ウ**　）約条を結び，宗氏に朝鮮外交上の特権的な地位が認められた。アイヌとの関係については，1604年に_エ松前藩にアイヌとの交易独占権が認められることとなった。

　しかしながら，幕藩体制が固まるにつれて海外渡航や貿易に制限が加えられるようになっていく。1633年には（　**オ**　）以外の日本船の海外渡航が禁止となり，その2年後には日本人の海外渡航および帰国が全面禁止となった。こうして江戸時代の外交は_カ鎖国へと進んでいくこととなった。鎖国という言葉は，オランダ商館の医師だった（　**キ**　）の著書『日本誌』の一部をオランダ通詞（　**ク**　）が『鎖国論』として訳したことで用いられるようになったと言われている。

☐ **問1.** 下線部アの外国船の国名として正しいものを1つ選びなさい。
　　A. イギリス　　**B.** オランダ　　**C.** スペイン　　**D.** ポルトガル
☐ **問2.** 下線部イに関する説明文の中で，正しいものを1つ選びなさい。
　　A. 糸割符仲間は，当初は江戸・京都・摂津の三カ所商人だけであった。
　　B. 糸割符仲間は，当初は江戸・京都・大坂の三カ所商人だけであった。
　　C. 糸割符仲間は，三カ所商人に長崎，堺が加わり，五カ所商人となった。
　　D. 糸割符仲間は，輸入生糸の価格を決定していた。
☐ **問3.** 空欄ウにあてはまる約条の名称を，漢字で楷書で正しく記入しなさい。
☐ **問4.** 下線部エに関する説明文の中で，正しいものを1つ選びなさい。
　　A. 松前氏と家臣団との主従関係は商場知行制とよばれた。
　　B. 1599年，鍋島氏は松前氏と改姓した。
　　C. シャクシャインの戦いの翌年に蝦夷地は松前奉行の支配下に置かれた。
　　D. 松前藩の本拠は箱館であった。
☐ **問5.** 空欄オにあてはまる海外渡航船の名称として正しいものを1つ選びなさい。
　　A. 勘合船　　**B.** 朱印船　　**C.** 南蛮船　　**D.** 奉書船

□ **問6.** 下線部**カ**に関する動向の説明文の中で，正しいものを1つ選びなさい。

  A. 1612年，高山右近らを海外に追放した。

  B. 1616年，オランダ船を除く外国船の寄港地を平戸と長崎に制限した。

  C. 1624年，スペイン船の来航を禁じた。

  D. 1631年，島原の乱がおこった。

□ **問7.** 空欄**キ**にあてはまる人名として正しいものを1つ選びなさい。

  A. ケンペル **B.** クルムス **C.** シドッチ **D.** ツンベルグ

□ **問8.** 空欄**ク**にあてはまる人名として正しいものを1つ選びなさい。

  A. 伊東玄朴 **B.** 工藤平助 **C.** 志筑忠雄 **D.** 野呂元丈

（解答力 **UP!**）江戸時代の名数 ──────────────────────

 問2では，五カ所商人の「五カ所」に該当する都市が問われている。このような名数を含む江戸時代の歴史用語に以下のようなものがある。

- **三家**…尾張・紀伊・水戸
- **三卿**…田安家・一橋家・清水家
- **三奉行**…寺社奉行・町奉行・勘定奉行
- **三都**…江戸・大坂・京都
- **三貨**…金貨・銀貨・銭貨
- **村方三役**…名主（庄屋・肝煎）・組頭・百姓代
- **五街道**…東海道・中山道・甲州道中・日光道中・奥州道中
- **五カ所商人**…京都・堺・長崎，後に江戸・大坂の商人が加わる

---

12 ｜ 江戸時代前期2

❶ 1 ④ 2 ⑤ 3 ② 4 ② 5 ⑤

解説

2 1615年の武家諸法度は，**元和令**と呼ばれ，**徳川家康**が金地院の**崇伝**に起草させ，2代将軍徳川秀忠の名で出したものである。

3 1635年，3代将軍徳川家光は新たな武家諸法度を発布した。**寛永令**と呼ばれ，**参勤交代**の制度化や500石積み以上の大船建造の禁止が加えられた。

4 **後水尾天皇**が幕府の許可なしに，高僧に紫衣着用を勅許したことを，幕府は問題視した。この紫衣事件をきっかけに，1629年，後水尾天皇は幕府の同意を得ずに譲位し，徳川秀忠の孫である皇女が**明正天皇**として即位した。

5 幕府は公家から武家伝奏を選び，京都所司代との緊密な連絡を行わせ，朝廷を操作した。**注意!!**▶ 武家伝奏は公家から選ばれていることに注意したい。

❷ 問1 B 問2 D 問3 己酉 問4 A 問5 D 問6 C
　　問7 A 問8 C

解説

問1 ┃ 11 ｜ 織豊期・江戸時代前期1 ┃ ❶ 5・6の解説を参照（p.74）。

問2 1604年，幕府は糸割符制度を設け，**糸割符仲間**をつくらせ，輸入生糸の価格を決めて一括購入する特権を与えた。糸割符仲間は，当初は**京都・堺・長崎**，後に**江戸・大坂**の商人が加わり，**五カ所商人**と呼ばれた。

問3 ▶**精講** 12-2

問4 B：誤文。蠣崎氏が松前氏と改姓。C：誤文。シャクシャインの戦い後，アイヌは全面的に松前藩に服従させられた。**松前奉行**の設置は1807年。D：誤文。松前藩の本拠は松前。 ┃ 37 ｜ 北海道史 ┃ も参照（p.226〜231）。

問5 ▶**精講** 12-1

やや難▶ **問6** A：誤文。**高山右近**の追放は1614年。B：誤文。オランダ船ではなく中国船。D：誤文。島原の乱がおこったのは1637年。

問7・8 **詳しく!**▶「**鎖国**」という用語は，17世紀末に来日したオランダ商館医**ケンペル**の著書『**日本誌**』の一部を，19世紀初めに元オランダ通詞**志筑忠雄**が翻訳して『鎖国論』と題したことから生まれた。

　幕府は，キリスト教の禁止を徹底するために，貿易統制を進めていった。**朱印船貿易**は，制限が加えられ，最終的に日本人の海外渡航が禁止されるに至った。また，イギリスの撤退，スペイン船の来航禁止に続き，宣教師の密入国を防ぐため，島原の乱を契機にポルトガル船の来航が禁止された。

　禁教と貿易統制は，年代整序問題でもよく問われる。その経過を，右の年表をもとにおさえたい。

1612	幕領に禁教令
1613	全国に禁教令
1616	中国船を除く外国船の来航を平戸・長崎に限定
1623	平戸イギリス商館の閉鎖
1624	スペイン船の来航禁止
1633	奉書船以外の海外渡航禁止
1635	日本人の海外渡航と帰国の禁止 中国船の来航を長崎に限定
1637	島原の乱（〜 1638）
1639	ポルトガル船の来航禁止
1641	平戸オランダ商館の出島への移転

精講 12-2　4つの窓口における交流

　「鎖国」といっても国を完全に閉ざしたわけではなく，**長崎・対馬・薩摩・松前**の4つの窓口を通じて海外との交流は続いた。幕領である長崎にはオランダ船・中国船の来航が認められた。対馬・薩摩・松前では，それぞれの藩が朝鮮・琉球・アイヌとの関係を担うかわりに，貿易・交易を独占することを幕府から認められた。

　長崎では，幕府の管理下にオランダ船・中国船との貿易が行われた。幕府は，**東インド会社**の商館が置かれた出島にオランダ人の居住を限定した。商館長は，海外情報を記したオランダ風説書を提出し，貿易許可の御礼を将軍に伝えるために**江戸参府**を行った。中国では，17世紀半ばに**明**から**清**への交替がおこったが，民間商船の来航は続いた。なお，1689年に中国人の居住は唐人屋敷に限定された。

　対馬藩の宗氏は，1609年，朝鮮との間に己酉約条を結び，釜山に倭館を設置して貿易を独占した。朝鮮からは将軍の代替わりに通信使が来日した。

　薩摩藩の**島津氏**は，1609年，武力侵攻によって琉球王国を支配下に置いた。一方で中国との朝貢貿易を続けさせ，琉球を通じて中国産物を入手した。琉球からは将軍の代替わりに慶賀使が，琉球国王の代替わりに謝恩使が江戸に派遣された。

　松前藩の松前氏は，1604年，幕府から**アイヌ**との交易の独占権を認められた。交易地は商場・場所と呼ばれ，松前藩では家臣にアイヌとの交易収入を知行として与える**商場知行制**がとられた。

STEP 1 基本レベル

□ **1** 次の文章を読み，空欄（1〜5）にもっとも適切な語句を語群からひとつ
選び，番号を記入せよ。また，設問（a・b）の答えは，正確な漢字で記
入せよ。

(福岡大・改)

　江戸時代に入り幕藩体制が安定すると，儒学の持つ意義は増大した。儒学の
流派は主に朱子学派，陽明学派，古学派に分かれる。朱子学派は封建社会を維
持するための教学として，幕府や藩に重んじられた。この朱子学派は京都で開
かれた京学と土佐で開かれた南学に分かれ，京学は相国寺の僧である（　1　）
によって興され，その門人の林羅山とその子孫は幕府に仕えた。一方，南学は
戦国時代に開かれたとされ，それを谷時中が受け継ぎ，門人として神道を儒教
流に解釈した垂加神道を説いた（　2　）らを輩出した。陽明学派は明の王陽
明がはじめた陽明学を学んだ（　3　）によって開かれた。またその門人熊沢
蕃山は_a岡山藩主池田光政に仕え治績をあげた。古学派は朱子学や陽明学を後
世の解釈として批判し，孔子・孟子の教えに直接立ち返ろうとする日本独自の
儒学として広まった。この古学派は，朱子学を批判し幕府から赤穂に流された
_b山鹿素行や古義学を提唱した（　4　）によって始められ，その古学を受け
継いだ荻生徂徠は（　5　）に用いられ，政治顧問の役割を果たした。

〔語群〕

11．大槻玄沢　12．室鳩巣　　13．藤原惺窩　14．青木昆陽　15．太宰春台
16．山崎闇斎　17．伊藤仁斎　18．宮崎安貞　19．貝原益軒　20．新井白石
21．野中兼山　22．南村梅軒　23．緒方洪庵　24．中江藤樹　25．富永仲基
26．佐藤直方　27．徳川綱吉　28．徳川家継　29．徳川吉宗　30．徳川家斉

□ **設問a．** 下線部aについて，岡山藩主池田光政が設けた郷校は何か。

□ **設問b．** 下線部bについて，山鹿素行が刊行し，のちに赤穂配流の原因となっ
た著書は何か。

┌─ この用語もおさえる！
│
▶ 明暦の大火…1657年におこった江戸の大火。江戸城と市街への甚大な被害が生じた。その再建費用は，幕府にとって大きな支出増となり，佐渡金山や石見銀山などの**金銀産出量の減少**による収入減とあいまって，幕府財政を悪化させた。

▶ 湯島聖堂…江戸の湯島に設けられた孔子をまつる孔子廟。**徳川綱吉**の時代に建てられ，林家の私塾も上野忍ヶ岡から移し，**聖堂学問所**として整備された。

▶ 服忌令…1684年，徳川綱吉の時代に，父母や親族が死亡した際の忌引などの日数を定めた法令。生類の殺生を禁じた**生類憐みの令**とともに，殺生や死を忌み嫌う風潮を生み出す役割を果たした。

▶ 海舶互市新例…1715年，**長崎貿易**の貿易額の制限を定めた法令。長崎新令・正徳新令ともいう。**新井白石**は，金銀産出量が減少する中で，輸出品として金銀が海外に流出することを防ぐために制限を行った。「例」の誤字に注意。

▶ 貞享暦…**渋川春海**（安井算哲）が1684年に作成した日本独自の暦。天体観測の成果をもとに，それまでの暦の誤差を修正した。この功績により，**徳川綱吉**は天文方を設け，渋川をこれに任じた。

2 次の文章を読んで，下記の設問に答えなさい。
（中央大・改）

　1651年に徳川家綱は徳川幕府①第4代将軍となった。幕府の機構は整備され，社会秩序と平和が確立していくなかで，牢人やかぶき者の対策が課題となっていた。同年，由井（比）正雪らによる　1　の変が起こると，幕府は，牢人が発生する原因のひとつであった　2　の禁を緩和した。それまでは，跡継ぎのない大名が，死に臨んで急に相続人を願いでても，幕府はそれをほとんど認めず，②領地を没収し，その家を断絶させる処分をすることが多かったためである。また1663年には，③殉死の禁止が命ぜられた。

　1683年に，徳川綱吉の代替わりの武家諸法度が出され，その第一条が，前代までの「文武弓馬ノ道」から，「文武　3　を励し，　4　を正すべき事」に改められた。これは，いわゆる文治主義の考え方を表すものであり，綱吉は，それを裏付ける④儒教を重視した。

　また，綱吉の時代には朝廷儀礼が整備され，後の正徳期には時の将軍徳川家継と2歳の皇女との婚約がまとめられるなど，⑤天皇家との結びつきも強められた。さらに，この正徳期に，朝鮮からの将軍への国書では，将軍を　5　と称するよう改めさせた。これらは，将軍権威の強化に寄与することとなった。

☐ **問(1)**　空欄　1　～　5　に当てはまる最も適切な語句を，漢字で記入しなさい。ただし，　1　は元号で答えること。

☐ **問(2)**　下線部①の「第4代将軍」を補佐した叔父で，会津藩主であった人物は誰か。

　　ア　保科正之　　**イ**　堀田正俊　　**ウ**　徳川光圀
　　エ　柳沢吉保　　**オ**　荻原重秀

☐ **問(3)**　下線部②のような処分のことを何というか。最も適切な語句を漢字2文字で記入しなさい。

☐ **問(4)**　下線部③の「殉死の禁止」について，最も適切な説明を1つ選びなさい。

　　ア　主人の死後も，跡継ぎの新しい主人に奉公するため，従者と主人との個人的な関係が強まった。

　　イ　従者が主人個人ではなく主家に奉公するという主従の関係が明らかにされた。

　　ウ　下剋上が生じやすい土壌が生まれた。

　　エ　主従の関係は，主人を変えながら続くものとなったため，不安定なものへと変質していった。

オ 主人の死後，従者は新しい主人に奉公するため，将軍と大名との関係
でも，新しい将軍の個人的な能力が一層重視されるようになった。

☐ **問(5)** 下線部④に関連して，綱吉が最初に大学頭に任じたのは誰か。

ア 林鳳岡　　**イ** 林羅山　　**ウ** 林鵞峰

エ 林子平　　**オ** 木下順庵

☐ **問(6)** 下線部⑤に関連して，この時期に創設された宮家として正しいものを，
1つ選びなさい。

ア 伏見宮家　　**イ** 閑院宮家　　**ウ** 桂宮家

エ 京極宮家　　**オ** 有栖川宮家

(**解答力 UP!**) 武家諸法度の条文 ──────────────

　問(1) の3・4では，武家諸法度の条文の用語が問われている。武家諸法度は将
軍の代替わりに発布され，その条文は大名統制のあり方を示し，史料問題でも頻出で
ある。以下に，条文を引用して，おさえるべき要点を指摘しておく。

① **元和令**（1615年，2代将軍**徳川秀忠**）

　一，文武弓馬ノ道，専ラ相嗜ムベキ事。…

　一，諸国ノ居城修補ヲ為スト雖モ，必ズ言上スベシ。況ンヤ新儀ノ構営堅ク停止令
ムル事。…

　　→大坂の陣（役）の直後に発布。起草は金地院の崇伝。居城の無断修築で**福島正
則**を改易処分したことにも注意。

② **寛永令**（1635年，3代将軍**徳川家光**）

　一，大名小名，在江戸交替，相定ル所也。毎歳夏四月中参勤致スベシ。…

　一，五百石以上ノ船停止ノ事。

　　→参勤交代を義務づけ，大船建造の禁止を追加。

③ **天和令**（1683年，5代将軍**徳川綱吉**）

　一，文武忠孝を励し，礼儀を正すべき事。

　一，養子は同姓相応の者を撰び，若之無きにおゐては，由緒を正し，存生の内言上
致すべし。五拾以上十七以下の輩，末期に及び養子致すと雖も，吟味の上之を立
つべし。…

　　　附　殉死の儀，弥制禁せしむる事。

　　→文治主義に基づいて第一条を大きく改定。4代将軍**徳川家綱**のときに行われた
末期養子の禁止の緩和と殉死の禁止を明文化。

---

1 1 13　2 16　3 24　4 17　5 29　a 閑谷学校　b 『聖教要録』

解説

1〜4 ▶精講 13-1

5 詳しく！▶荻生徂徠は，享保の改革で徳川吉宗の政治顧問としての役割を果たした。吉宗に提出した意見書『政談』では，武士の土着が必要だと説いている。

a 岡山藩主池田光政は，17世紀後半，郷校（郷学）として**閑谷学校**を設けた。郷校とは，藩の援助のもとに藩士や庶民の教育を目指した教育機関をいう。

b ▶精講 13-1

2 問(1)　1-慶安　2-末期養子　3-忠孝　4-礼儀　5-日本国王
問(2)　ア　問(3)　改易　問(4)　イ　問(5)　ア　問(6)　イ

解説

問(1)　1・2：大名の改易は仕官先のない**牢人**を増加させ，平和の到来は合戦の手柄を奪ったためかぶき者を生み出した。**由井（比）正雪**による**慶安の変**がおこると，幕府はただちに**末期養子の禁止**を緩和して牢人の増加を防ぐ一方，かぶき者の取締りを強化した。3・4：▶解答力 UP! (p.85)　5：**新井白石**は，朝鮮からの通信使の待遇を簡素化し，将軍への国書の宛名を「日本国大君殿下」から「**日本国王**」に改めさせ，将軍権威の強化をはかった。

問(2)　4代将軍に就任した徳川家綱は幼少で，幕政は会津藩主で叔父（徳川家光の弟）の保科正之らが補佐した。

問(3)　詳しく！▶領地没収を**改易**，領地削減を**減封**，領地替えを**転封**という。3代将軍徳川家光までの治世では，**武家諸法度**に違反した大名や跡継ぎがいない大名を改易処分にするなど，強圧的な**武断政治**の傾向が強かった。

問(4)　**イ**が正しい。**殉死**とは主人の死去に際して家臣が後追い自殺をすること。殉死の禁止によって，家臣が主人個人に奉公するのではなく，家臣が代々の主人の家に奉公するという主従関係が明らかにされた。

問(5)　▶精講 13-1

問(6)　詳しく！▶当時，天皇家の財政難から多くの皇子は出家して門跡寺院に入っていた。新井白石は，幕府の費用を献じ，新たな宮家として**閑院宮家**を創設した。後に閑院宮家から**光格天皇**が即位し，現在の皇統につながっている。

　江戸時代の儒学は，**朱子学**がまず盛んとなり，続いて**陽明学・古学**が興った。

　朱子学は，**大義名分論**をもとに封建社会を維持する教学として幕府や諸藩に重んじられた。京都で生まれた**京学**と土佐で発達した**南学**の系統がある。陽明学は，**知行合一**の立場で現実を批判し，社会的実践を説いた。古学は，孔子・孟子の古典に立ち返ることを重視し，**聖学・堀川学派・古文辞学派**の諸派がある。

　儒学の展開は，上記の諸学派の理解をふまえ，儒学者ごとに整理して覚えておくとよい。幕政や藩政との関わりがポイントとなる。

朱子学	京学	藤原惺窩	相国寺の僧，還俗して禅宗から朱子学を解放
		林羅山	**林家**の祖，徳川家康に仕える
		林鳳岡	徳川綱吉から大学頭に任命される
		木下順庵	加賀藩主前田綱紀に仕える，徳川綱吉の侍講
		新井白石	順庵の弟子，徳川家宣の侍講
		室鳩巣	順庵の弟子，徳川吉宗の侍講
	南学	野中兼山	土佐藩家老として藩政に貢献
		山崎闇斎	会津藩主保科正之に仕える，垂加神道を提唱
陽明学		中江藤樹	日本の陽明学の祖
		熊沢蕃山	岡山藩主池田光政に仕える，『大学或問』で幕政批判（古河に幽閉）
古学	聖学	山鹿素行	『聖教要録』で朱子学批判（赤穂に流罪），『中朝事実』で日本こそ「中朝」「中華」と主張
	堀川学派	伊藤仁斎	京都に私塾古義堂を開く
	古文辞学派	荻生徂徠	徳川吉宗の諮問に応えて『政談』を提出
		太宰春台	『経済録』で専売制による財政再建を説く

　4代将軍徳川家綱の頃から，幕府支配と政治・社会秩序を法や制度，儀礼などにより維持しようとする政治へと転換した。これを**文治政治**と呼び，5代将軍徳川綱吉の**元禄時代**，6代将軍**徳川家宣**・7代将軍**徳川家継**のもとで新井白石が政治を主導した**正徳の政治**へと継承されていった。文治政治の展開は将軍権威を高めたため，将軍との個人的なつながりをもとにして，側近である**側用人**が権勢をふるうようになった。側用人として，元禄時代の柳沢吉保と正徳の政治の**間部詮房**を覚えておこう。

14 | 江戸時代中期 2

□ **1** 次の文章の空欄に，もっとも適切な語句を記入せよ。

（成城大・改）

　江戸時代は，大規模な城下町や商業都市が出現し，都市を中心に商品経済が発展した時代である。戦国末期以来，家臣団・商人・職人の城下町集住が進み，各地に城下町が形成された。城下町に住む商人には地子が免除されるなどの優遇措置が設けられたが，のちには営業税に相当する運上や　1　が課された。最大の城下町は，将軍の膝元である江戸であった。1590年の北条氏の滅亡にともない，徳川家康が入府したのを契機に，江戸においては，長期間にわたり都市建設が進められた。

　大坂は，大坂夏の陣でいったんは灰燼に帰したが，その後，天領となり，商業都市の繁栄を取り戻した。全国最大の米の集散地であった大坂には，諸国の大名の蔵屋敷が立ち並び，元禄年間に設けられた　2　米市場では，米切手を用いた正米商が行われた。蔵屋敷などを通じて領主が販売する商品は蔵物と呼ばれ，商人によって集荷・売買された商品は　3　と呼ばれた。　3　には，繰綿・綿布・青物・醬油・菜種・木材・肥料など多様な商品があった。

　江戸で消費される醬油の大半は，大坂から江戸に船で運ばれる下り物であったが，18世紀になると，江戸の周辺でも醬油がさかんに製造されるようになった。最初に勃興したのは銚子の醬油業であった。その後，銚子と同じ下総国の　4　の醬油業が台頭し，地の利を生かして銚子を凌駕した。大名の販売品である蔵物は，江戸時代初期には圧倒的に米であった。しかし，諸藩が財政難を打開する策として専売制を実施するようになった結果，さまざまな特産物が蔵物に加わっていった。藩の専売品には，徳島藩の特産品で染料などに使われる　5　や，薩摩藩の砂糖，土佐藩の紙などがある。

　江戸時代においては，物資の輸送手段は主として水運であった。大量の物資が運搬された大坂・江戸間の南海路には，大型の輸送船である千石船が多数就航した。17世紀の前半に始まった菱垣廻船は二百数十艘の船で多様な商品を江戸に送ったが，18世紀に入ると，新興勢力である迅速な　6　廻船に圧倒されていった。

　絹織物生産は，江戸初期には，中国から輸入した白糸を原料として用い，高い技術力を誇る西陣が，高級絹織物の生産において優位にあったが，西陣から技術が地方に伝播した結果，江戸時代中期頃には全国各地に絹織物業が勃興し

た。北関東では，上野国の　7　と伊勢崎，下野国の足利の両毛地方において，絹織物生産がさかんになった。

┌─ この用語もおさえる！ ─────────────────────────

▶ 水呑…田畑をもたず，地主のもとで小作を営む村の住民。田畑を所持する本百姓と異なり，村の自治的な運営には参加を認められなかった。

▶ 俵物…俵に詰めた海産物で，干し鮑・いりこ・ふかひれの三品をいう。主な生産地は蝦夷地である。中華料理の材料となり，長崎貿易における中国向けの輸出品となった。

▶ 問屋場…宿駅に置かれ，伝馬役の差配を行い，継飛脚と呼ばれる公用の書状・荷物の継ぎ送りなどを担った施設。

▶ 東廻り海運（航路）・西廻り海運（航路）…17世紀後半，河村瑞賢によって整備された航路。酒田を起点として津軽海峡経由で江戸に至るのが東廻り，日本海沿岸から下関経由で大坂に至るのが西廻りである。これらによって全国的な商品流通網が形成された。

▶ 北前船…18世紀末頃から，日本海沿岸を拠点に西廻り海運に就航し，蝦夷地と大坂の間を結んだ新興の廻船。

▶ 蔵元…諸藩が大坂などに置いた蔵屋敷で，年貢米や特産品などの蔵物の売却にあたった商人。蔵屋敷で代金などの出納にあたる商人を掛屋といったが，蔵元が兼務する場合も多かった。

2 つぎの文章を読んで，下記の問いに答えよ。

（法政大・改）

17世紀末における全国の村数はおよそ6万3000であった。近世の村は，太閤検地や江戸時代初期におこなわれた検地によって，その範囲をおよそ確定させた。これを　1　と言う。同時に検地では，各村について田畑・屋敷の一区画ごとの面積を算定し，あわせて田畑に等級をつけて，多くの場合その生産力をすべて米に換算して定めた。これを一村ごとにまとめたものが村高となる。村高はその村の公定生産高であり，年貢・_a諸役の賦課基準となった。この村高の全国平均は，一村あたり約400石となる。こうした村は_b村請制のもとで，村方三役を中心に運営されていった。

とくに17世紀後半以降，農村においては農業技術の発展がみられた。_c備中鍬が登場し，千歯扱にも工夫が施され，唐箕や千石簁（どおし）なども考案された。農業技術を教える農書も作られるようになり，17世紀末には　2　の著した『農業全書』が刊行された。19世紀には　3　の著した『広益国産考』や『農具便利論』が刊行されている。こうした農書から得られる知識のひとつに，収穫量を増やすための施肥があった。商品作物生産の発達にあわせて_d金肥も普及した。商品作物生産の活発化は，村が都市部や遠隔地との関係を強めることを意味した。

☐ **問1.** 空欄　1　に入るもっとも適切な語句を一つ選べ。
　　　ア. 村切　　**イ.** 村八分　　**ウ.** 村入　　**エ.** 村入用

☐ **問2.** 下線部 **a** に関する説明として，誤っているものを一つ選べ。
　　　　ア. 小物成とは，主に山野河海などの利用に対して課せられたもので，漆年貢や海苔運上など多くの種類があった。
　　　　イ. 助郷役とは，街道宿駅の常備人馬だけでは継ぎ送りに支障をきたす場合などに，おおむね宿駅近隣の村が，補助的に人馬を提供するものをいう。
　　　　ウ. 高掛物とは，村高に応じて賦課されたもので，幕領の村に課された御伝馬宿入用などがあった。
　　　　エ. 本途物成とは，大河川の治水工事など，莫大な出費を要する場合に，広範囲の村々に賦課されたものをいう。

☐ **問3.** 下線部 **b** に関する説明として，正しいものを一つ選べ。
　　　　ア. 年貢を納入させるための領主からの書付は，個人ではなく村宛に交付され，村の責任で一括納入された。

イ．毎年の検地の実施を村が請け負うことで，領主は常に最新の村の生産
力を把握することができた。

ウ．年貢の納入にのみ関わるもので，お触れの伝達や戸籍の管理などは領
主と各百姓家が直接に関わりをもった。

エ．村の支配を商人が請け負うことで，領主へ確実に年貢が納入されるよ
うになった。

□ 問4．下線部cに関する説明として，正しいものを一つ選べ。

ア．千石簁は，足踏み式の小型の水車で，主に灌漑に用いられた。

イ．唐箕は，箱の内部に装着した風車様のものを手で回し，その羽で籾を
打つ脱穀具である。

ウ．千歯扱は，たくさんの歯のついた鎌で田から稲を一度に大量に刈り取
る収穫具である。

エ．備中鍬は，刃の部分がおおむね二本，三本あるいは四本の又状になっ
た鍬で，深耕に適していた。

□ 問5．空欄 2 に入る正しい人物を一人選べ。

ア．宮崎安貞　　イ．中沢道二　　ウ．安藤昌益　　エ．貝原益軒

□ 問6．空欄 3 に入る正しい人物を一人選べ。

ア．田中丘隅　　イ．青木昆陽　　ウ．三浦梅園　　エ．大蔵永常

□ 問7．下線部dに関する説明として，正しいものを一つ選べ。

ア．下肥は，都市近郊では金肥として売買されることがあった。

イ．油粕とは，都市部の飲食業から出る廃油を原料とし，そこから油をし
ぼった残り粕のことである。

ウ．干鰯の最大の産地として，全国に知られていたのが，能登半島である。

エ．〆粕の原料には，しばしば網に掛かるものの，食用に適さない深海魚
が主に使われた。

1　　**1** 冥加　**2** 堂島　**3** 納屋物　**4** 野田　**5** 藍　**6** 樽　**7** 桐生

解説

1　城下町に住む商人や手工業者は，土地税である**地子**の免除が認められたが，**株仲間**の結成や営業許可に対して営業税としての**運上・冥加**を課された。

2　卸売市場である大坂の**堂島米市場**は，全国の米価に強い影響力をもち，米価対策のために享保の改革で幕府から公認された。

3　諸藩が扱う年貢米や特産物を**蔵物**という。一方，問屋などの民間商人が取り扱う綿花や菜種などの商品を**納屋物**といった。

4・5・7 ▶精講 14-1

6　江戸・大坂間の**南海路**には菱垣廻船と樽廻船が就航し，大坂から木綿・油・酒などを大量に輸送した。樽廻船はもとは酒荷専用だったが，船足が速かったので他の積荷も扱い，18世紀になると菱垣廻船を圧倒して優位に立った。

2　　問1 ア　問2 エ　問3 ア　問4 エ　問5 ア　問6 エ　問7 ア

解説

問1　江戸時代の村は，**太閤検地**などによる村切と，17世紀を通じて進展した**新田開発**によって誕生した。

問2 ▶精講 14-2

問3　**ア**：正文。年貢は村の石高(村高)に基づいて，村の責任で一括納入された。**イ**：誤文。検地は幕府や藩が行った。**ウ**：誤文。お触れの伝達や宗門 改 帳（宗旨人別帳）と呼ばれる戸籍の管理なども，名主などの村役人が行った。**エ**：誤文。村請制は村役人を中心とした村の自治に依存し，商人が請け負うものではない。

問4　詳しく！▶江戸時代の農具は，名称とその用途がよく出題される。選別用の千石簁や唐箕，脱穀用の千歯扱，深耕用の備 中 鍬，灌漑用の踏車については，教科書の絵図を見て，どのような農作業で用いるのかを理解しておきたい。

問5・6　江戸時代には，農業技術を解説した農書が普及した。17世紀末に刊行された**宮崎安貞**の『**農業全書**』，19世紀に刊行された**大蔵永常**の『**農具便利論**』『**広益国産考**』を覚えておく。

問7　**ア**：正文。江戸時代には，購入肥料の金肥が普及した。都市周辺では人糞尿である**下肥**が，商品作物の栽培が発達した地域では干鰯・〆粕・油粕が用いられた。**イ**：誤文。油粕は菜種から油を絞った残り粕である。**ウ**：誤文。干鰯は**九十九里浜**が有名。**エ**：誤文。〆粕は鰯や鰊を煮沸した加工品。鰊は**蝦夷地**で漁獲された。

精講 14-1 各地の特産物・特産品 ●

17世紀後半以降，都市の需要を背景に商品作物の栽培が広まっていった。灯火用の**菜種**（油を絞る，畿内周辺），庶民衣料の原料となる**綿花**（綿糸にして綿織物に加工，畿内・西日本中心），高級衣料の原料となる**繭**（生糸にして絹織物に加工，東日本中心）は大量の需要があった。また，幕府や藩の奨励もあって各地に特産物が誕生した。染料の原料となる**紅花**（出羽）と**藍**（阿波），畳の原料となる**藺草**（備後）は，産地が特定されるので入試で問われやすい。

手工業でも各地に特産品が誕生した。右の特産品は覚えておきたい。絹織物は**西陣**で**高機**を用いて独占的に生産されていたが，18世紀になると上野の**桐生**や下野の**足利**など北関東でも生産が発展した。また，西日本でつくられていた**醬油**も，関東の**野田**や**銚子**で製造されるようになった。

絹織物	西陣織・桐生絹・足利絹
綿織物	河内木綿・尾張木綿
陶磁器	有田焼・瀬戸焼
木材	木曽檜・秋田杉
酒	伏見・灘・伊丹
醬油	銚子・野田

なお，諸藩では財政収入を増やすために，特産物の生産と流通，販売を独占する**専売制**を導入することが多かった。徳島藩の藍，薩摩藩の**黒砂糖**，佐賀藩の**有田焼**，尾張藩の**瀬戸焼**などが，その代表的な事例である。

精講 14-2 村と百姓 ●

江戸時代の村は，生産と生活のための共同体であると同時に，幕府や藩にとっては支配の単位であった。村は，**名主**（庄屋）・**組頭**・**百姓代**（村方三役）といった**村役人**と呼ばれる本百姓によって，**村法**（村掟）に基づいて自治的に運営された。**入会地**や用水は共同管理され，**結**（もやい）と呼ばれる相互扶助による労働が行われた。幕府や藩は，年貢・諸役を村に割り当て，村の責任で納入させる**村請制**を採用し，村の自治に依存して支配を行った。

年貢・諸役には，右のようなものがあり，**検地帳**に登録され，田畑・家屋敷をもつ**本百姓**が負担した。幕府は，年貢・諸役を確実に徴収し，本百姓の経営を安定させるために，1643年に**田畑永代売買**の禁止令，

本途物成	田畑に課される年貢
小物成	山野河海の利用などに課される雑税
高掛物	村高を基準に課される付加税
国役	一国単位で課される治水工事などの労働
伝馬役	街道周辺の村々が公用交通に人馬を提供
助郷役	伝馬役を補うために人馬を提供

1673年に田畑の細分化を防ぐために**分地制限令**を出して，統制を加えた。

STEP 1 基本レベル

1 つぎの文章をよみ，設問に答えなさい。 (東海大・改)

　1716年に徳川家継がわずか8歳で没すると，跡継ぎがいないことから，(a)三家の1つで　ア　国の和歌山に藩庁をおく　ア　藩の藩主であった徳川吉宗が8代将軍に就任した。家宣と家継が，短命と幼少の将軍であったのにくらべて，吉宗は，藩主として藩政改革を実施した経験をもち，将軍として29年間在職するなど，政治経験豊かで長期にわたって政権をになった将軍であった。

　吉宗は，前代まで幕府政治を主導していた新井白石や間部詮房をしりぞけ，新設の御用取次を介して将軍の意向を幕府政治に反映させるようにした。また，政策を実行するうえで必要な人材を登用するために，役職ごとに基準となる石高（役高）を定めて，それ以下の禄高のものを就任させる時には，在職期間中に限り不足の石高（役料）をおぎなう　イ　の制を設けるなどした。吉宗は旗本の登用を進めたが，その中には，江戸町奉行をつとめた大岡忠相がいる。登用された人材は，武士だけではなく，東海道川崎宿の名主で，荻生徂徠に学び，吉宗に『民間省要』という地方支配に関する意見書を献じた　ウ　も，幕臣に登用されている。

　こうした人材登用のほか，吉宗は庶民の意見を政治に反映させるために，評定所に目安箱を設置した。この目安箱への投書は，吉宗みずからが閲覧して，採用すべきものについては，担当の奉行らに指示を出していた。投書の意見が採用されて実現したものの一例として，貧民を対象とする医療施設で，幕府の　エ　薬園内に設置された　エ　養生所があげられる。

　吉宗は，財政政策にもとり組んだ。悪化していた幕府の財政を再建するために，倹約令を出す一方，大名からは石高1万石につき100石を臨時に上納させる上げ米を実施して幕府収入をおぎない，その代償として，大名が江戸と国元を1年ごとに行き来する　オ　における大名の在府期間を半年にした。　オ　は，1635年の武家諸法度において制度化された大名統制策の1つであり，　オ　による大名の負担を軽減してまで上げ米を実施したところに，吉宗の幕府財政再建にのぞむ意欲がみてとれる。

　この上げ米のような一時的な政策だけではなく，根本的な政策として，吉宗は新田開発と年貢増徴にもとり組んだ。とくに，年貢増徴策としては，1年ごとに豊凶に応じて年貢量を決めるために，収入が不安定な上，役人の不正もみられた検見法を改めて，豊凶に関係なく一定量を徴収する　カ　法に変更した。

こうした吉宗による一連の政治改革は，彼の治世の年号から享保の改革と呼ばれ，幕府財政を好転させるなど，一定の成果をあげた。そのため享保の改革は，以降におこなわれた幕府政治の改革において，手本とされることもあった。

□ **問1.** 空欄 ア ～ カ に適切な人名・地名または語句を記しなさい。
□ **問2.** 下線 (a) に関連して，吉宗は，将軍家の安定した存続を図るために，自分の子を始祖とする2つの家を新たにおこした。これに，9代将軍家重の子を始祖とする1つの家を加えた3つの家を三卿というが，このうち，11代将軍と15代将軍を出した家の家名を記しなさい。

この用語もおさえる！

▶ **町火消**…町奉行**大岡忠相**によって江戸の町方に設置された消防組織。町々に「いろは」47組の火消組合が組織された。

▶ **公事方御定書**…徳川吉宗の命令で編纂された江戸幕府の成文法規集。重要法令や刑事事件の判例を集め，刑罰の客観的基準を定めた。

▶ **囲米**…飢饉に備えて米穀の備蓄をはかること。松平定信による寛政の改革では諸藩にも備蓄が命じられた。幕府や諸藩では百姓・町人に対しても備蓄を奨励し，各地に**社倉・義倉**と呼ばれる保管倉庫がつくられた。

▶ **棄捐令**…旗本・御家人の**札差**からの借金返済を免除する法令。寛政の改革で初めて出され，天保の改革でも出された。「捐」の誤字に注意。札差は俸禄米を扱う商人で，史料では「蔵宿」の名称で出てくる。

▶ **寛政異学の禁**…1790年，林家に対して聖堂学問所で**朱子学**以外の講義や研究を禁じた法令。朱子学を**正学**とし，それ以外の陽明学や古学などを異学とした。林家の聖堂学問所は，徳川家斉の大御所時代に1797年に幕府直轄の**昌平坂学問所**となった。

▶ **尊号一件**…1789年，**光格天皇**が実父閑院宮典仁親王に太上天皇の尊号を宣下しようとしたことを幕府が拒絶し，再び尊号宣下を求めた**武家伝奏**らの公家を1793年に処分した事件。松平定信が老中を辞任する遠因ともなった。

2 次の文章を読み，それぞれの設問に答えなさい。解答は，漢字を用いるべきところは正確な漢字で記入しなさい。
(中央大・改)

18世紀前半，8代将軍の徳川吉宗によって主導された享保の改革は，江戸幕府成立から一世紀余を経て行われた幕政全般にわたる政治改革であり，一定の成果を上げた。

しかし，18世紀後半に入ると再び財政が行き詰まるなどの様相が見られるようになった。また，この時期には経済の進展に伴い不安定な社会状況も現れ，村落では小百姓らが村入用などをめぐり村役人らと対立して　**A**　が起こり，都市では民衆らによる打ちこわしも発生した。

こうした18世紀後半に，新たな課税などに力を注ぎ，幕政を主導したのが将軍の側近から老中となった①田沼意次であった。田沼は将軍に信任されて幕政を進めたが，天明年間に多くの②百姓一揆や打ちこわしが発生するなか老中職を解任され，三卿の一つ田安家出身の松平定信が幕政を主導することとなった。定信の老中就任は田沼失脚の翌年であったが，老中となった定信は，農村の復興や江戸の都市政策に力を入れる③寛政の改革を推進した。

その後，19世紀を迎え，化政期を経て天保期に入ると，国内で飢饉，百姓一揆・打ちこわし，武装蜂起などが起こり，また，対外関係ではモリソン号が来航する事件などが起こった。このため，老中の水野忠邦はこうした内憂外患に対応するために④天保の改革をはじめ，内政と対外関係の施策を実施したが，施策の一つであった上知令の撤回を契機に老中職を解任され，天保の改革は失敗した。

☐ **問1**．空欄Aに入る，村落で見られた紛争を示す語句を漢字4文字で記しなさい。

☐ **問2**．下線部①の田沼意次が老中職にあった時期に起きた出来事についての記述として正しいものを，一つ選びなさい。

　　ア．計数貨幣として南鐐二朱銀が発行され，12枚が金1両と同等とされた。

　　イ．商人の資金を利用して印旛沼や霞ヶ浦の干拓事業が進められた。

　　ウ．若年寄の田沼意知が江戸城内で稲葉正休に刺殺された。

　　エ．長崎貿易ではいりこや干あわびなどを詰めた俵物の輸出に力を入れた。

　　オ．間宮林蔵らが蝦夷地に派遣され，実地踏査を行った。

☐ **問3**．江戸時代に起こった下線部②の百姓一揆にはa〜cの形態が見られ，これらは時期により変遷したと考えられているが，その形態の変遷を正しく示

したものを，一つ選びなさい。

　　a．惣百姓一揆　　　b．代表越訴型一揆　　　c．世直し一揆

　　ア．a→b→c　　イ．b→a→c　　ウ．b→c→a

　　エ．c→a→b　　オ．c→b→a

□ **問4．** 下線部③の寛政の改革で行われた施策についての記述として誤っている
　　ものを，一つ選びなさい。

　　ア． 旗本や御家人に対する札差の貸金を放棄させた。

　　イ． 聖堂学問所では朱子学以外の教授が禁じられた。

　　ウ． 江戸へ流入した農民の帰村や帰農を奨励した。

　　エ． 江戸隅田川河口にあった石川島に人足寄場が設けられた。

　　オ． 江戸の町入用の7割を節減させ，積み立てさせた。

□ **問5．** 下線部④の天保の改革では幕府の外交方針が変更され，1842年には外患
　　への対応策として1825年に発令された法令が改められた。その1825年に定め
　　られた法令の名称を記しなさい。

（解答力 UP!）北方の探査 ─────────────────

　　問2の選択肢**オ**は，記述の内容は正しいが，「田沼意次が老中職にあった時期」と
しては誤っている。意次が蝦夷地に派遣したのは最上徳内である。

　　北方の探査は，時期とともに探査した人物と場所をセットで覚える。▶ 精講 37-1
（p.231）

① **最上徳内の蝦夷地**探査（1786年，田沼時代）

　　…**工藤平助**の『赤蝦夷風説考』の意見を田沼意次が採用

② **近藤重蔵・最上徳内の択捉島**探査（1798年，寛政の改革後）

　　…「大日本恵登呂府」の標柱を立てる

③ **間宮林蔵の樺太**（サハリン）探査（1808年，文化・文政時代）

　　…樺太が島であることを確認

　　なお，**伊能忠敬**も蝦夷地から測量を開始した。「大日本沿海輿地全図」には，その
成果が反映されている。

1 問1　ア−紀伊　イ−足高　ウ−田中丘隅　エ−小石川
　　　オ−参勤交代　カ−定免　問2　一橋家

解説

問1　**イ・ウ**：足高の制によって有能な旗本の人材登用が進んだ。享保の改革を支えた人材として，町奉行の**大岡忠相**，代官の**田中丘隅**，儒学者の**荻生徂徠**と**室鳩巣**を覚えておく。**オ**：上げ米が実施された期間（1722〜30年）は，大名が参勤交代で江戸にいる期間を半年だけに短縮した。上げ米が廃止されると，参勤交代は元に戻された。**カ**：年貢率の決定方法は，その年の収穫に応じて決める**検見法**と一定期間は固定する**定免法**があった。享保の改革で検見法から定免法に改められた。

問2　田安家・一橋家・清水家を三卿という。11代将軍徳川家斉と15代将軍徳川慶喜は**一橋家**から将軍となった。

2 問1　村方騒動　問2　エ　問3　イ　問4　オ
　　　問5　異国船打払令〔無二念打払令〕

解説

問1・3 ▶**精講** 15 - 2

問2　**ア**：誤文。**計数貨幣**の南鐐二朱銀は，金1両は16朱だから，8枚で金1両と同等となる。**イ**：誤文。干拓事業を行ったのは霞ヶ浦ではなく**印旛沼**や手賀沼。**ウ**：誤文。若年寄田沼意知を刺殺したのは旗本**佐野政言**。**オ**：誤文。田沼時代に蝦夷地に派遣されたのは**最上徳内**。

問4　**ア**は棄捐令，**イ**は寛政異学の禁，**ウ**は旧里帰農令，**エ**は人足寄場の説明であり，寛政の改革の政策として正しい。**オ**は，「江戸の町入用の7割を節減させ」が内容的に誤り。**七分積金**は，江戸の**町入用**の節約分の7割を積み立てさせ，江戸町会所に貧民救済の資金として運用させた制度である。

問5　1842年，アヘン戦争終結後にイギリスが軍艦を日本に派遣するという情報が伝えられると，幕府は紛争を回避するために1825年に出していた**異国船（無二念）打払令**を緩和し，**天保の薪水給与令**を出して異国船の穏便な取扱いを命じ，外交方針を転換した。

精講 15-1 享保の改革と田沼時代の財政政策 ●━━━━━━━━━━━━━

　8代将軍徳川吉宗によって行われた享保の改革は，幕府財政の再建が中心的課題であった。以下の政策を理解しておきたい。

① **倹約令**によって支出を抑える一方，上げ米を実施して大名から石高1万石につき100石の米を上納させ，財政悪化の急場をしのいだ。

② 収入増加の具体策は，年貢増徴と新田開発である。**定免法**を採用して年貢率を引き上げるとともに，商人に請け負わせて新田開発を進めた。

③ 年貢米の収入が増加しても，「**米価安の諸色高**」の物価状況では収入増加につながらなかった。そこで，**株仲間の公認**によって物価統制をはかり，大坂の堂島米市場を公認して米価の平準化を目指した。

　一方，10代将軍**徳川家治**のもとで**側用人**から**老中**となった**田沼意次**は，商品経済の発展に注目し，生産や流通に新たな財源を見出していった。以下の政策をおさえる。

① 株仲間を広く公認し，**運上・冥加**などの営業税の増収をはかった。

② **銅座・朝鮮人参座**などを設けて専売制を実施し，利益の吸収をはかった。

③ **長崎貿易**では，金・銀の輸入をはかり，**銅・俵物**の輸出に力を入れた。

④ 商人の力を借りて，新田開発のために**印旛沼・手賀沼**の干拓工事を進めた。

⑤ **工藤平助**の意見を採用し，**蝦夷地開発**を企て，最上徳内を調査に派遣した。

精講 15-2 一揆と打ちこわし ●━━━━━━━━━━━━━

　幕府や藩の年貢増徴や専売制の導入などに対して，百姓は生活が立ち行かなくなると，百姓一揆をおこして抵抗した。また，商品経済の発展により，**豪農**と**貧農・小作人**へと百姓の階層分化が進むと，百姓一揆のあり方も変化した。

　百姓一揆は，①17世紀の**代表越訴型一揆**，②18世紀の**惣百姓一揆**，③19世紀の**世直し一揆**の3つに分類される。①は村役人などの代表が領主に直訴する形態で，処刑された代表は**義民**としてまつられることが多かった。②は村民全員がまとまって参加する形態をとり，広域化・大規模化する一揆も多かった。③は貧農・小作人が中心となって社会変革を掲げ，豪農や商人に対する打ちこわしを伴う一揆で，幕末期に一般化した。また，村内では村役人を兼ねる豪農と貧農・小作人の間に，小作料や村の運営をめぐって対立が生まれた。これを**村方騒動**という。

　一方，貧農の一部が流入した都市では下層民が増加した。飢饉による米価高騰で生活苦に陥ると，下層民は打ちこわしをおこして，米屋などを襲撃した。享保の飢饉を受けて，1733年には江戸で最初の打ちこわしがおこった。また，**天明の飢饉**に伴う**天明の打ちこわし**は，1787年に江戸・大坂などの都市で発生し，老中**松平定信**による**寛政の改革**の幕開けにつながった。

16 | 江戸時代後期2

STEP 1 基本レベル

1 次の〔略年表〕を見て，設問【1】〜【6】に対する答えとしてもっとも適切なものを，それぞれの解答群から一つずつ選びなさい。 (日本大・改)

〔略年表〕

年代	出　来　事
1792	①林子平処罰される。ラクスマン，根室に来航する。
1798	②近藤重蔵，千島を探検する。
1808	間宮林蔵，樺太を探検する。
1825	異国船打払令（無二念打払令）をだす。
1828	③シーボルト事件がおこる。
1837	モリソン号事件がおこる。
1839	④蛮社の獄がおこる。
1843	⑤水野忠邦，失脚する。
1846	ビッドル，　A　に来航する。

☐【1】　下線部①「林子平」の著作はどれか。
　　①『赤蝦夷風説考』　　②『西域物語』
　　③『三国通覧図説』　　④『慎機論』

☐【2】　下線部②「近藤重蔵」が，日本の領土であると記した標柱をたてたのはどこか。
　　①色丹島　　②国後島　　③得撫島　　④択捉島

☐【3】　下線部③「シーボルト事件」およびシーボルトに関する下記の文章について，下線部①〜④に誤りがあれば，その番号を，誤りがなければ◎を記しなさい。ただし，誤りがある場合は，1か所である。

　　ドイツ人で①オランダ商館医師であったシーボルト（P.F.von Siebold）が国外追放された事件である。この事件の経緯は，国外への持ち出しが禁じられていた日本地図を幕府天文方の②高橋至時から入手したことが発覚したことによる。なお，シーボルトは，日本の文化・歴史などに関心を示して③『日本』などの著作をのこした。また長崎郊外に診療所を兼ねた④鳴滝塾を開設し，多くの門人を輩出した。

□【4】 下線部④「蛮社の獄」で処罰された人物とその著作の組み合わせとして正しいものはどれか。

①渡辺崋山—『北槎聞略』　②本多利明—『経世秘策』

③高野長英—『戊戌夢物語』　④山県大弐—『柳子新論』

□【5】 下線部⑤「水野忠邦」に関して，どこの藩主であったか，どのような政策をおこなったか，政策をおこなった時の将軍は誰か，この組み合わせとして正しいものはどれか。

①佐倉藩主・株仲間解散令をだす・徳川家斉

②福山藩主・足高の制をさだめる・徳川家慶

③白河藩主・棄捐令をだす・徳川家斉

④浜松藩主・上知（地）令をだす・徳川家慶

□【6】 空白部 A に記入すべき語句はどれか。

①浦賀　②横浜　③下田　④大津浜

┌─ この用語もおさえる！─────────────────

▶フェートン号事件…1808年，イギリス軍艦フェートン号が，オランダ船のだ捕を企てて長崎港に不法侵入し，薪水・食料などを強要した事件。

▶国訴…大坂の株仲間の流通独占に反対して，豪農を先頭に畿内の一郡・一国の規模で百姓が結集しておこした訴訟闘争。株仲間による綿花・菜種や金肥の価格統制への不満などを訴えた。

▶大塩の乱…1837年，元大坂町奉行所与力で，陽明学者であった大塩平八郎が大坂で窮民救済を掲げておこした反乱。天保の飢饉の中で窮民を救済しない大坂町奉行所への不満が背景にあった。元役人の反乱に幕府は衝撃を受けた。

▶報徳仕法…二宮尊徳が関東で取り組んだ農村復興の試み。関東では農村の人口減少と荒廃が顕著で，その対応策が求められていた。

▶マニュファクチュア…商人が工場を設け，奉公人を労働者として雇い，分業と協業によって生産を行う様式。工場制手工業ともいう。大坂周辺や尾張の綿織物業，桐生・足利の絹織物業などで見られた。
└──────────────────────────────

2 近世の時期に関する次の文章を読み，下の設問に答えよ。 （明治大・改）

　18世紀末以降，世界情勢の変動にともない，ア日本列島近海への外国船の来航がつづき，幕府は外交政策の変更をせまられるようになる。他方，文化面では，イ文化・文政期を中心に，江戸の繁栄にもとづく町人文化が発展することになった。農村では豪農らが力をつけるなか，土地を失う百姓も多く，江戸を取りまく関東地方では治安の悪化も生じたため，1805年（文化2）には，ウ関東取締出役が設けられている。

　内憂外患の状況を前に，幕府は1841年（天保12）にエ天保の改革を開始し，権力基盤の強化を目指す。しかし，さまざまな反発にあい改革は中止に追い込まれ，幕府権力の衰退を世に示す結果となった。

　一方，上記に先行ないし並行して，諸藩でも藩政改革がすすめられた。たとえば　a　では他国廻船の商品を買い取り，越荷方とよばれる役所での委託販売などをつうじ，財政の再建がはかられた。これらの諸藩からいわゆる雄藩がおこり，幕末の政局に多大な影響を及ぼすことになる。

〔設問〕

□ **1.** 空欄aに入る藩として正しいものを，一つ選べ。

　　①肥前藩　　②宇和島藩　　③越前藩　　④薩摩藩　　⑤長州藩

□ **2.** 下線部アに関する出来事の順序として正しいものを，一つ選べ。

　　①蝦夷奉行設置―フェートン号事件―異国船打払令―モリソン号事件

　　②蝦夷奉行設置―フェートン号事件―モリソン号事件―異国船打払令

　　③蝦夷奉行設置―モリソン号事件―フェートン号事件―異国船打払令

　　④フェートン号事件―蝦夷奉行設置―異国船打払令―モリソン号事件

　　⑤フェートン号事件―蝦夷奉行設置―モリソン号事件―異国船打払令

　　⑥フェートン号事件―モリソン号事件―蝦夷奉行設置―異国船打払令

□ **3.** 下線部イについて，文化・文政期の文学作品と作者の組み合わせとして正しいものを，一つ選べ。

　　X. 浮世風呂―為永春水

　　Y. 江戸生艶気樺焼―井原西鶴

　　Z. 東海道四谷怪談―鶴屋南北（四世）

　　①X―正　Y―正　Z―誤　　②X―正　Y―誤　Z―正

　　③X―正　Y―誤　Z―誤　　④X―誤　Y―正　Z―正

　　⑤X―誤　Y―正　Z―誤　　⑥X―誤　Y―誤　Z―正

□ **4．** 下線部**ウ**が管轄の対象とした国名として正しいものを，一つ選べ。

①遠江　②相模　③甲斐　④伊豆　⑤駿河

□ **5．** 下線部**エ**に関する文として誤っているものを，一つ選べ。

①江戸の町方に町費節約を命じ，その分を積み立てさせて，災害時などに貧民を救済する制度を新設した。

②株仲間による商品流通の独占が物価騰貴の要因と考えられ，その解散が命じられた。

③歌舞伎の江戸三座を，都市中心部から離れた浅草の猿若町へと移転させた。

④棄捐令を出し，財政難におちいる幕臣たちの救済をはかった。

⑤庄内・長岡・川越3藩の封地入れ換えが企図されたものの，庄内藩領民の反対などで撤回された。

（解答力 **UP！**）選択肢を絞り込め ─────────────

2の年代整序問題は，蝦夷奉行という聞き慣れない用語を含み，かなり難しい。このような場合は，自分のもっている知識をもとに，少しでも選択肢を絞り込もう。

「**モリソン号事件**は，**異国船打払令**に基づいて砲撃を行った事件」という基本知識があれば，異国船打払令が出されたのはモリソン号事件の前と判断できる。このような前後関係になっている選択肢は，①と④しかない。蝦夷奉行（1802年）とフェートン号事件（1808年）の前後関係の判断は難しいが，基本知識をもとに選択肢を絞り込めていれば2択の問題となる。

難問でもあわてずに，基本知識をもとに選択肢を絞り込み，少しでも正解に近づけるよう心掛けたい。

1　【1】③　【2】④　【3】②　【4】③　【5】④　【6】①

解説

【1】　寛政の改革では，林子平が『三国通覧図説』や『海国兵談』で対外的危機と海防の必要性を主張したことを，政治批判と見て処罰を加えた。

【2】　近藤重蔵は1798年，択捉島に「大日本恵登呂府」の標柱を立てた。

【3】　シーボルト事件でシーボルトに地図を渡したのは天文方の**高橋景保**である。高橋至時は景保の父で，西洋暦を取り入れ，**寛政暦**を作成した人物。

【4】　▶**精講** 16-1

【5】　12代将軍**徳川家慶**のもとで**天保の改革**を行った**老中水野忠邦**は**浜松藩主**。1843年に財政安定や海防強化をはかるために**上知令**を出して，江戸・大坂周辺を幕府の直轄地にしようとしたが，大名・旗本の反発を受けて実施できず，忠邦の失脚につながった。

2　1 ⑤　2 ①　3 ⑥　4 ②　5 ①

解説

1　▶**精講** 16-3

やや難　2　▶**解答力** UP!（p.103）・▶**精講** 16-1

3　X：誤り。『浮世風呂』（滑稽本）は式亭三馬の作品。為永春水の作品は『春色梅児誉美』（人情本）。Y：誤り。『江戸生艶気樺焼』（黄表紙）は山東京伝の作品。井原西鶴は浮世草子を書いた元禄文化を代表する人物で，『好色一代男』『日本永代蔵』『世間胸算用』などの作品がある。Z：正しい。鶴屋南北の『東海道四谷怪談』は歌舞伎の脚本。

4　**詳しく!**　▶1805年に設けられた関東取締出役は，無宿人や博徒の横行によって治安が悪化した関東の農村を巡回し，幕領・藩領などの区別なく犯罪者の取締りにあたった。選択肢の中から関東の旧国名を選べばよい。なお，1827年，幕府はその下部組織として近隣の村々で寄場組合をつくらせ，協同して治安維持や風俗取締りにあたらせた。

5　②は株仲間の解散，③は歌舞伎の統制，④は棄捐令，⑤は三方領知替えの説明であり，天保の改革の政策として正しい。①は七分積金を述べたもので，寛政の改革の政策だから誤りである。なお，棄捐令は，寛政の改革だけでなく，天保の改革でも出されていることに注意したい。

精講 16-1 対外的危機の進行 ●━━━━━

対外的危機の進行は，年代整序問題でよく問われる。列強の接近は，ほぼロシア→イギリス→アメリカの順序となる。

日露関係は，幕府がロシア使節ラクスマン・レザノフの通商要求を拒絶したことから蝦夷地で紛争となったが，**ゴローウニン事件**の解決によって改善された。

フェートン号事件，捕鯨船員の大津浜上陸といった日英関係の摩擦を背景に，**異国船**

1792	ラクスマン根室来航（露）
1804	レザノフ長崎来航（露）
1808	フェートン号事件（英）
1811	ゴローウニン事件（露）
1824	捕鯨船員大津浜上陸（英）
1825	異国船打払令
1837	モリソン号事件（米）
1842	天保の薪水給与令
1846	ビッドル浦賀来航（米）

（無二念）打払令が出された。それに基づいて幕府が砲撃した**モリソン号**はアメリカ船である。蘭学者の渡辺崋山は『慎機論』を，高野長英は『戊戌夢物語』で幕府の対応を批判したが，**蛮社の獄**で処罰された。アヘン戦争の情報を背景に，異国船打払令は撤回された。

なお，政治との関係において，ラクスマン来航は寛政の改革，天保の薪水給与令は天保の改革の時期の出来事であることに注意したい。

精講 16-2 寛政・天保の改革における江戸の都市政策 ●━━━

18世紀後半以降の江戸では，貧農の流入によって下層民が増加した。農村の人口減少と荒廃を招き，飢饉の際に打ちこわしを発生させる要因となったので，寛政・天保の改革では江戸の都市政策に重点が置かれ，物価対策もとられた。

寛政の改革では，旧里帰農令で帰村を奨励し，七分積金による貧民救済体制を整えた。無宿人を**人足寄場**に収容し，職業訓練を行った。また，**両替商**らを**勘定所御用達**として登用し，その手腕を米価・物価の調節に役立てた。

天保の改革では，**人返しの法**により帰郷を強制した。厳しい**倹約令**を出してぜいたく品を禁じ，**歌舞伎**を浅草のはずれに移転させるなど，江戸の風俗を徹底して取り締まった。また，物価高騰の原因を株仲間による流通独占と判断して，**株仲間の解散**を命じ，自由取引による物価下落を期待した。

精講 16-3 藩政改革 ●━━━

天保期の藩政改革は，幕末期に雄藩として台頭する薩摩・長州・佐賀藩の事例をおさえればよい。

	薩摩藩	長州藩	佐賀藩
担当者	調所広郷	村田清風	鍋島直正
内容	藩債整理 黒砂糖専売 琉球密貿易	藩債整理 紙・蠟専売 越荷方設置	均田制実施 有田焼専売 反射炉築造

1 次の文（A〜C）を読み，問（a〜h）に最も適当な答を，各語群（1〜4）からそれぞれ1つ選んで，その番号を記入せよ。

（西南学院大・改）

A．元禄時代に幕政が安定して経済が目覚しく発展すると，公家・僧侶・武士や有力町人のみならず，民衆に至るまで多彩な文化が芽生えた。この時期の文化を元禄文化とよぶ。上方を中心として，人間的で華麗な町人文化が発展した。

□ **問a．** 井原西鶴は仮名草子を発展させ，その町人生活の写実的描写はのちの文学に大きな影響を与えた。次の作品のうち，井原西鶴の作はどれか。

　　　1．世間胸算用　　2．心中天網島　　3．笈の小文　　4．冥途の飛脚

□ **問b．** 和算の大成者で，筆算代数式とその計算法や円周率計算などですぐれた研究をした「発微算法」の著者は誰か。

　　　1．貝原益軒　　2．吉田光由　　3．関孝和　　4．渋川春海

B．18世紀になると，幕藩体制の動揺を反映して，特に学問・思想の分野で，古い体制を見直すような動向が生じ，新しい文化の傾向が現れた。

□ **問c．** 尊王論は儒学と結びつき，天皇を王者として尊ぶ思想として水戸学などで主張された。18世紀半ばに竹内式部が京都で公家たちに尊王論を説いて追放刑となった。この事件はどれか。

　　　1．赤穂事件　　2．紫衣事件　　3．宝暦事件　　4．明和事件

□ **問d．** 黄表紙や洒落本が風俗を乱すとして処罰された山東京伝の作はどれか。

　　　1．金々先生栄花夢　　　　2．江戸生艶気樺焼

　　　3．誹風柳多留　　　　　　4．蕪村七部集

□ **問e．** 菱川師宣によって創始された浮世絵を錦絵とよばれる多色刷浮世絵版画として完成させたのは誰か。

　　　1．鈴木春信　　2．東洲斎写楽　　3．喜多川歌麿　　4．円山応挙

C．文化・文政時代を中心とする江戸時代後期の文化を化政文化とよぶ。その特色は江戸を中心として，都会の洗練された言動が尊ばれ，粋や通といった美意識が誕生したことにある。

□ **問 f .** 化政期から天保期に，学者たちにより新たな私塾が各地でつくられた。蘭学研究に関心が高まる中で，オランダ商館医であったドイツ人シーボルトが長崎郊外に開いた私塾はどれか。

    1 ． 咸宜園　　**2 ．** 適々斎塾　　**3 ．** 鳴滝塾　　**4 ．** 松下村塾

□ **問 g .** 文化期に滑稽さや笑いをもとに，庶民の生活をいきいきと描いた滑稽本が盛んになった。十返舎一九が書いた滑稽本はどれか。

    1 ． 浮世風呂　　**2 ．** 雨月物語　　**3 ．** おらが春　　**4 ．** 東海道中膝栗毛

□ **問 h .** 各地で名所が生まれ，民衆の旅が一般化する中で，錦絵の風景画が流行する。浮世絵師葛飾北斎の作品は次のうちどれか。

    1 ． 名所江戸百景　　　**2 ．** 富嶽三十六景

    3 ． 朝比奈小人嶋遊　　**4 ．** 浅間山図屏風

┌─**この用語もおさえる！**─────────────────

▶ **懐徳堂**…大坂の町人が出資して設立した郷校の一つ。朱子学や陽明学を町人に教え，幕府も支援した。合理主義的な思想をもつ**富永仲基**や**山片蟠桃**など，異色の町人学者を輩出した。

▶ **心学**…**石田梅岩**が創始した庶民教学。平易な町人道徳を説き，商業の正当性を主張した。

▶ **水戸学**…水戸藩で形成された学派で，朱子学を軸に国学・神道などを習合し，**尊王論**を主張した。**徳川光圀**が始めた『**大日本史**』の編纂事業の中で形成された。「内憂外患」の危機に直面すると，**会沢安**は尊王論を攘夷論と結びつけ，**尊王攘夷論**が誕生した。

└──────────────────────────────

□ **2** 次の文章の空欄ア～ウに人名を補い，設問に答えよ。 (名城大・改)

　江戸時代の学問の主流は儒学であったが，_a元禄時代から日本の古典を実証的に研究する気運が高まり，18世紀半ばになると，それらの古典のなかに儒教や仏教などの外来思想が渡来する以前の日本固有の精神，すなわち古道を明らかにしようとする国学が生まれた。

　京都の伏見稲荷の神官であった　ア　は，古語・古典の研究を通じて古道を究明し，国学の研究・普及のための学校の創設を幕府に進言するなど，国学発展の礎を築いた。その門人である賀茂真淵は，『　A　』を中心とした古典研究から日本古代の思想を追求し，古道への復帰を説いた。この国学を学問的・思想的に大成したのが，本居宣長である。宣長は，35年の歳月をかけて『　B　』の研究に心血を注ぎ，古道に復することを主張して漢意を激しく攻撃した。宣長の影響を受けた　イ　は，儒教・仏教を排斥して日本古来の純粋な信仰を尊ぶ復古神道を提唱し，幕末の尊王攘夷運動に影響を与えた。

　一方，西洋の学術・知識の研究や吸収は，キリスト教の禁止と鎖国体制のために困難をきわめたが，長崎出島のオランダ人などを通じてしだいに道が開かれていった。その先駆けとして，17世紀末に西川如見が『華夷通商考』を著して世界地理を紹介し，新井白石は_b日本に潜入して捕らえられた宣教師を訊問した内容をもとに『西洋紀聞』『采覧異言』を著した。また，八代将軍吉宗が実学と新しい産業の奨励のために漢訳洋書の輸入制限を緩和し，_c青木昆陽・野呂元丈の２人に蘭学を修めさせたことは，洋学発展の基礎となった。

　洋学をいち早く取り入れたのは，実用の学問としての医学であった。1774（安永３）年，前野良沢や杉田玄白らがオランダ語の解剖書を訳述し，『解体新書』と題して出版するという画期的な成果をあげた。これを機に洋学は発展期を迎え，医学以外の自然科学の諸分野にも大きな影響を与えた。仙台藩の医師_d大槻玄沢は多くの人材を育て，その門人　ウ　は蘭日辞書である『ハルマ和解』を刊行した。

　幕府も西洋の新知識を修得する必要を感じ，高橋景保の建議によって蛮書和解御用を設置して，蘭書の翻訳をおこなった。しかし，幕府は洋学を科学技術の分野に限定し，西洋の政治や思想の研究を通して幕政批判が起こることを抑圧しようとした。高橋景保はシーボルト事件に関与して投獄され，_e蛮社の獄では幕府の外交政策を批判したかどで渡辺崋山らが処罰された。そのため，その後の洋学は，医学・兵学・地理学など実学としての性格をいっそう強めることになった。

〔設問〕

□ **(1)** 下線部 a について，『源氏物語湖月抄』などの注釈書を著し，幕府の歌学方に任命された人物を記号で選べ。

　　あ．下河辺長流　　**い**．北村季吟　　**う**．戸田茂睡

　　え．契沖　　　　**お**．熊沢蕃山

□ **(2)** 『　A　』『　B　』に入る作品名をそれぞれ記号で選べ。

　　あ．古事記　　　　**い**．日本書紀　　**う**．万葉集

　　え．古今和歌集　　**お**．枕草子　　　**か**．土佐日記

□ **(3)** 下線部 b について，この人物の名前を記号で選べ。

　　あ．ゴローウニン　　**い**．ウィリアム＝アダムズ　　**う**．シドッチ

　　え．ザビエル　　　　**お**．ヤン＝ヨーステン

□ **(4)** 下線部 c について，吉宗がこの人物に栽培を命じ，飢饉の際の救荒作物として多くの人命を救ったとされる植物を記号で選べ。

　　あ．サトウキビ　　**い**．ジャガイモ　　**う**．トウモロコシ

　　え．サツマイモ　　**お**．カボチャ

□ **(5)** 下線部 d について，この人物に関する記述として正しいものを記号で選べ。

　　あ．日本最初の種痘所を開設した。

　　い．オランダ文法の入門書『蘭学階梯』を著した。

　　う．西洋の内科医書を翻訳して『西説内科撰要』を著した。

　　え．大坂に私塾の適塾を開いた。

　　お．日本最初の解剖図録『蔵志』を著した。

□ **(6)** 下線部 e について，この弾圧の契機となった，漂流民返還のために来航したアメリカ船が異国船打払令のために砲撃された事件を記号で選べ。

　　あ．フェートン号事件　　　　**い**．サン＝フェリペ号事件

　　う．ノルマントン号事件　　**え**．アロー号事件　　**お**．モリソン号事件

1　問**a** 1　問**b** 3　問**c** 3　問**d** 2　問**e** 1　問**f** 3　問**g** 4
　　問**h** 2

解説

問a　2・4は近松門左衛門，3は松尾芭蕉の作品である。

問b　1の貝原益軒は本草学書『大和本草』，2の吉田光由は和算書『塵劫記』を著した。4の渋川春海は貞享暦を作成した人物である。

問c　　**詳しく！** ▶1758年，垂加神道を学んだ**竹内式部**が，公家に尊王論を説いたとして追放刑となる**宝暦事件**がおきた。1767年には，垂加神道の影響を受けた**山県大弐**が江戸で不穏な兵学を講義して尊王論を主張し，死刑に処せられた**明和事件**がおこった。両者をきちんと区別すること。

問d　1・2が**黄表紙**。1が**恋川春町**，2が**山東京伝**の作品である。

問e・h　　**詳しく！** ▶17世紀末に菱川師宣が始めた**浮世絵**は，18世紀半ばに鈴木春信が多色刷版画である**錦絵**を完成し，黄金時代を迎えた。寛政期には，**喜多川歌麿**や**東洲斎写楽**が，上半身を大きく描く**大首絵**の手法を用いて，美人画や役者絵などを描いた。天保期になると，風景画が流行し，葛飾北斎「**富嶽三十六景**」，歌川広重「**東海道五十三次**」などの名作が描かれた。

問g　1・4が**滑稽本**。1が**式亭三馬**，4が**十返舎一九**の作品である。

2　ア　荷田春満　イ　平田篤胤　ウ　稲村三伯
　　(1) い　(2) A－う　B－あ　(3) う　(4) え　(5) い　(6) お

解説

ア・イ　▶**精講** 17-1　**ウ**　▶**精講** 17-2

(1)　北村季吟は『源氏物語』などを研究し，幕府の**歌学方**に任命された。

(2)　▶**精講** 17-1

(3)　新井白石は屋久島に密入国したイエズス会宣教師**シドッチ**を訊問し，その知識をもとに『**西洋紀聞**』『**采覧異言**』を著し，世界地理研究の先駆けとなった。

(4)　▶**精講** 17-2

(5)　**あ**は誤文。種痘所（天然痘の予防接種の施設）は開国後に幕府が設置した。**う**は宇田川玄随，**え**は緒方洪庵，**お**は山脇東洋の業績である。

(6)　▶**精講** 16-1（p. 105）

精講 17-1 国学の展開

国学とは, 古典の研究を通じて日本古来の精神を探究する学問である。国学は, 荷田春満・賀茂真淵・本居宣長・平田篤胤の学統に沿って展開した。

荷田春満	国学の創始者
賀茂真淵	『万葉集』などを研究
本居宣長	『古事記伝』で国学を大成
平田篤胤	復古神道を主唱

精講 17-2 洋学の展開

洋学は, 西洋学術を研究する学問で, オランダ語を通して学ばれたので, まず蘭学として発達した。洋学の展開は, 以下の①～⑤の段階を追っておさえたい。

①興隆の基礎は享保の改革にあり, 徳川吉宗は漢訳洋書の輸入制限を緩和し, 甘藷（さつまいも）の普及に尽力した青木昆陽らにオランダ語を学ばせた。②田沼時代には, 前野良沢・杉田玄白らが『解体新書』を刊行し, 翻訳による西洋学術の研究は医学分野を中心に始まった。③大槻玄沢は, 入門書『蘭学階梯』を刊行し, 江戸の芝蘭堂で門人を教育した。門人の稲村三伯は蘭日辞書『ハルマ和解』をつくった。④天文学・地理学など他分野でも西洋学術の研究が進んだ。幕府の天文方では西洋暦を取り入れた寛政暦が作成された。⑤幕府は洋学の優位を認め, 1811年に天文方に蛮書和解御用を置いて, 洋書の翻訳にあたらせた。

精講 17-3 江戸時代の小説

右図の上段の系統は, 主題による小説のジャンルである。元禄文化で井原西鶴が確立した浮世草子は, 文章主体で歴史・伝説を扱う読本と遊里生活を描く洒落本に分化してゆく。

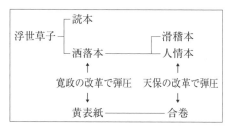

洒落本は寛政の改革で弾圧を受けると, 滑稽・笑いを題材とする滑稽本と恋愛を扱う人情本へと分化した。

一方, 下段は風刺のきいた絵入りの民衆向けの小説である。黄表紙というが, 長編化の傾向を強め, 次第に合本する合巻として刊行されるようになった。

小説は, 出版と貸本屋の普及もあって, 民衆に強い影響力をもった。寛政・天保の改革では, 政治批判・風刺や風俗を乱す出版物を厳しく取り締まった。右の表の弾圧を受けた作家・ジャンルを覚えておこう。

寛政の改革	山東京伝（洒落本, 『仕懸文庫』）
	恋川春町（黄表紙）
天保の改革	為永春水（人情本, 『春色梅児誉美』）
	柳亭種彦（合巻, 『偐紫田舎源氏』）

18 | 日中・日朝関係史（古代・中世）

STEP 1 基本レベル

□ **1** 以下の文章は，前近代の日本と朝鮮半島の関係について記したものである。文章内におけるa～cの【　】に入る最も適切な語句を①～⑤の中から選びなさい。また，　1　～　3　の中に入る最も適切な語句を記しなさい。

（明治大・改）

日本と朝鮮の関係はきわめて古く，1世紀に編纂された「漢書地理志」には，紀元前1世紀に倭人が漢の勢力下にあった**a**【①帯方郡　②楽浪郡　③玄菟郡　④臨屯郡　⑤真番郡】に定期的に使いを送っていたとある。5世紀になると朝鮮半島では，高句麗・百済・新羅の3国の対立が続いたが，このうち日本はとくに百済との交流を深めた。百済からは五経博士や易・暦・医の諸博士が渡来し，仏教の公伝も百済を介してのものだった。しかし，660年，その百済も唐と新羅によって滅ぼされてしまう。これに衝撃をうけた日本の朝廷は，百済復興のために大軍を派遣するも，白村江の戦いで唐・新羅の連合軍に大敗する。以後，日本では唐・新羅の来襲に備えて九州・瀬戸内の軍備を固め，内政の充実を図ることになる。667年の**b**【①飛鳥浄御原宮　②近江大津宮　③難波長柄豊碕宮　④筑紫朝倉宮　⑤近江紫香楽宮】への政治拠点の移動も，このときの政策転換によってなされたものである。

その後，新羅とは何度か使節の交換があったが，日本が新羅を従属国として扱おうとしたため，両国の関係は再び悪化する。一方，7世紀末，中国東北部におこった新興国　1　は，唐・新羅に対抗するため，727年に日本に通交を求め，しばしば使節の交換があった。

10世紀に入ると，大陸で強国の唐が滅亡したことで，東アジアは動乱の時代に突入する。中国は五代十国の時代を経て，960年に北宋が成立する。　1　は，926年に遼（契丹）によって滅ぼされ，朝鮮では935年に新羅が高麗によって滅ぼされることになる。

12世紀，遼と北宋は金によって滅ぼされるが，やがて，その金も1234年にはモンゴルによって滅ぼされる。さらにモンゴルは国号を元と改め，高麗を服属させるが，高麗の常備軍精鋭部隊である　2　は1273年まで江華島や済州島で抵抗を続けた。1274年と1281年の二度，元は日本に襲来（文永・弘安の役）し，高麗もそれに軍事動員させられるが，このときの　2　の抵抗が元の日本侵出

を遅らせ，元・高麗軍の士気を鈍らせることとなった。

　元の襲来後も東アジアでは僧侶や商人の往来は活発であり，北九州や瀬戸内の住人たちも船団を組んで貿易に従事し，ときには倭寇となって東シナ海を荒らしまわった。1392年，足利義満が南北朝を統一したのと同じ年，倭寇討伐で名声をえた李成桂が高麗を倒し，朝鮮を建国する。日本と朝鮮との間の貿易は，対馬の宗氏の仲介のもと，14世紀末から約100年間続けられた。朝鮮の三浦（乃而浦・富山浦・塩浦）と漢城には交易の拠点施設として　3　が設けられ，ここに滞在する日本人のことは恒居倭とよばれた。このときの朝鮮からの主要輸入品であった c【①胡椒　②蘇木　③硫黄　④黄金　⑤木綿】は当時の日本国内では栽培されていなかったため，たいへんに重宝された。しかし，1510年，三浦に住む恒居倭たちが朝鮮の統制強化に反発して起こした暴動（三浦の乱）をきっかけに，両国の貿易は衰退していくことになる。

┌─ この用語もおさえる！ ─────────────────────

▶ 好太王碑…高句麗の広開土王（好太王）の功績をたたえた石碑。碑文には，4世紀末以降，倭国が高句麗と交戦したことが記されている。

▶ 加耶（加羅）諸国…4〜6世紀，弁韓と呼ばれた朝鮮半島南部にあった諸国。馬韓諸国は百済が，辰韓諸国は新羅が統合したが，弁韓では小国連合の状態が続いた。倭国が密接な関係をもち，『日本書紀』は「任那」と呼んでいる。

▶ 大宰府…九州に置かれた律令国家の地方機関。西海道諸国を統轄し，外交使節の応対などにもあたった。役所としての大宰府は「太」ではなく「大」を用いる。

▶ 刀伊の来襲…1019年，沿海州地方に住む刀伊と呼ばれる女真族が九州北部を襲撃した事件。大宰府の長官であった藤原隆家の指揮のもと，九州の武士が撃退した。

2 次の文章を読み，それぞれの設問に答えなさい。解答は，漢字を用いるべきところは正確な漢字で記入しなさい。選択問題については記号を選びなさい。

（中央大・改）

　11世紀になると，日宋間で正式な国交は開かれなかったものの，宋の商人が頻繁に来航するようになって，私貿易が活発化した。平氏政権の成立とともに，清盛は父忠盛が関与していた日宋貿易に力を入れ，福原近郊の　A　を修築して，貿易の振興に努めた。

　南宋との私的な貿易は鎌倉時代にも盛んに行われたが，モンゴル帝国を築いたチンギス＝ハンの孫フビライ＝ハンが帝国の東部を領有し，国号を中国王朝風の元と定めると，元は南宋を圧迫する一方，高麗を服属させ，ついには日本に朝貢を求めてきた。執権北条時宗を中心とする鎌倉幕府はこれを拒否したため，①元は1274年の文永の役，1281年の弘安の役の二度にわたり，大軍を擁して日本を攻撃した（蒙古襲来）。

　蒙古襲来ののち，日本と元の間に正式な国交は結ばれなかったものの，②私的な貿易は行われた。1368年に漢民族による国家である明が建国され，元に代わって中国を支配するようになると，明は14世紀に入り活発化した倭寇の禁圧と朝貢をたびたび日本に要望してきた。それを受けて室町幕府は，足利義満の使節を明に送り，③勘合貿易を開始した。

　朝鮮半島では1392年に高麗を滅ぼした李成桂が朝鮮を建国したが，義満は朝鮮とも国交を開き，ここに日朝貿易がはじまった。しかし，その後も倭寇がおさまらなかったため，④1419年，朝鮮は倭寇の根拠地と目された場所を攻撃した。

　以上のような国家レベルでの外交・交流・争乱にとどまらず，室町時代には日本列島の北と南の境界地域において，畿内を中心とする国家の枠組みにとらわれない活動が活発化してくる。まず，南方地域に関しては，14世紀に対馬・壱岐・五島・松浦等の住民を中核とする倭寇が中国大陸や朝鮮半島の沿岸部に出没する。15世紀に至ると倭寇はいったんおさまるが，それに代わって，1429年に　B　が三山を統一することにより成立した琉球王国の船が，朝鮮半島からマラッカ海峡に至る広い範囲で中継貿易に活躍するようになった。

　一方，北方地域においては，中世の主要な港湾に数え上げられている津軽十三湊を拠点として，同地を支配する　C　氏を中心とした勢力が，北方交易により繁栄していた。同氏の支配下にあった人々のうち，蝦夷島に移住した者たちは和人と呼ばれたが，彼らの中の有力者は渡島半島の沿岸部に，今日，道

南十二館と総称される居館を築き，⑤これらの居館の周辺でアイヌとの交易を行うことで利益を得ていた。

☐ **問1.** 空欄Aに入る港の名称を記しなさい。

☐ **問2.** 下線部①について，鎌倉幕府は蒙古襲来に備えて，九州北部の防備を固めるために，九州地方の武士を動員したが，これは何と呼ばれているか記しなさい。

☐ **問3.** 下線部②について，後醍醐天皇の冥福を祈るために，足利尊氏・直義兄弟は京都に禅宗寺院を建立したが，その造営費用を捻出するために元に派遣した貿易船の名称を記しなさい。

☐ **問4.** 下線部③について，15世紀後半になると勘合貿易の主体は，しだいに特定地域の商人と結んだ有力守護大名の手に握られていくが，これらの商人の居住地名と守護大名の名の組み合わせとして正しいものを次の中から一つ選びなさい。

　　　ア． 堺―山名氏，京都―細川氏　　**イ．** 長崎―大内氏，堺―畠山氏
　　　ウ． 坊津―大内氏，博多―山名氏　**エ．** 京都―畠山氏，長崎―山名氏
　　　オ． 堺―細川氏，博多―大内氏

☐ **問5.** 下線部④について，この事件の名称と，攻撃された場所の領主の名の組み合わせとして正しいものを次の中から一つ選びなさい。

　　　ア． 刀伊の入寇―島津氏　　**イ．** 寧波の乱―大内氏
　　　ウ． 寧波の乱―松前氏　　　**エ．** 応永の外寇―宗氏
　　　オ． 三浦の乱―大内氏

☐ **問6.** 空欄Bに入る人名を記しなさい。

☐ **問7.** 空欄Cに入る一族の名を記しなさい。

☐ **問8.** 下線部⑤について，和人との交易をめぐるトラブルが直接の引き金となり，1457年に和人に圧迫されていたアイヌの大蜂起が発生したが，この蜂起の指導者の名を記しなさい。

（解答力 UP!）似たものに注意 ―――――――――――――――――

　問3・5では，似たような歴史用語を間違わずに答えることが求められている。次の似たような歴史用語の区別を，自分で確認してみよう。

　楽浪郡と帯方郡　　馬韓と弁韓と辰韓　　刀伊の来襲（入寇）と応永の外寇
　建長寺船と天龍寺船　　寧波の乱と三浦の乱　　コシャマインとシャクシャイン

1　a ②　b ②　c ⑤　1 渤海　2 三別抄　3 倭館

【解説】

a　楽浪郡は，前漢の武帝が朝鮮半島に置いた 4 郡の一つ。後漢末に楽浪郡の南部を割いて置かれた帯方郡は，卑弥呼が魏と交渉する際の窓口となった。

c・3　▶精講 18 - 3

1　中国東北部に興った渤海は，8 世紀前半以降，唐・新羅への対抗関係から日本にたびたび使節を派遣し，臣従する形式をとった。「渤」の誤字に注意。

2　元に征服された朝鮮半島の高麗では，特別部隊である三別抄が抵抗活動を繰り広げた。

2　問1 大輪田泊　問2 異国警固番役　問3 天龍寺船　問4 オ
　　問5 エ　問6 尚巴志　問7 安藤〔安東〕　問8 コシャマイン

【解説】

問1　日宋貿易は，国家間の国交がない状況下に，宋商船が来航する私貿易として展開した。もともとの貿易拠点は博多だが，瀬戸内海航路を掌握した平清盛は，大輪田泊を修築して宋商船を畿内に招き入れ，貿易の振興をはかった。

問2　九州北部の要地を御家人に警備させる番役を異国警固番役という。「警固」を「警護」と書き間違えないこと。

問3　詳しく！▶1342年，天龍寺建立の資金を得るために，足利尊氏らは天龍寺船を元に派遣した。これは，1325年，鎌倉幕府が建長寺修造の資金を得るために派遣した建長寺船に倣ったものである。天龍寺は，夢窓疎石の勧めで後醍醐天皇の冥福を祈るために建立された。

問4　▶精講 18 - 2

問5　▶精講 18 - 3

問6　1429年，中山王の尚巴志が三山（北山・中山・南山）を統一して，琉球王国を建国した。琉球王国は，アジア海域を結ぶ中継貿易で繁栄した。

問7　津軽の豪族安藤（安東）氏は，津軽の十三湊を支配し，蝦夷ヶ島と呼ばれた北海道の南部に進出した。

問8　交易を求めて和人が蝦夷ヶ島に進出すると，圧迫を受けたアイヌは，1457年，コシャマインを指導者として蜂起した。和人居住地だった道南十二館のほとんどを攻め落としたが，蠣崎氏によって鎮圧された。

精講 18-1 中国史書に見える倭国 •——————

中国史書は，日本列島の人々を「**倭人**」，その国を「**倭国**」と呼んでいる。中国史書に見える倭国と中国王朝の交渉は，入試問題では頻出の事項である。史料問題としても出題されるので，教科書を読んで確認しておきたい。

史　書	内　容
『漢書』地理志	B.C. 1 世紀　100余国が分立，楽浪郡を通じて朝貢
『後漢書』東夷伝	57　**奴国**が朝貢，印綬を授かる 107　倭国王帥 升 等が生口を献上 2 世紀後半　倭国大乱
『魏志』倭人伝	239　女王卑弥呼が朝貢，**親魏倭王**の称号を得る
『宋書』倭国伝	478　**倭王武**が朝貢，上 表 文を提出
『隋書』倭国伝	607　遣隋使の派遣，臣属しない形式を主張

精講 18-2 日明貿易とその展開 •——————

日明貿易は，まず外交形式と統制手段を理解する。日本国王に任じられた足利将軍が，明の皇帝に朝貢する外交形式がとられた（**朝貢貿易**）。明は**倭寇**と区別するため，遣明船に勘合の持参を義務づけ，入港地も**寧波**に限定した（勘合貿易）。次に代表的な輸入品として，**明銭・生糸**を覚えておく。

室町幕府の衰退とともに，貿易の実権は商人と結ぶ有力守護の手に移った。展開として，①3 代将軍足利義満の開始，②4 代将軍足利義持の中断，③6 代将軍足利義教の再開，④**堺**商人・細川氏と**博多**商人・**大内氏**の主導権争い，⑤寧波の乱で細川氏に勝利した大内氏の独占，⑥大内氏の滅亡で断絶，の6段階をおさえたい。

精講 18-3 室町時代の日朝貿易 •——————

室町時代の**日朝**貿易は，朝鮮が**倭寇**の禁圧と通交を求め，それに足利義満が応じることで始まった。当初から幕府だけでなく守護・国人・商人らの参入も認められた。輸入品としては，大量に輸入された**木綿**を必ず覚える。

1419年，朝鮮は**対馬**を倭寇の拠点とみなして襲撃した（**応永の外寇**）。一方で朝鮮は，対馬の**宗氏**を通して通交の制度を取り決め，入港地を塩浦・富山浦・乃而浦の3港（**三浦**）に限定し，3港と漢城に置いた**倭館**での貿易を義務づけるなど，統制を試みた。しかし，次第に強まる統制への反発は，1510年に日本人の暴動事件を招いた（**三浦の乱**）。

19 | 土地制度史（古代・中世）

1 つぎの文章をよみ，設問に答えなさい。

（東海大・改）

　10世紀に入ると，地方行政は大きな転換点をむかえることとなった。902（延喜２）年３月，複数の太政官符が一斉にくだされた。これらの太政官符の内容には，諸国から納められる税の品質向上を命じたもののほか，土地制度に関する法令として，新たな | ア | の開発の禁止，有力貴族が不当に得た荘園等の所有の禁止，有力な貴族らによる山野等の占有の禁止などがあり，この一連の土地政策は，「延喜の荘園整理令」と称されている。また，数十年ぶりに班田が励行されたが，結果的にはこれが最後の班田となったとされる。

　しかし実際には，旧来のあり方に依拠した対応は，あまり効力を発したとはいえない。延喜二年「阿波国板野郡田上郷戸籍」や，同八年「周防国玖珂郡玖珂郷戸籍」をみると，女性にくらべて男性が圧倒的に少なく記載されている。これは，(a)税の負担を軽減するために，作為的に名前や性別を改変したためである。

　このような社会問題の発生を受けて，支配体制も現実に即した方式に変更されていった。地方における徴税は，受領が管理するようになっていく。受領の名称は，前任の国守より，新任の国守が国内の事務を受領することに由来するといわれ，やがてこの言葉が，実際に赴任した国司の最高位の者をさすようになっていった。

　受領は， | イ | と呼ばれる有力農民に田地の耕作を請け負わせた。課税対象となった田地は，一定の徴税単位に区分され，「負名」と呼ばれる請負人の名がつけられた。受領は負名を直接把握し，徴税したという。さらに受領は | ウ | を派遣し，田地の所在地や面積，耕作状況などを調査させていた。

　一方，荘園については，(b)中央政府や受領によって，納税が免除されたものもあった。中央政府は，延喜以降，しばしば荘園整理令を発令し，荘園の整理をおこなっていたものの，荘園の中には | ウ | による調査を拒否する権利を得たものもあった。

　時代はくだり，摂関家を外戚に持たない | エ | が即位した。 | エ | は，新政の一環として1069（延久元）年に「延久の荘園整理令」を発して，土地制度の変革にも着手し，一定の成果をあげている。

□ **問1**．空欄 ア は，8世紀以降天皇の命令によって，天皇家の財源として設置された田である。しかし9世紀前半に入ると全国的に拡大し，荘園化するものもあった。 ア として，最も適切なものを下記から1つ選びなさい。

　　　1．公営田　　**2**．諸司田　　**3**．勅旨田　　**4**．官田

□ **問2**．空欄 イ として，最も適切なものを下記から1つ選びなさい。

　　　1．田所　　**2**．田荘　　**3**．田部　　**4**．田堵（田刀）

□ **問3**．空欄 ウ として，最も適切なものを下記から1つ選びなさい。

　　　1．放免　　**2**．検田使　　**3**．在庁官人　　**4**．荘官

□ **問4**．空欄 エ として，最も適切なものを下記から1つ選びなさい。

　　　1．後一条天皇　　　**2**．後冷泉天皇

　　　3．後朱雀天皇　　　**4**．後三条天皇

□ **問5**．下線（a）のような行為を何と称するか。最も適切なものを下記から1つ選びなさい。

　　　1．籍帳　　**2**．浮浪　　**3**．計帳　　**4**．偽籍

□ **問6**．下線（b）に関連して，中央政府発行の書類によって納税が免除された荘園の呼称として，最も適切なものを下記から1つ選びなさい。

　　　1．官省符荘　　**2**．国衙領　　**3**．公領　　**4**．国免荘

┌─ この **用語** も おさえる！

▶ **宣旨枡**…荘園整理を進める中で，**後三条天皇**が宣旨によって公定した枡。**宣旨**とは天皇の命令を伝える文書。豊臣秀吉による16世紀の太閤検地で**京枡**が公定されるまで用いられた。

▶ **守護請**…守護が荘園・公領の年貢徴収を請け負うこと。南北朝の動乱の中で，守護が荘園・公領の侵略を進め，一国に及ぶ支配を確立する手段となった。

▶ **国人一揆**…有力な地方武士である国人たちが結成した地域的な一揆。南北朝の動乱の頃から，守護の支配への抵抗や農民支配の強化，相互の紛争解決などのために結成された。

2 次の文章を読み，(a) ～ (i) の問いに答えよ。なお，史料は読みやすく改めている箇所がある。

（立命館大・改）

　11世紀なかごろになると，実質的に地方行政の末端をになっていた開発領主たちの一部が，国衙に進出して　A　官人となり，その支配地域の拡大と強化をはかった。そして，従来の行政区画がそのまま，あるいは改変され，開発領主たちの私領として世襲されるようにもなった。このような公領のまま私領化した土地を国衙領と呼んでいる。

　一方，開発領主のなかには国衙や他の領主の干渉をしりぞけるため，私領を貴族や寺社に寄進し，その保護を求める者も現れた。寄進が認められると，その私領は貴族や寺社の荘園となって，開発領主は下司などの荘官に任じられた。このような荘園を①寄進地系荘園と呼ぶ。また，院政期になると上級貴族のなかには，　B　として一国の支配権を与えられ，その国からの収益を取得する者も現れた。そのような荘園と国衙領の同質化に着目し，この時期の土地制度を荘園公領制と呼ぶ場合もある。

　承久の乱後，畿内・西国に多くの地頭が任命され，現地の支配権をめぐって荘園領主などとの間に紛争が激化しつつあった。執権　C　が制定した御成敗式目には「一　諸国地頭，年貢所当を抑留せしむる事」という一条があり，「右，年貢を抑留するの由，本所の訴訟あらば，すなわち結解を遂げ勘定を請くべし」とある。鎌倉幕府は，荘園公領制を維持するという立場から，そのような地頭に対して厳しい態度で臨んだ。荘園領主の側も，毎年一定額の年貢納入を地頭に請け負わせたり，荘園の土地自体のかなりの部分を地頭に分け与え，両者で支配権を認めあう　D　の取り決めをする場合もあった。こうした場合でも，幕府が両者の調停にあたったりした。

　鎌倉幕府滅亡後は，南北朝の戦乱が長引き，国人による荘園侵略が激化した。室町幕府は1352年に近江・美濃・尾張3国に　E　を発布し，荘園領主に年貢の半分を保障するとともに，残りを兵粮として守護が国人に与えることを認めた。荘園領主も，年貢収納を守護に請け負わせることも多くなった。これまで朝廷が，伊勢神宮の造営や天皇即位の費用をまかなうため，荘園と国衙領双方に臨時に一円に賦課してきた　F　も，守護の助けがなければ徴収できなくなった。

　②戦国大名は，領国内の土地の面積を年貢の収納高で把握し，それを基準に家臣団に年貢と軍役を割りあてた。荘園制の複雑な制度は，このような　G　制に組み込まれ，統一的な領国支配が実現した。

□ **(a)** 空欄 A にあてはまる，もっとも適当な語句を答えよ。

□ **(b)** 下線部①の寄進地系荘園の説明として，もっとも適当なものを下から一つ選び，記号で答えよ。

　　⑧　白河法皇が皇女八条院に伝えた荘園群は，院政期には約100ヵ所に及んだ。

　　⑩　荘官に任じられた開発領主らの多くは，荘内を郷・保に再編成し，年貢収納にあたった。

　　⑨　国衙の検田使や追捕使の入部を拒否できる不入の権を認められた独立性の高い荘園が，しだいに多くなった。

　　⑳　後三条天皇が発した延久の荘園整理令は，審査と実施を国司に委ねたため，不徹底に終わった。

□ **(c)** 空欄 B にあてはまる，もっとも適当な語句を答えよ。

□ **(d)** 空欄 C にあてはまる，もっとも適当な人名を答えよ。

□ **(e)** 空欄 D にあてはまる，もっとも適当な語句を答えよ。

□ **(f)** 空欄 E にあてはまる，もっとも適当な語句を答えよ。

□ **(g)** 空欄 F にあてはまる，もっとも適当な語句を漢字5文字で答えよ。

□ **(h)** 下線部②の戦国大名の説明として，もっとも適当なものを下から一つ選び，記号で答えよ。

　　⑧　北条早雲は，伊豆の古河公方を滅ぼしたのち，相模の小田原に進出してから急速に勢力を拡大した。

　　⑩　越後の守護代であった長尾景虎は，主家から上杉の姓を与えられ，信濃や北関東にたびたび出兵した。

　　⑨　安芸の守護であった毛利元就は，陶氏を中心とする国人一揆を滅ぼし，覇権を握った。

　　⑳　薩摩出身の国人であった島津氏は，薩摩，大隅，肥前3ヵ国の守護となって，その地位を確立した。

□ **(i)** 空欄 G にあてはまる，もっとも適当な語句を答えよ。

1 問1 ③　問2 ④　問3 ②　問4 ④　問5 ④　問6 ①

解説

問1 勅旨田とは，天皇の命令である勅旨によって設置された田。902年，醍醐天皇が出した延喜の荘園整理令では，勅旨田の開発が禁止された。

問3 国司が耕作状況の調査などのために派遣する役人を検田使という。不入の特権を得た荘園では，検田使などの立入りを拒否した。

問6 〔詳しく!〕▶不輸の特権を得た荘園では，官物や臨時雑役の免除が認められた。政府が太政官符・民部省符（行政全般を管轄する太政官や租税を扱う民部省が出す文書）によって免税を認めた荘園を官省符荘といい，国司が免税を認めた荘園を国免荘という。

2 (a) 在庁　(b) ③　(c) 知行国主　(d) 北条泰時　(e) 下地中分
(f) 半済令　(g) 一国平均役　(h) ⑪　(i) 貫高

解説

(a) ▶〔精講〕19-1

(b) 〔詳しく!〕▶あ：誤文。八条院領は鳥羽上皇が皇女八条院に伝えた荘園群。⑪：誤文。郡・郷・保は公領を再編成した行政単位。②：誤文。1069年，後三条天皇が出した延久の荘園整理令では，記録荘園券契所を設置して，天皇の側近が荘園の証拠書類の審査にあたった。従来の荘園整理令は審査を国司に委ねたため不徹底だったが，延久の荘園整理令はかなりの成果をあげた。

(c) 知行国の制度のもとで，一国の支配権を与えられ，その国からの収益を取得した上級貴族を知行国主という。

(d) ▶〔精講〕8-2（p.57）

(e) ▶〔精講〕19-2

(f) ▶〔精講〕9-1（p.63）

やや難▶(g) 一国平均役とは，朝廷が天皇即位など国家的行事の費用を賄うため，荘園・公領を問わず臨時に課した税をいう。田畑1段ごとに賦課された段銭，家屋の棟数に応じて賦課された棟別銭が，その代表例である。これらは足利義満のもとで徴収権限が幕府に移行し，守護を通じて課されるようになった。

(h) あ：誤文。北条早雲は伊豆の堀越公方を滅ぼした。③：誤文。毛利元就は国人出身。②：誤文。島津氏は国人ではなく鎌倉時代以来の守護。

(i) ▶〔精講〕10-3（p.69）

　11世紀以降，地方で大規模な開発や農業経営を進める開発領主が登場した。12世紀になると，一国内が荘園と公領（国衙領）で構成される荘園公領制が確立した。荘園と公領の構造は，開発領主の動向に注目するとわかりやすい。

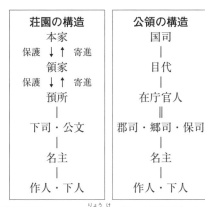

荘園の構造	公領の構造
本家	国司
保護 ↓↑ 寄進　　領家	｜
保護 ↓↑ 寄進　　預所	目代
	｜
下司・公文	在庁官人
｜	‖
名主	郡司・郷司・保司
｜	｜
作人・下人	名主
	｜
	作人・下人

　荘園は，開発領主が所領を中央の有力者に保護を求めて寄進することで成立した。寄進した開発領主は，預所・下司・公文などの荘官の地位につき，現地の管理者となった。寄進を受けた有力者を荘園領主といい，領家（中下級貴族）と，さらなる寄進を受けた本家（天皇家・摂関家・大寺社）がある。

　開発領主の中には，現地に赴かない国司（遙任という）が代理人として派遣した目代のもとで，在庁官人として国衙行政の実務を担う者もいた。公領（国衙領）は，開発領主の所領をもとに郡・郷・保の行政単位に再編成された。開発領主は郡司・郷司・保司に任じられ，徴税などを請け負った。

　荘園も公領も，耕地は名に編成され，その耕作者を名主といった。名主は，耕地の一部を作人（小農民）・下人（隷属農民）に耕作させ，年貢（米・絹布）・公事（特産物）・夫役（労働奉仕）を荘園であれば荘官，公領であれば郡司・郷司らに納入した。荘官や郡司・郷司らは，自らの取得分を得たが，荘園領主・国司に年貢・公事を納入する義務を負った。

　荘園に置かれた地頭は，設置者である鎌倉幕府が任免権を握ったが，荘官の一つでもあった。そのため，現地で土地を

地頭請所	地頭に荘園管理を一切任せるかわりに，定額の年貢納入を請け負わせる
下地中分	地頭と荘園領主で土地そのものを分け，相互の支配権を認め合う

管理し，名主などから徴収した年貢を荘園領主に納入する義務を負った。

　やがて地頭は，現地の支配権を拡大する動きを強め，年貢納入を怠るなど，荘園領主との間で紛争をおこすようになる。紛争の解決手段として，地頭請所の契約や下地中分の取り決めが行われた。このような過程を経ながら，地頭は土地と農民の完全な支配権を手中に収めていったのである。

1 次の文（A・B）を読み，下線部（1〜8）に関する問（1〜8）に最も
適当な答を記入せよ。

（西南学院大・改）

A．鎌倉時代は，1)農業や手工業の発達とともに，商業も発達した。荘園・国衙
領の中心地や寺社の門前などで定期市が開かれ，京都，奈良，鎌倉などの中
心的都市では手工業者や商人が集まり，2)定期市のほかに3)常設の小売店も
みられるようになった。

　　また，商品の取引が盛んになるにつれ，貨幣の流通も盛んとなり，荘園の
一部では4)年貢を貨幣で納めることも広まった。さらに，遠隔地の取引も盛
んになり，各地の湊や大河川沿いの交通の要地には，5)年貢や商品の保管，
運送，委託販売などを引き受ける業者が活躍した。

☐ **問1．** 下線部1）に関して，鎌倉時代には農業技術が進歩し，肥料の利用も進
んだが，青いままの草や木の葉を田畑に埋めて腐敗させた肥料を何というか。
☐ **問2．** 下線部2）に関して，月に3回開かれる定期市を何というか。
☐ **問3．** 下線部3）に関して，軒先に棚を並べて商品を販売した所を何というか。
漢字3字で記せ。
☐ **問4．** 下線部4）に関して，これを何というか。
☐ **問5．** 下線部5）に関して，このような業者を何というか。

B．室町時代になると，手工業者や商人の座はますます発達した。また，商業
の発達により，商品流通が盛んになった結果，貨幣の流通が著しく増えるこ
ととなった。当時の貨幣は，中国からの6)輸入銭が使用されていたが，粗悪
な私鋳銭も流通するようになり，取引にあたっては悪銭を嫌い，良銭が選ば
れたため，円滑な取引が阻害された。そのため，幕府，戦国大名らは7)精銭
と悪銭の交換比率を定めたり，一定の悪銭の流通を禁止する代わりに，それ
以外の貨幣の受け取り拒否を禁じるなどの法令を出した。

　　また，商品流通の活発化にともない，8)海・川・陸の交通路が発達した。
交通路の発達により，水上では船を用いて商品の輸送や行商が行われ，瀬戸
内海，日本海沿岸などでは数多くの港町が発展した。

□ **問6.** 下線部6）に関して，輸入された永楽通宝・洪武通宝を総称して何というか。

□ **問7.** 下線部7）に関して，この法令を何というか。

□ **問8.** 下線部8）に関して，交通の増加に着目した幕府，寺社，公家などが，通行税を徴収する経済的目的から交通の要所に設けたものは何というか。

この用語もおさえる！

▶ **本朝（皇朝）十二銭**…奈良時代の**和同開珎**から，平安時代中期の**乾元大宝**まで，律令国家が鋳造した計12の銅銭。最初の和同開珎と最後の乾元大宝を覚えておく。なお，天武天皇の時代に鋳造された富本銭は本朝十二銭には含まない。

▶ **借上**…貨幣経済の広まりを背景に台頭した鎌倉時代の高利貸業者。**御家人**も借上から借金をした。

▶ **為替**…遠隔地間の取引において，金銭の輸送を手形で代用して決済する仕組み。**割符**は為替手形の一種である。鎌倉時代から始まり，江戸時代にも多用された。

▶ **藩札**…江戸時代，各藩が発行した紙幣。幕府の許可を得て発行し，領内にのみ流通した。

▶ **札差**…江戸時代，江戸で**旗本・御家人**の俸禄米の受取・販売を請け負った商人。旗本・御家人は俸禄米を担保に札差から借金をした。**蔵宿**ともいう。

2 次の文章を読み，下記の設問に答えなさい。

（中央大・改）

　江戸時代になると貨幣制度がしだいに整えられ，やがて中国からの輸入銭は使われなくなった。幕府は①金座などで金貨・銀貨・銭貨のいわゆる三貨をつくり，全国に流通させた。もっとも，江戸をはじめ東日本では主に金貨が決済に使われ，大坂をはじめ西日本では主に銀貨が使われた。また，銭貨は少額の取引に用いられた。三貨のほかに藩が発行する紙幣（藩札）もあった。貨幣制度の整備は，取引の円滑化，商品流通の安定・拡大につながり，江戸時代に経済が発展する基盤のひとつとなった。

　金貨・銭貨は　1　貨幣であったのに対し，　2　とよばれる大きめの銀貨も豆板銀とよばれる小型・補助用の銀貨も秤量貨幣であった。②のちに金貨の単位で額面が表示される銀貨も発行されるようになったが，秤量貨幣が廃止されたわけではなかった。銭貨である　3　の発行は将軍家光の時代に始まった。これは当初1枚1文として発行されたが，のちに四文銭もつくられた。

　三貨それぞれの単位は異なっていたから，幕府は1609年に三貨の交換比率を公定し，③1700年にそれを改定する法令をだした。しかし，実際にはそのときどきの相場にもとづいて両替がおこなわれていた。国内の金遣い経済圏と銀遣い経済圏との流通を円滑にするうえで両替商がはたした役割は大きかった。

　有力な両替商は両替ばかりでなく，融資をおこなったり，遠隔地間の送金を手形で処理する　4　業務を営んでいた。

　江戸時代には，④貨幣の改鋳がしばしばおこなわれた。貨幣の改鋳の際に品位を落とすことが多かった。これによる差益は　5　とよばれたが，この差益により幕府は多額の収益を得ることができた。山片蟠桃は，その著書『夢の代』で貨幣改鋳の弊害を指摘している。もっとも，貨幣改鋳には，財政補填ばかりではなく，通貨量を増加させて経済を活性化するという目的があったのではないかともみられている。

□ **問1.** 文中の空欄　1　～　5　に入るもっとも適切な語を漢字で答えなさい。

問2. 下線部①に関連する説明文として正しいものには**イ**，誤っているものには**ロ**を記しなさい。

　　□ **a.** 後藤祐乗が江戸に招かれ小判をつくったのが金座の始まりとされている。

　　□ **b.** 天正大判は江戸幕府発行の金貨である。

□ **c**．三貨のうち銭貨を鋳造したのは銅座である。

□ **問3**．田沼期に発行が開始された下線部②のような銀貨には「以南鐐 <u>　A　</u> 片換小判一両」とあるが，この空欄 <u>　A　</u> に入る漢字として適切なものを次のなかから選びなさい。

　　　a．弐　　**b**．四　　**c**．八　　**d**．拾六

□ **問4**．下線部③の1700年の法令では金1両は銀何匁にあたるとされたか。適切なものを次のなかから選びなさい。

　　　a．40匁　　**b**．50匁　　**c**．60匁　　**d**．80匁

問5．下線部④に関連する説明文として正しいものには**イ**，誤っているものには**ロ**を記しなさい。

　　　□ **a**．将軍綱吉は慶長小判より金含有量の少ない小判を発行した。

　　　□ **b**．将軍吉宗は正徳小判より金含有量の少ない小判を発行した。

　　　□ **c**．将軍家斉は江戸時代でもっとも金含有量の少ない小判を発行した。

（解答力 **UP！**）**教科書掲載の写真をよく見る** ―――――――――

　問1の2では「大きめの銀貨」の名称，**問3**では「金貨の単位で額面が表示される銀貨」の記載事項が問われている。難しく感じられたかもしれないが，教科書には，貨幣の写真が必ず掲載されている。よく見て確認しておこう。

　右の写真の貨幣はわかるだろうか。ヒントを参考に答えてみよう（解答は次のページ）。

　①は室町（ひろまち）時代に流通した明銭（みんせん）。②は①と似ているが粗悪。③は**問1**の2で問われている銀貨。④は**問3**で問われている銀貨。

（写真提供：日本銀行貨幣博物館）

20 | 貨幣史（中世・近世）

解答・解説

1 問1 刈敷　問2 三斎市　問3 見世棚　問4 銭納〔代銭納〕
　　問5 問〔問丸〕　問6 明銭　問7 撰銭令　問8 関所

解説

問1　鎌倉時代の農業では，山野の草木を利用した刈敷や草木灰が肥料に用いられた。室町時代には，これらに加え，人糞尿を利用した下肥も用いられた。

問2　定期市は鎌倉時代には月3回開く三斎市が多かったが，室町時代の応仁の乱後になると月に6回開く六斎市が一般化した。

問3　常設の小売店である見世棚（店棚）は，京都などの都市に見られた。

問4　年貢を米などの現物でなく，貨幣で納入することを銭納（代銭納）という。

問5　鎌倉時代には，年貢や商品の輸送・取引を扱う問（問丸）が活躍した。問は，室町時代になると商品の卸売り販売などを行う問屋へと成長した。

問6・7　▶ **精講** 20-1

問8　**詳しく！** ▶ 室町時代の関所は，関銭を徴収する経済目的から設置された。一方，江戸時代の関所は，「入鉄砲に出女」を取り締まったように治安・警察目的で設置されていたことに注意したい。

2 問1 1-計数　2-丁銀　3-寛永通宝　4-為替　5-出目
　　問2 a-ロ　b-ロ　c-ロ　問3 c　問4 c
　　問5 a-イ　b-イ　c-ロ

解説

問1　1〜4：▶ **精講** 20-2　5：▶ **精講** 20-3

問2　a：誤文。後藤祐乗は室町時代の金工家。江戸に招かれて金貨の鋳造を請け負ったのは後藤庄三郎である。b：誤文。天正大判は豊臣政権が発行した。c：誤文。銭貨を発行したのは銭座。銅座は輸出銅の専売組織である。

やや難 **問3**　田沼時代に鋳造が始まった南鐐二朱銀は，金貨の単位を用いた定量の計数貨幣の銀貨である。南鐐とは上質の銀の意味。表には「南鐐8片を以て小判1両に換える」と書かれている。金貨は4進法だから，南鐐二朱銀8枚で16朱となり，小判1両と同じとなる。

問4　▶ **精講** 20-2

問5　c：誤文。金含有量の最も少ない万延小判は将軍徳川家茂のときに発行された。

解答力 UP!　（p.127）の解答：①永楽通宝　②私鋳銭〔びた銭〕　③丁銀　④南鐐二朱銀

精講 20-1 中世の貨幣流通 ●────────

中世には，日本独自の貨幣は鋳造されず，中国からの輸入銭が用いられた。鎌倉時代には宋銭が，室町時代には宋銭に加えて永楽通宝などの明銭が使われた。

貨幣需要の高まりの中で，国内で鋳造された粗悪な私鋳銭も流通すると，悪銭を嫌い，精銭を選ぶ撰銭が行われた。そのため，幕府や戦国大名は撰銭令を出して，精銭と悪銭の交換比率を定めるなど，流通する貨幣の統制を行った。

精講 20-2 江戸時代の三貨 ●────────

江戸幕府は，重要鉱山を直轄して貨幣鋳造権を独占し，全国に流通する三貨を発行した。徳川家康は慶長期に金座・銀座を設けて慶長金銀を鋳造した。徳川家光の治世である寛永期には銭座が設置され，寛永通宝が大量に鋳造された。

	金貨	銀貨	銭貨
鋳造	金座	銀座	銭座
貨幣	小判・一分金など	丁銀・豆板銀など	寛永通宝
特徴	計数貨幣	秤量貨幣	計数貨幣
単位	両・分・朱 1両＝4分＝16朱	貫・匁・分・厘・毛 （重量の単位）	貫・文 1貫＝1000文
流通	主に東日本（金遣い）	主に西日本（銀遣い）	全国で流通

金貨・銭貨が額面で通用する計数貨幣であるのに対して，銀貨は品位・目方で通用する秤量貨幣である。1700年の法令では，金1両＝銀60匁＝銭4貫文の換算率とされたが，実際はそのときの相場に従った。三貨間の両替や秤量を商売としたのが両替商である。大坂・江戸の本両替など有力な両替商は，幕府や藩の公金の出納や為替業務も請け負った。

精講 20-3 江戸幕府の貨幣政策 ●────────

金貨・銀貨の品位を変えることを改鋳といい，幕府が得られる差益を出目といった。改鋳をめぐる幕府の政策について，右図を参考に，以下の諸点をおさえたい。

①元禄時代に徳川綱吉は，幕府財政を補填するために改鋳して品位を下げた（元禄小判）。②正徳の政治で新井白石は，品位・重量を戻した（正徳小判）。③享保の改革で徳川吉宗は，改鋳して品位・重量ともに減らし，貨幣流通量を増大させて米価を上昇させようとした（元文小判）。④開港後，大量の金貨の海外流出を防ぐために改鋳して重量を大幅に減らした（万延小判）。

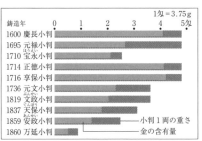

STEP 1 基本レベル

1 次の文を読み，下の問い（問1〜8）に答えよ。

（近畿大・改）

　鎌倉時代に庶民も含めた幅広い階層に広まった新仏教は，一つの道によって
のみ救われると説いたところにその特徴がある。(a)法然は，もっぱら阿弥陀仏
の誓いを信じ，念仏をとなえれば，死後極楽に往生できるという　ア　の教え
を説き，その信仰は公家，武家，庶民にまで広まった。しかし，その後，法然
の教団は，旧仏教からの弾圧を受け，法然は1207年に土佐に流されることになっ
たが，まもなく許され，帰京して教えを広めた。法然の弟子の(b)親鸞は，1207
年に越後に流されたが，その後常陸に移り，師の教えを一歩進めた悪人正機説
を説いた。さらに，13世紀の後半に出た(c)一遍は信心の有無を問うことなく全
ての人が救われるという念仏の教えを説き，念仏札を配り，　イ　により各地
の民衆に教えを広めた。

　これに対して，(d)日蓮は法華経を釈迦の正しい教えとして選び，題目をとな
えることで救われると説いた。

　禅宗は，坐禅によってみずからを鍛錬し，釈迦の境地に近づくことを目指す
教えで，栄西と(e)道元によって中国から伝えられた。臨済宗では坐禅の中で師
から与えられた問題を解決して，悟りに達することを目標とするが，道元が広
めた曹洞宗ではひたすら坐禅に徹せよと説くところに特徴がある。

　鎌倉時代の中頃には，執権北条時頼が南宋から来日した禅僧を招いて鎌倉に
(f)建長寺を建てるなど，幕府も臨済宗を重んじた。そして，鎌倉幕府・室町幕
府によって(g)五山・十刹の制度も次第に整えられていった。

□ **問1.** 空欄　ア　　イ　に入れる語句の組み合わせとして最も適当なものは
　　どれか。
　　　①ア＝観想念仏　イ＝踊念仏　　　②ア＝専修念仏　イ＝踊念仏
　　　③ア＝踊念仏　　イ＝観想念仏　　④ア＝専修念仏　イ＝観想念仏

□ **問2.** 下線部（a）に教えを受けたと言われ，源平の争乱によって焼失した東
　　大寺の再建のために，東大寺勧進上人として活躍した人物は誰か。
　　　①行基　　②良弁　　③明恵　　④重源

□ **問3.** 下線部（b）の著作として最も適当なものはどれか。
　　　①選択本願念仏集　②教行信証　③往生要集　④日本往生極楽記

☐ **問 4．** 下線部（c）が開いた宗派として最も適当なものはどれか。

　　①法華宗　　②時宗　　③浄土宗　　④浄土真宗

☐ **問 5．** 下線部（d）の著作として最も適当なものはどれか。

　　①正法眼蔵　　②文鏡秘府論　　③興禅護国論　　④立正安国論

☐ **問 6．** 下線部（e）が越前に開いた寺院として最も適当なものはどれか。

　　①永平寺　　②久遠寺　　③延暦寺　　④建仁寺

☐ **問 7．** 下線部（f）の開山となった禅僧は誰か。

　　①一休宗純　　②蘭溪道隆　　③忍性　　④隠元隆琦

☐ **問 8．** 下線部（g）の禅僧たちの間では，漢詩文学（五山文学）が盛んで，足利義満のころに，最盛期を迎える。この足利義満の時代に活躍した五山文学の禅僧として，最も適当な人物は誰か。

　　①義堂周信　　②桂庵玄樹　　③夢窓疎石　　④無学祖元

第
4
章

テーマ史（前近代）

┌─ この 用語 も おさえる！ ─────────────────────────

▶ **南都六宗**…奈良時代に形成された**三論・成実・法相・倶舎・華厳・律**の 6 学派。鎌倉新仏教の宗派のように信仰が異なる教団ではなく，仏教理論を研究する学派である。

▶ **加持祈禱**…仏の加護を求め，呪文を唱えて祈りをささげる**密教**の儀式。密教では，加持祈禱によって災いを避け，**現世利益**が得られるとした。「祈禱」は難字だが，書けるように練習しておきたい。

▶ **修験道**…山岳にこもって厳しい修行をすることで，呪力を体得するという信仰。山岳信仰や密教などの影響を受けながら，中世に特に盛んとなった。

▶ **来迎図**…**極楽浄土**への往生を願う人々を，臨終の際に**阿弥陀如来**が迎えに来る姿を描いた絵画。**浄土教**の普及に伴って，各種の来迎図が描かれた。

2 つぎの文章A〜Cを読んで，下記の問いに答えよ。 （法政大・改）

A．聖武天皇は仏教をあつく信仰し，鎮護国家の思想によって国家の安定をは
かろうとした。天皇は741（天平13）年に<u>国分寺建立の詔</u>を出し，743年に
は大仏造立の詔を出した。聖武天皇の娘である孝謙天皇の時に，大仏の開眼
供養の儀式がおこなわれた。大寺院では仏教理論の研究が進められ，南都六
宗とよばれる学系が形成された。ただし，僧侶の活動は一般に寺院内に限定
され，<u>社会事業をおこなう僧</u>のなかには国家から取締りを受ける例もあっ
た。また，大仏造立などの事業は国家財政のなかで大きな負担ともなった。

B．9世紀初めから9世紀末ころまでには，新たに伝えられた天台宗・真言宗
が広まり，<u>密教</u>がさかんになった。桓武天皇や嵯峨天皇はこれらの新しい
仏教を支持した。最澄は天台宗を開き，独自の大乗戒壇の創設をめざした。
これは最澄の死後に実現し，比叡山延暦寺はやがて仏教教学の中心となって，
後の鎌倉新仏教の開祖たちも多くここで学んだ。<u>空海</u>は長安で密教を学ん
で帰国し，高野山に金剛峰寺を建てて真言宗を開いた。天台宗・真言宗では
ともに国家・社会の安泰を祈ったが，加持祈禱によって災いを避け，幸福を
追求するという現世利益の側面からも皇室や貴族たちの支持を受けた。

C．摂関期においては神仏習合の思想も進み，<u>本地垂迹説</u>も生まれた。また，
災厄から逃れようとする御霊信仰が広まり，御霊会が盛んになった。こうし
た風潮のなかで，来世において極楽浄土に往生し，悟りを得て苦がなくなる
ことを願う<u>浄土教</u>も流行した。この信仰は末法思想によっていっそう強め
られ，社会に大きな影響を与えた。この時期には，往生をとげることができ
たと信じられた人びとの伝記を集めた<u>往生伝</u>が作られるなどしており，来
世で救われたいという願望が高まっていったのである。

☐ **問1**．下線部 **a** について，国分寺の造営に関する記述として正しいものを，一
つ選べ。

　　ア．諸国には国分寺とともに国分尼寺も造営され，二つの寺にはそれぞれ
　　　20名の僧がおかれた。

　　イ．国分寺は法華滅罪之寺とよばれた。

　　ウ．国分寺には必ず五重塔を置くよう命じられた。

　　エ．諸国には金光明最勝王経および妙法蓮華経を一部ずつ写させた。

☐ **問2**．下線部 **b** について，取締りを受けながらも民衆からの支持をあつめ，大
仏造営事業にも協力し，のちに大僧正に任ぜられた僧を，一人選べ。

ア．空也　　イ．良弁　　ウ．行基　　エ．義淵

□ 問３．下線部 c に関連して，密教との関係の深い絵画作品としてもっとも適切なものを，一つ選べ。

　　　ア．過去現在絵因果経　　イ．教王護国寺両界曼荼羅
　　　ウ．薬師寺吉祥天像　　　　エ．北野天神縁起絵巻

□ 問４．下線部 d について，空海に関する記述として正しいものを，一つ選べ。

　　　ア．『文鏡秘府論』を著し，儒教・仏教・道教のなかで仏教の優位を論じた。
　　　イ．近江出身で上京して大学などで学んだ。
　　　ウ．『凌雲集』『性霊集』など漢詩文とそれに関連する書籍を著した。
　　　エ．嵯峨天皇から平安京に教王護国寺（東寺）を賜った。

□ 問５．下線部 e について，本地垂迹説に関する記述として正しいものを，一つ選べ。

　　　ア．本地垂迹説の起源は，古墳時代の岩（磐）座での祭祀にさかのぼる。
　　　イ．本地垂迹説とは，神は仏が姿を変えてこの世に現れたものとする思想である。
　　　ウ．本地垂迹説の影響の下で，平安京には神護寺などの寺院がつくられた。
　　　エ．鎌倉時代には度会家行が本地垂迹説を唱え，伊勢神道が形成された。

□ 問６．下線部 f に関連して，極楽浄土に往生するための要点を記した書物を残し，恵心僧都として知られる僧は誰か。漢字２文字で記述せよ。

□ 問７．下線部 g について，『日本往生極楽記』の作者を，一人選べ。

　　　ア．藤原実資　　イ．皇円　　ウ．慶滋保胤　　エ．慈円

──────────────────────────────

解答力 UP! 教科書掲載の史料をよく読む ─────────────

　問１は，国分寺の造営に関する詳細な知識が問われており，やや難問である。しかし，ほとんどの教科書には，741年の国分寺建立の詔と743年の大仏造立の詔の史料が，『続日本紀』を出典として掲載されている。

　要は，教科書掲載の国分寺建立の詔をきちんと読んでいるかが問われているのである。史料問題への対策の第一歩として，教科書掲載の史料をよく読んで，その内容を理解しておこう。

1 問1 ② 問2 ④ 問3 ② 問4 ② 問5 ④ 問6 ① 問7 ②
問8 ①

解説

問1・3～6 ▶**精講** **21 - 1**

問2 1180年，**平重衡の南都焼打ち**により，東大寺は焼失した。重源は，勧進（各地を回り，広く寄付を募ること）を行って，東大寺再建にあたった。

問7 ▶**精講** **21 - 2**

問8 五山文学の二大権威として，**絶海中津**と**義堂周信**を覚えておく。

2 問1 エ 問2 ウ 問3 イ 問4 エ 問5 イ 問6 源信
問7 ウ

解説

やや難▶

問1 **ア**：誤文。**国分寺**には20人，**国分尼寺**には10人の僧を置いた。**イ**：誤文。国分寺は金光明四天王護国之寺と呼ばれた。法華滅罪之寺は，国分尼寺の正式名称。**ウ**：誤文。諸国には七重塔を置くとした。

問2 行基は社会事業に取り組みながら，民衆への布教を行った。僧尼令に反するとして弾圧されたが，大仏造立への協力を求められ，大僧正となった。

問3 曼荼羅とは密教の世界観を図化した絵画をいう。「茶」の誤字に注意。

問4 **ア**：誤文。空海は『**三教指帰**』で，儒教・仏教・道教の中で仏教の優位を論じた。『**文教秘府論**』は空海による漢詩文の評論書。**イ**：誤文。空海は讃岐の出身。近江出身は最澄である。**ウ**：誤文。『**凌雲集**』は勅撰漢詩集で，空海の著作ではない。

問5 **詳しく！**▶**本地垂迹説**とは，神仏習合が進む中で，神は仏が仮に姿を変えてこの世に現れたものとする思想である。**ア**：誤文。古墳時代の祭祀は6世紀の仏教伝来以前の事象である。**ウ**：誤文。神護寺は平安京内につくられた寺院ではない。**エ**：誤文。鎌倉時代，度会家行は，本地垂迹説とは反対の立場に立ち，神を主，仏を従とする**神本仏迹説**を唱え，伊勢神道（度会神道）と呼ばれた。

問6 浄土教の布教に関しては，『**往生要集**』を著して理論化をはかった源信（恵心僧都）とともに，**市聖**と呼ばれ市中で念仏行脚を行った空也をおさえる。

問7 慶滋保胤の『**日本往生極楽記**』は，往生伝の代表的作品である。

精 講 21-1 鎌倉時代の仏教 ●

　鎌倉時代には，信心や修行のあり方に注目した念仏・題目・禅の教えが広まり，仏教の革新が進んだ。このような鎌倉新仏教は，6つの宗派について，開祖とその主要著書，中心寺院，教えの核心を覚えておくことが肝要である。

	宗 派	開祖	教 え	主要著書	中心寺院
念仏	浄土宗	法然	専修念仏（ひたすらに念仏を唱える）	『選択本願念仏集』	知恩院（京都）
	浄土真宗（一向宗）	親鸞	悪人正機説（煩悩の深い人間こそが救いの対象）	『教行信証』	本願寺（京都）
	時宗	一遍	信心の有無を問わず，諸国を遊行，踊念仏で布教	臨終の際に著書を焼却	清浄光寺（神奈川）
題目	日蓮宗（法華宗）	日蓮	法華経に依拠，題目を唱える，他宗排撃	『立正安国論』	久遠寺（山梨）
禅	臨済宗	栄西	公案問答（坐禅の中で禅問答を解決）	『興禅護国論』	建仁寺（京都）
	曹洞宗	道元	只管打坐（ひたすら坐禅する）	『正法眼蔵』	永平寺（福井）

　新仏教に刺激され，旧仏教側でも反省と改革の動きが進んだ。**法相宗**の貞慶（解脱），**華厳宗**の明恵（高弁）は，浄土宗を立てた法然を批判しつつ，**戒律**の復興を説いた。**律宗**の叡尊（思円）と忍性（良観）の師弟は，戒律を重んじるとともに社会事業に取り組み，鎌倉幕府に受け入れられた。

精 講 21-2 臨済宗と鎌倉・室町幕府 ●

　鎌倉・室町幕府は臨済宗を重んじた。鎌倉時代については，北条氏が南宋から招き，鎌倉に大寺院を開山した来日僧がよく問われる。

来日僧	招聘者	開山
蘭溪道隆	北条時頼	建長寺
無学祖元	北条時宗	円覚寺

　室町時代には，南宋の官寺制度に倣った**五山・十刹の制**が足利義満の頃に完成した。室町幕府は**僧録**を置いて管理し，住職などを任命した。

　五山の禅僧が生み出した文化には，**水墨画**（墨の濃淡で描いた絵画），**五山文学**（漢詩文の創作），**五山版**（漢詩文集などの出版）などがある。中国文化に通じた五山の禅僧は，幕府の政治・外交顧問をつとめ，外交文書の作成などにもあたった。京都五山では金融活動も営まれ，その献上銭は幕府財政を支えた。

STEP 1　基本レベル

□ **1** 次の文章は，**室町〜戦国期の文化状況を述べたものである。空欄を適語で補い，設問に答えよ。**

(名城大・改)

A. 壮麗な山荘のうち，| ア |は伝統的な寝殿造風と禅宗様式を折衷した三層の楼閣で，この時期の建築の特徴をよく表している。また，幕府の保護を受けて臨済宗が広まり，禅の精神を描いた水墨画や庭園の様式などが現れたが，これらは渡来僧や留学僧によって伝えられたものである。さまざまな芸能のうち，歌舞・演劇の形で発達した能には座と称する専門集団が現れ，観世座の観阿弥父子は洗練された芸術性の高い| イ |を完成した。

B. この時期の建築様式は，禅の精神にもとづく簡素さと幽玄や侘を基調とする| ウ |といわれ，床の間や襖などをそなえて，近現代の和風住宅のモデルとなった。座敷には掛け軸や襖絵がかざられるようになり，雪舟は日本的な水墨画様式を創造した。禅院には，水を用いないで砂と石で禅の境地や自然の情景を表現する| エ |の庭園がつくられ，大徳寺大仙院庭園はその代表的なものである。

C. 戦国の争乱がおさまると，多くの城郭は平地につくられるようになり，天守閣を中心とする本丸のほか，複数の廓をそなえる雄大な姿になった。居館内部の襖や壁・屏風には金碧濃彩画の豪華な| オ |が描かれ，透かし彫りの欄間をつけた。他方，茶道を確立した千利休の趣向によるという| カ |は，簡素・閑寂をむねとする侘茶の精神を凝集した草庵風の茶室で，この時期の華やかさとは別の文化的特質を示している。

D. 宣教師の布教活動が活発になると，彼らは実用的な学問をもたらすとともに，油絵や銅版画の技術を伝え，西洋画の影響を受けた狩野派の画家は| キ |を描くようになった。日本の古典をポルトガル系のローマ字で記述した『天草版平家物語』が金属製の活字印刷で出版されたのもこのころである。後の時代に鎖国政策がとられたため，この文化は長く続かなかったが，今日の生活に残るポルトガル語は少なくない。

〔設問〕

□ 文章**A・B**について，それぞれの特徴をもつ文化は何と呼ばれるか。

┌─ この用語もおさえる！ ─────────────────────

▶ 正倉院…本来は古代の寺院や官庁の倉庫をいったが，現在は唯一の遺構である東大寺の倉庫群を指す。校倉造の正倉院宝庫には，光明皇太后が寄進した聖武太上天皇の遺品などの宝物が伝えられた。

▶ 大和絵…唐絵に対して，日本の風物を題材とした絵画。平安時代の国風文化の中で発展し，その手法は絵巻物にも用いられた。室町時代には，平安時代以来の伝統的な絵画を指すようになり，土佐派が興隆した。

▶ 折衷様…鎌倉時代の建築様式の一つ。平安時代以来の和様の建築様式に，大陸伝来の大仏様・禅宗様の建築様式を取り入れた。観心寺金堂が代表的遺構。

▶ 似絵…鎌倉時代に発達した写実的な個人の肖像画。藤原隆信・信実父子が名手。肖像画では，禅宗の高僧を描いた頂相も鎌倉時代に広まった。

▶ 水墨画…墨の濃淡で自然や人物を象徴的に表現した絵画。禅宗文化の一つとして室町時代に発達した。大陸伝来の絵画だが，明に渡航して作画技術を学んだ雪舟によって日本的な水墨画が創造された。

▶ 狩野派…室町時代に狩野正信・元信父子が，水墨画に大和絵の手法を取り入れて創始した絵画の流派。桃山文化では狩野永徳とその門人狩野山楽が活躍した。寛永期の文化では狩野探幽が出て，江戸幕府の御用絵師となった。

└─────────────────────────────

2 次の文章を読み，図あ～えを参照して，（a）～（f）の問いに答えよ。

（立命館大・改）

　6世紀になると朝鮮半島から仏教が伝わり，6世紀末以降，豪族たちは①大規模な古墳に代わって各地に②寺院を建立した。寺院に安置される仏像は時期により製作技法が異なっている。当初は，木像とともに，青銅で鋳造し表面を鍍金された　A　像が伝わる。③図あは，3尊が1枚の光背に包まれた　A　像である。杏仁形の目や仰月形の口唇をしており，左右対称に配されることから，百済を通じて影響を受けた　B　様式の特徴をそなえる。

　一方，図いは木像である。端正な長身で下腹部がやや膨らみ，全体的に柔らかで自然な表現が特徴であり，　C　様式とされる。その後，唐との活発な交渉により新たな技法が伝来し，8世紀になると④塑像や乾漆像が多く見られるようになる。図うは八部衆像のひとつで，3つの顔と6本の腕をもつ乾漆像である。

□ **(a)**　下線部①に関連して，7世紀以降にも円墳や方墳，八角墳は築造された。奈良県明日香村に所在する7世紀末に築造された古墳で，石室の壁面に星宿図や四神，男女の人物群像が描かれた古墳を何というか。もっとも適切な古墳名を答えよ。

□ **(b)**　下線部②に関連して，6世紀末に本格的な伽藍を備えた日本最初の寺院が建立された。旧跡には最古の仏像とされる図えが遺存する。この寺院は平城京へ移転後，何と呼ばれたか。もっとも適切な寺院名を下から一つ選び，記号で答えよ。

　　　あ西大寺　　い元興寺　　う大安寺　　え興福寺

□ **(c)**　空欄　A　にあてはまる，もっとも適切な語句を答えよ。

□ **(d)**　下線部③の仏像をつくったとされる仏師の名を漢字3文字で答えよ。

□ **(e)**　空欄　B　と　C　にあてはまる語句の組み合わせとして，もっとも適切なものを下から一つ選び，記号で答えよ。

　　　あB．北魏　C．南朝　　いB．隋　　C．新羅
　　　うB．新羅　C．百済　　えB．百済　C．北魏

□ **(f)**　下線部④にあてはまる，もっとも適切なものを下から一つ選び，記号で答えよ。

　　　あ唐招提寺鑑真和上像　　い聖林寺十一面観音像
　　　う興福寺十大弟子像　　え東大寺日光・月光菩薩像

図あ　図い　図う　図え

解答力 UP! 教科書掲載の美術作品をよく見る ──────────

　本問は，古代の仏像彫刻の出題である。あは法隆寺金堂釈迦三尊像，いは法隆寺
百済観音像，うは興福寺阿修羅像（八部衆像の一つ），えは飛鳥寺釈迦如来像（飛鳥
大仏）である。多くの教科書に写真が掲載されている。

　美術史では，写真を用いた出題が多い。教科書の写真をよく見ておこう。写真は覚
えるのではなく，特徴や技法を確認することが大切である。北魏様式は「きびしい表
情」，南朝様式は「やわらかい表情」と説明されるが，写真を見れば，そのような特
徴が実感できるだろう。

1 ア 金閣 イ 猿楽能 ウ 書院造 エ 枯山水 オ 障壁画
カ 妙喜庵待庵 キ 南蛮屏風 A 北山文化 B 東山文化

解説

ア ▶ **精講** 22-2

ウ 書院造は，平安時代以来の寝殿造を母体とし，畳・襖などを用いた建築様式で，近代の和風住宅の原型となった。慈照寺の銀閣下層や足利義政の書斎である**東求堂同仁斎**に用いられている。

エ 岩石と砂利を用いて象徴的な自然を表現する庭園様式を**枯山水**という。**大徳寺大仙院庭園**が著名である。

オ 城郭の内部には書院造の居館が設けられ，その襖・壁・屏風に描かれた絵画を障壁画という。金箔地に青・緑を彩色する濃絵の技法が用いられた。

カ 堺の千利休は簡素・閑寂を精神とする侘茶を完成させた。**妙喜庵待庵**は草庵風の茶室で，利休の侘茶の精神を示している。

キ **南蛮人**（ポルトガル人・スペイン人）との貿易やその風俗を主題とし，屏風に描いた絵画を**南蛮屏風**という。西洋画の影響を受けているが，狩野派など日本人の手で描かれたものであることに注意しよう。

2 (a) 高松塚古墳 (b) ⓘ (c) 金銅 (d) 鞍作鳥 (e) ⓐ (f) ⓔ

解説

(a) 白鳳文化の代表的絵画である**高松塚古墳壁画**は，彩色された男女の人物群像などが描かれ，唐や高句麗の壁画の影響が指摘されている。

やや難 **(b)** 蘇我馬子によって創建された**飛鳥寺**は，初めての本格的な伽藍（金堂や塔など寺院の建物の総称）を備え，建築技法には礎石・瓦が用いられた。その本尊が，飛鳥大仏の呼称をもち，**鞍作鳥**の作とされる釈迦如来像である。飛鳥寺は後に平城京に移転する際，**元興寺**と改称した。

(c)・(e)・(f) ▶ **精講** 22-1

(d) **詳しく!** ▶ 古代の仏師は，飛鳥文化で法隆寺金堂釈迦三尊像などをつくったといわれる**鞍作鳥**と，国風文化の時期に寄木造の技法を完成し，**平等院鳳凰堂**などの阿弥陀如来像などをつくった**定朝**を覚えておけばよい。

　古代の美術で一番の難関は仏像彫刻だろう。作品は多いが，各文化を代表する以下の仏像をおさえれば，ひとまずなんとかなる。

　飛鳥文化は南北朝文化の影響を受け，きびしい表情の北魏様式とやわらかい表情の南朝（梁）様式の金銅像や木像がつくられた。白鳳文化は初唐文化の影響を受け，おおらかな表情をもつ金銅像が多い。天平文化では，木を芯として粘土を塗り固めた塑像と，原型の上に麻布を巻いて漆で塗り固め，後で原型を抜く乾漆像の技法が広まった。弘仁・貞観文化の仏像は，一本の木を彫りおこす一木造の仏像が中心で，衣紋を波状に彫刻する翻波式の表現が見られる。国風文化では，浄土教の流行に伴って阿弥陀如来像が製作され，需要の増大に応えるために部分ごとに分担して彫りおこす寄木造の技法が用いられた。

文　化	仏　　像	特徴・技法
飛鳥文化	法隆寺金堂釈迦三尊像	鞍作鳥作，金銅像，北魏様式
	飛鳥寺釈迦如来像	鞍作鳥作，金銅像，北魏様式
	法隆寺百済観音像	木像，南朝（梁）様式
	中宮寺半跏思惟像	木像，南朝（梁）様式
白鳳文化	薬師寺金堂薬師三尊像	金銅像
	興福寺仏頭	金銅像，もと山田寺仏像
天平文化	東大寺日光・月光菩薩像	塑像
	東大寺法華堂不空羂索観音像	乾漆像
	興福寺八部衆像	乾漆像，阿修羅像を含む
	唐招提寺鑑真（和上）像	乾漆像
弘仁・貞観文化	室生寺弥勒堂釈迦如来坐像	一木造，翻波式
	薬師寺僧形八幡神像	一木造，翻波式
国風文化	平等院鳳凰堂阿弥陀如来像	定朝作，寄木造

精 講 22 - 2 　中世の建築様式 ●━━━━━

　鎌倉時代には，宋から新しい建築様式が伝えられた。東大寺再建に採用された力強さをもつ大仏様と，禅宗寺院に用いられた繊細さをもつ禅宗様がある。

東大寺南大門	大仏様
円覚寺舎利殿	禅宗様
鹿苑寺金閣	寝殿造＋禅宗様
慈照寺銀閣	書院造＋禅宗様

　室町時代には，諸文化の融合が進み，新しい建築様式が生み出された。北山文化を代表する金閣は大陸・伝統文化の融合を示す建築様式である。一方，東山文化を代表する銀閣は新たに誕生した書院造を基調とする建築様式である。

第4章　テーマ史（前近代）

23 | 幕末1

STEP 1 基本レベル

1 次の史料を読み，下の問いに答えよ。 （近畿大・改）

第三条 (a) ｜ ア ｜， (b)箱館港の外，次にいふ所の場所を，左の期限より開くべ
し。

｜ イ ｜ （略）西洋紀元千八百五十九年七月四日，長崎（略）同断，新潟（略）
千八百六十年一月一日， ｜ ウ ｜ （略）(c)千八百六十三年一月一日，（略）
｜ イ ｜港を開く後六ケ月にして｜ ア ｜港は鎖すべし。此箇条の内に載たる各
地は(d)亜墨利加人に居留を許すべし。（略）

第四条 総て国地に(e)輸入(f)輸出の品々，別冊の通，日本役所へ運上を納むべ
し。（略）

第五条 外国の諸(g)貨幣は，日本貨幣同種類の同量を以て，通用すべし。（略）

□ **問1.** 空欄に入れる地名の組み合わせとして最も適当なものはどれか。
　　① ア＝神奈川　イ＝下田　　ウ＝兵庫
　　② ア＝下田　　イ＝神奈川　ウ＝兵庫
　　③ ア＝神奈川　イ＝兵庫　　ウ＝下田
　　④ ア＝下田　　イ＝兵庫　　ウ＝神奈川

□ **問2.** 下線部 (a) 駐在のアメリカ総領事として1856年に来日した人物は誰か。
　　①パークス　　②ロッシュ　　③ヒュースケン　　④ハリス

□ **問3.** 下線部 (b) で1869年に新政府軍に降伏した人物として最も適当なもの
はどれか。
　　①榎本武揚　　②橋本左内　　③頼三樹三郎　　④黒田清隆

□ **問4.** 下線部 (c) に起きたできごととして最も適当なものはどれか。
　　①薩長同盟の成立　　②奥羽越列藩同盟の成立
　　③安政の大獄　　　　④薩英戦争

□ **問5.** 下線部 (d) に関連して，1853年に浦賀に来航したアメリカの司令長官が，
浦賀の前に寄港した地として最も適当なものはどれか。
　　①那覇　　②長崎　　③根室　　④対馬

□ **問6.** 下線部 (e) に関連して，1865年の日本における輸入品の第3位であっ
たものはどれか。

①アヘン 　　②海産物 　　③武器 　　④蚕卵紙

□ **問7.** 同じく下線部 (e) に関連して，1865年の横浜港での輸入額が1位となった貿易相手国はどれか。

　　①アメリカ 　　②フランス 　　③オランダ 　　④イギリス

□ **問8.** 下線部 (f) に関連して，1865年における日本からの輸出品の1位と2位の組み合わせとして最も適当なものはどれか。

　　①1位＝生糸　2位＝茶 　　②1位＝生糸　2位＝綿糸

　　③1位＝綿糸　2位＝茶 　　④1位＝綿糸　2位＝生糸

□ **問9.** 下線部 (g) に関連して，当時の金銀比価についての文として最も適当なものはどれか。

　　①国内では金銀の比価は1：5，外国では1：15であったので，国内の金貨が海外に流出した。

　　②国内では金銀の比価は1：5，外国では1：15であったので，国内の銀貨が海外に流出した。

　　③国内では金銀の比価は1：15，外国では1：5であったので，国内の金貨が海外に流出した。

　　④国内では金銀の比価は1：15，外国では1：5であったので，国内の銀貨が海外に流出した。

□ **問10.** 問題文の条約の締結過程についての文として最も適当なものはどれか。

　　①井伊直弼は勅許を得て，調印に踏み切った。

　　②堀田正睦は勅許を得て，調印に踏み切った。

　　③井伊直弼は勅許を得たが，調印に踏み切らなかった。

　　④堀田正睦は勅許を得られず，調印に踏み切らなかった。

この 用語 もおさえる！

▶ **ロッシュとパークス**…ロッシュはフランス公使，徳川慶喜の軍制改革に協力した。パークスはイギリス公使，薩摩・長州藩に接近した。**改税約書**の調印にも尽力した。

▶ **堀田正睦と井伊直弼**…堀田は老中をつとめた佐倉藩主，井伊は**大老**をつとめた彦根藩主。いずれも**孝明天皇**に貿易開始の勅許を求めたが拒否された。

▶ **万延小判**…1860年発行。従来の**天保小判**などより金含有量を減らして金貨の国外流出を止めたが，国内ではインフレーション（物価の上昇・貨幣価値の下落）が加速した。

2 19世紀における日本とアメリカとの関係を中心に政治・外交について記した次の文章を読み，下の設問に答えよ。

（明治大・改）

　19世紀に入ると欧米列強はあいついで東アジアに進出した。当初，幕府は異国船打払令を公布し，これにもとづき天保8年（1837）に漂流民送還のため沿岸に接近したアメリカ船の　a　が撃退された。(ア)当時の知識人にはこうした対応を批判する人物もいたが，処罰された。しかしアヘン戦争の情報が入ると，天保の改革をすすめていた老中水野忠邦らにより，薪水給与に方針が改められる。

　嘉永6年（1853）にペリーの率いる艦隊が相模国浦賀に来航し，その翌年には(イ)日米和親条約が結ばれ，アメリカ船の寄港地が定められた。こののち，幕府とアメリカ公使　b　との間で外交交渉が進められ，安政5年（1858）に(ウ)日米修好通商条約が調印された。この通商条約はイギリスなど他の列強にも適用されたが，開国は日本の国内に深刻な影響をおよぼし，(エ)尊王攘夷運動が展開された。幕府が攘夷実行の期日とした文久3年（1863）5月10日には，　c　でアメリカ船が攻撃される。

　ペリーの浦賀来航から約15年で幕府は廃止されたが，明治政府は旧幕府の結んだ条約を引き継ぐとともに，不平等条約の改正を図っていく。明治4年（1871）には(オ)岩倉遣外使節団が派遣され，最初にアメリカを訪問した。

☐ **問1．** 空欄aにあてはまる船名として正しいものを一つ選べ。
　　①モリソン号　　　　②フェートン号
　　③ノルマントン号　　④ポーハタン号

☐ **問2．** 空欄bにあてはまる人名として正しいものを一つ選べ。
　　①グラバー　　②オールコック　　③パークス　　④ハリス

☐ **問3．** 空欄cにあてはまる地名として正しいものを一つ選べ。
　　①浦賀　　②下関　　③鹿児島　　④長崎

☐ **問4．** 下線部（ア）に関連し，異国船打払令を批判して処罰された人物の著作として正しいものを一つ選べ。
　　①海国兵談　　②新論　　③慎機論　　④西国立志編

☐ **問5．** 下線部（イ）に関し，日米和親条約によりアメリカ船の寄港地として最初に認められた港として正しいものを一つ選べ。
　　①長崎　　②箱館　　③横浜　　④新潟

□ **問6.** 下線部（**ウ**）に関連し，日米修好通商条約に関する説明として誤っているものを一つ選べ。

①関税率は両国が協定して決定するものとされた。

②兵庫の開港とともに，大坂の開市が定められた。

③条約調印後，一橋慶喜が将軍家定の継嗣となった。

④当時，外国の貨幣は同種同量で日本の貨幣と交換された。

□ **問7.** 下線部（**エ**）に関する説明として誤っているものを一つ選べ。

①長州藩士たちは品川御殿山のイギリス公使館を焼打ちした。

②薩摩藩と会津藩が結束し，急進派を抑えるため政変を起こした。

③天誅組が挙兵し，大和五条の代官所を襲撃した。

④老中安藤信正が，坂下門外で長州藩士に襲撃された。

□ **問8.** 下線部（**オ**）に関する説明として誤っているものを一つ選べ。

①使節団の派遣中に国内で政変が起き，参議たちが下野した。

②使節団の派遣中に国内で徴兵令や地租改正条例が公布された。

③使節団は条約改正交渉を進めようとしたが成功しなかった。

④使節団とともに，女子を含む留学生が派遣された。

（**解答力 UP！**）正誤選択問題は合否の分水嶺 ────────────

・2つの文章の正誤を「○○，○×，×○，××」で問う形式の正誤問題ならば，解答の保留や消去法が使えない。正誤問題は一字一句を丁寧に吟味する必要がある。さらに文章に矛盾がなければ時期区分も確認する。

・**問6**…①は**関税自主権**がないことと同義である。④は金銀を日本は1：5，諸外国は1：15で交換する際の前提となる条件である。

・**問7**…②は1863年の八月十八日の政変，④は1862年の**坂下門外**（さかしたもんがい）**の変**を指し，いずれも公武合体派と尊王攘夷派との対立である（ただし，長州藩士は水戸脱藩士（みと）の誤り）。①・②ともに尊王攘夷運動の展開に関係する（「○」の文章になる）ので，一つひとつの詳細（具体例）を確認しなければならない難問である。

・**問8**…抽象的な文章から具体例を想起することが求められている。①は**明治六年の政変**の因果関係，②は時期区分（岩倉使節団派遣中の1871～73年に入っているか），④は**津田梅子**（つだうめこ）などの知識が問われている。なお，**下野**（げや）とは，政府を辞職すること。

1　問1 ②　問2 ④　問3 ①　問4 ④　問5 ①　問6 ③　問7 ④
　　　問8 ①　問9 ①　問10 ④

解説

問1　▶**精講** 23 - 2

問2　ハリスは1858年，日米修好通商条約に調印した。▶**精講** 23 - 2

問3　蝦夷地独立（共和国）を企図した旧幕府軍の**榎本武揚**は箱館の**五稜郭**で降伏。

問5　**琉球王国**と修好条約を結び，**那覇**港を日本との交渉決裂時の代替地とした。

問6・7・8　▶**精講** 23 - 3

問10　堀田正睦は**孝明天皇**の勅許を得られず，条約調印に踏み切れなかった。一方，
　　　井伊直弼は勅許を得られないまま，日米修好通商条約の調印を断行した。

2　問1 ①　問2 ④　問3 ②　問4 ③　問5 ②　問6 ③　問7 ④
　　　問8 ①

解説

問1　▶**精講** 23 - 1

問2・5　▶**精講** 23 - 2

問3　**長州**藩が**下関**で米船などを攻撃，翌1864年に**四国連合艦隊**に占領された。

問4　渡辺崋山の『**慎機論**』，高野長英の『**戊戌夢物語**』が該当する。

問6　③：誤文。井伊直弼は1858年，紀伊藩主徳川慶福を将軍の跡継ぎに決定した
　　　（14代将軍徳川家茂）。▶**解答力 UP!**（p.145）

やや難　問7　④：誤文。**坂下門外の変**は，水戸脱藩士ら尊攘派が公武合体派の**安藤信正**を
　　　襲撃した事件である。▶**解答力 UP!**（p.145）

問8　①：誤文。明治六年の政変は使節団の帰国直後におきた。②：正文。1873年の
　　　徴兵令や**地租改正条例**は，西郷隆盛を中心とする留守政府によるもの。③：正文。
　　　岩倉使節団の主目的は条約改正の予備交渉。④：正文。**津田梅子**など女子留学生に
　　　ついては **39 │ 女性史（近現代）**（p.241）を参照のこと。▶**解答力 UP!**（p.145）

精講 23 - 1　ペリー来航前の幕府の外交姿勢の変化 ●━━━━━━━━

①　1792年のラクスマンの根室来航，1804年のレザノフの長崎来航などロシアの通商
　　要求に対し，1806年に**文化の薪水給与令**を発した（説得して穏便に帰帆させ，必
　　要ならば薪水や食料を給与する内容）。

② 1808年の英船フェートン号事件や1824年の英船の上陸事件に対し，1825年に異国船（無二念）打払令を発し，人道救助や薪水給与までも否定した。1837年，米船モリソン号に対して実際に打払いを発動し，知識人から批判された（**2の問4**）。

③ アヘン戦争（1840～42年）の情報をオランダ・中国経由で得て，天保の改革を実施していた水野忠邦が1842年，異国船打払令を撤回して天保の薪水給与令に改めた。この状態で米船のビッドル（1846年）やペリー（1853年）の来航を迎えた。

精講 23-2 日米和親条約と日米修好通商条約の締結 ●━━━━━━━━━
両者の違いを対比して整理すること。

日米和親条約（1854年）	日米修好通商条約（1858年）
ペリーが調印／開国和親・薪水給与は幕府の役人が立ち会う／貿易の規定なし／下田と箱館を開港／アメリカに**片務的最恵国待遇**を認める／英・露・蘭とも条約調印／従来の「鎖国」体制から転換／なお，日露和親条約では長崎の開港も認める。国境問題では千島列島は**択捉島**以南を日本領，**得撫島**以北はロシア領，樺太（サハリン）は両国人雑居と定めた	ハリスが調印／**自由貿易**規定／**アヘン**取引の禁止／神奈川（横浜に変更）・長崎・兵庫（神戸）・新潟の開港／江戸と大坂の開市／**領事裁判権の承認**／**居留地貿易**（外国人の内地雑居・自由旅行は禁止）／**関税自主権の欠如**（**協定関税制**）／英・露・蘭・仏とも条約調印／孝明天皇の勅許がない中，井伊直弼が調印を決断した

精講 23-3 幕末貿易の特徴 ●━━━━━━━━━
① 輸出品…1位から順に**生糸・茶**・蚕卵紙・海産物

② 輸入品…1位から順に毛織物・綿織物・武器・艦船・綿糸（産業革命の製品と軍需品）

③ 貿易港…1859年から横浜・長崎・箱館で開始。大半は横浜港であった。

④ 相手国…アメリカは南北戦争（1861～65年）で貿易が後退。日本は軽工業の産業革命に成功したイギリスの繊維製品市場と原料の供給地に位置づけられた。

⑤ 改税約書…兵庫（神戸）開港の勅許を得られず不開港が条約違反となり，1866年に関税率を引き下げた結果，日本は輸出超過から輸入超過に転じた。

⑥ 物価騰貴…輸出品の急増で物資が不足。五品江戸廻送令（1860年）で生糸・水油・雑穀などの江戸での需要を優先させようとしたが効果は一時的であった。

⑦ 国内産業…生糸の輸出で**絹織物業**は原料が不足し，繊維製品の輸入は**綿織物業**を圧迫した。

1 次の問題について，解答を（1）～（4）の中から一つ選びなさい。

（大阪学院大）

☐ **問1．** 幕末における薩摩の藩政改革について述べた次の文のうち不適当なもの
はどれですか。

   (1) 三都の商人からの借財を事実上棚上げにした。

   (2) 奄美三島特産の黒砂糖の専売を強化した。

   (3) 村田清風は，鹿児島に造船所やガラス製造所を建てた。

   (4) 長崎の外国商人から洋式武器を購入した。

☐ **問2．** 幕末に幕府が建設した伊豆韮山の反射炉に関係する者は誰ですか。

   (1) 江川太郎左衛門   **(2)** 海保青陵

   (3) 本多利明   **(4)** 佐藤信淵

☐ **問3．** 開国後幕府が江戸に設けて，洋学の教授と外交文書の翻訳などにあたら
せた機関はどれですか。

   (1) 蕃書調所   **(2)** 種痘所   **(3)** 講武所   **(4)** 運上所

☐ **問4．** 1860年に起きた桜田門外の変に関係する次の文のうち不適当なものはど
れですか。

   (1) 水戸脱藩の志士らが，大老井伊直弼を暗殺した。

   (2) 安政の大獄に対する憤激がその背景にある。

   (3) この変の後に幕政の中心に立ったのは，老中松平容保であった。

   (4) この変の後に幕府は，天皇の妹を将軍の妻に迎えた。

☐ **問5．** 1860年，勝海舟らが咸臨丸で太平洋を横断した目的はどれですか。

   (1) 日米和親条約批准書交換   **(2)** 日米修好通商条約批准書交換

   (3) 開港延期通告   **(4)** 万国博覧会参加

☐ **問6．** 幕府は，1863年5月10日を期して攘夷を実行するよう諸藩に命じました。
この命令に関係しない者は誰ですか。

   (1) 孝明天皇   **(2)** 徳川家茂   **(3)** 三条実美   **(4)** 大塩平八郎

☐ **問7．** 慶応年間，横須賀製鉄所建設に寄与した外国顧問団は，どこの国からの
ものですか。

   (1) ロシア   **(2)** プロイセン   **(3)** イギリス   **(4)** フランス

☐ **問8．** 15代将軍徳川慶喜が，1867年10月14日，討幕派に対抗するために朝廷に
提出したものはどれですか。

(1) 王政復古の大号令 **(2)** 小御所会議開催の願い

(3) 大政奉還の上表 **(4)** 辞官納地の願い

☐ **問9.** 戊辰戦争について述べた次の文のうち不適当なものはどれですか。

(1) 新政府軍は，鳥羽・伏見の戦いで旧幕府軍に敗北した。

(2) 江戸城は，交渉により無血開城した。

(3) 東北諸藩などは奥羽越列藩同盟を結成して，新政府軍に抵抗した。

(4) 箱館の五稜郭に立てこもっていた旧幕府海軍の一団などは抗戦ののち降伏した。

☐ **問10.** 幕末期の世相を表すものとして不適当なものはどれですか。

(1) 世直し一揆 **(2)** 文明開化

(3) 御蔭参りの流行 **(4)** 「ええじゃないか」の集団乱舞

この用語もおさえる！

▶ 辞官納地…1867年12月9日の**王政復古の大号令**に基づき開催した**小御所会議**での決定。新政権は徳川慶喜に**内大臣の辞退**と領地の一部返還を求めた。なお，この辞官は**征夷大将軍**ではないので注意すること。

▶ 世直し一揆…幕末期に発生。貧民層も一揆を結び，打ちこわしを多く伴い，幕政批判など政治要求も掲げた点で従来の一揆と異なる。

▶ 御蔭参り…周期的にブームとなった集団での伊勢神宮への抜参り。

▶ ええじゃないか…1867〜68年に東海・関東・近畿・四国などでおきた民衆の半狂乱状態。京都も混乱し，倒幕運動にも影響を与えた。

2 (1) 次の文章を読んで，以下の設問に答えなさい。 （獨協大・改）

　1858年，大老に就任した井伊直弼は，勅許を得ることなしに，日米修好通商条約に調印した。しかし1860年，独裁的権力をふるった井伊は水戸脱藩浪士らにより殺害された。その後，老中の安藤信正は公武合体政策をすすめ，孝明天皇の妹　1　を14代将軍徳川家茂の妻に迎えたが，(a)安藤は1862年に襲撃され失脚した。このような状況下で薩摩藩主の父である島津久光が江戸へ向かい，幕府に改革を要求し，これを受けて　2　の改革が行われた。

　同じ頃，尊王攘夷論を藩論としていた長州藩は，朝廷を動かして幕府に攘夷の実行を承諾させ，1863年に下関で外国船に砲撃を行った。しかし，翌年にイギリスなど4か国の艦隊による報復攻撃を受けた。また薩摩藩は，1862年に藩士がイギリス人を殺傷した　3　事件の報復攻撃を1863年に受け，長州藩は，下関の砲台を占領された。

　長州藩と薩摩藩は，外国との戦いを通して攘夷の実行が不可能であることを悟った。その後この2つの藩は，土佐藩出身の坂本龍馬・　4　らの仲立ちで1866年に薩長同盟を結び，倒幕運動へと動き出した。こうしたなか15代将軍徳川慶喜は，朝廷に政権を返上する大政奉還を行い，政治の主導権を維持しようとしたが，これに反発する薩摩藩の西郷隆盛や大久保利通，公家の岩倉具視らは，天皇を中心とした政府の成立を宣言する(b)王政復古の大号令を発した。同日夜の小御所会議が慶喜の辞官納地処分を決定すると，旧幕府と新政府の対立は決定的となり(c)戊辰戦争が始まった。

☐ **問1.** 空欄　1　について，適当なものを選びなさい。
　　　ア. 和宮　　**イ.** 篤姫　　**ウ.** 宮子　　**エ.** 和子
☐ **問2.** 下線部（a）に関連して，この事件名として，適当なものを選びなさい。
　　　ア. 桜田門外の変　　　**イ.** 八月十八日の政変
　　　ウ. 禁門の変　　　　　**エ.** 坂下門外の変
☐ **問3.** 空欄　2　について，適当なものを選びなさい。
　　　ア. 安政　　**イ.** 万延　　**ウ.** 文久　　**エ.** 嘉永
☐ **問4.** 空欄　3　について，適当なものを選びなさい。
　　　ア. 生麦　　**イ.** 寺田屋　　**ウ.** 池田屋　　**エ.** 大津
☐ **問5.** 空欄　4　について，適当なものを選びなさい。
　　　ア. 久坂玄瑞　　**イ.** 中岡慎太郎　　**ウ.** 小松帯刀　　**エ.** 大村益次郎
☐ **問6.** 下線部（b）に関する記述として，適当でないものを選びなさい。

ア．総裁・議定・別当の三職をおいた。

　　イ．将軍を廃止した。

　　ウ．諸事神武創業の始めにもとづくこととした。

　　エ．朝廷の摂政・関白を廃止した。

□ **問7．**下線部 **(c)** に関連して，それらが起こった順番（古い→新しい）として，適当なものを選びなさい。

　　ア．五稜郭の戦い→鳥羽・伏見の戦い→会津若松城攻め→江戸無血開城

　　イ．会津若松城攻め→五稜郭の戦い→江戸無血開城→鳥羽・伏見の戦い

　　ウ．鳥羽・伏見の戦い→江戸無血開城→会津若松城攻め→五稜郭の戦い

　　エ．江戸無血開城→五稜郭の戦い→鳥羽・伏見の戦い→会津若松城攻め

(2)　次の文章を読み，後の問に答えなさい。　　　　　　　　　　（青山学院大・改）

　1867年10月，徳川慶喜は大政奉還の上表を朝廷に提出する。_(ア)この提出で機先を制せられた朝廷内の討幕派は，薩摩藩などの武力を背景にクーデターを起こし，王政復古の大号令を発した。翌1868年，鳥羽・伏見の戦いで破れた慶喜は江戸に逃れた。江戸市中では慶喜を擁護するために有志で結成された　1　，およそ1000人が寛永寺に拠っていたが，わずか1日で滅した。東征軍はその後も東北諸国を攻め，9月には_(イ)奥羽越列藩同盟の中心と見られていた　2　を攻め落とした。

□ **問1．**下線 **(ア)** のクーデターを起こした討幕派としてもっともふさわしい人物を一つ選びなさい。

　　①近衛篤麿　　②中山忠光　　③岩倉具視　　④真木和泉

□ **問2．**空欄　1　に当てはまる最も適切なものを一つ選びなさい。

　　①彰義隊　　②赤報隊　　③新選組　　④海援隊

□ **問3．**下線 **(イ)** の奥羽越列藩同盟はある人物を擁して結成された反政府同盟である。もっともふさわしい人物を一つ選びなさい。

　　①徳川慶喜　　　　　　②有栖川宮熾仁親王

　　③輪王寺宮能久親王　　④榎本武揚

□ **問4．**空欄　2　に当てはまる最も適切なものを一つ選びなさい。

　　①仙台城　　②天童城　　③弘前城　　④会津若松城

1 問1 (3) 問2 (1) 問3 (1) 問4 (3) 問5 (2) 問6 (4)
問7 (4) 問8 (3) 問9 (1) 問10 (2)

解説

問1 村田清風は19世紀半ばに長州藩の藩政改革を担当。▶精講 16-3 (p.105)

問3 詳しく！ ▶幕府の洋学研究機関は蛮書和解御用（1811年）→蕃書調所（1856年）
→開成所（1863年）と変遷した。

問4 ▶精講 24-1

問6 大塩平八郎は，1837年に大坂で大塩の乱をおこした。

問7 フランス公使ロッシュは幕府，イギリス公使パークスは薩長支援を想起する。

問8 1867年10月14日，徳川慶喜が朝廷から委任された政権を奉還した（大政奉還）。

問9 鳥羽・伏見の戦いは新政府軍が勝利した。

2 (1) 問1 ア 問2 エ 問3 ウ 問4 ア 問5 イ 問6 ア 問7 ウ
(2) 問1 ③ 問2 ① 問3 ③ 問4 ④

解説

(1) 問1 **イ**：篤姫は13代将軍徳川家定の正室。**エ**：和子は徳川秀忠の娘で後水尾
天皇の后。

問2 23 ｜ 幕末1 **2**問7の解説を参照（p.146）。

問3 ▶精講 24-1

問4 **イ**：寺田屋事件は1862年，薩摩藩の公武合体派が藩内の尊攘派を粛清。**ウ**：
池田屋事件は1864年，京都守護職配下の新選(撰)組が尊攘派を襲撃。**エ**：大津
事件は1891年，津田三蔵巡査がロシア皇太子ニコライを切りつけた事件である。

問5 久坂玄瑞，大村益次郎（村田蔵六）は長州，小松帯刀は薩摩の出身である。

問6 新設は総裁・議定・参与。廃止は摂政・関白・幕府。将軍職の辞任も承認。

問7 戊辰戦争は1868年1月～69年5月。京都→江戸→会津→箱館と移った。

(2) 問1 王政復古の大号令は，岩倉具視らが発した。④の真木和泉は幕末の尊攘
派志士。

問2 上野の戦争は彰義隊。②の赤報隊は偽官軍とされた相楽総三の東征軍の
先鋒隊。④の海援隊は坂本龍馬らの長崎での海運・貿易結社。

やや難 ▶

問3 消去法を使う。①は鳥羽・伏見の戦い以降は謹慎した。②は三職の総裁
で官軍（東征軍）大総督。④は戊辰戦争の最後，箱館五稜郭で降伏した旧幕臣。

問4 会津藩は白虎隊などが奮戦したが，1868年9月に会津若松城が落城した。

幕末期の主な幕政改革（時系列に注意すること）●

① 阿部正弘の安政の改革（1853〜55年）…老中阿部正弘がペリー来航に対応。朝廷や諸大名にも意見を求めた。1853年の大船建造の禁の解禁など海防を強化し、開国を決断。安政の改革後、老中堀田正睦が通商条約締結交渉を続けるが孝明天皇の勅許が得られないまま、将軍継嗣問題で南紀派と一橋派が対立した。

② 井伊直弼による幕権強化策（1858〜60年）…(1) 13代将軍徳川家定の後継は血筋で紀伊藩主の徳川慶福（家茂）とし、孝明天皇の勅許がないまま日米修好通商条約に調印した。(2) 1858〜59年、対立する一橋派の粛清（安政の大獄）を断行。徳川斉昭・慶喜親子や松平慶永（越前）を処分、橋本左内・吉田松陰らを死罪とした。(3) 安政の大獄に憤慨した志士（水戸脱藩士）らによる桜田門外の変（1860年）で暗殺され、幕権強化の改革は中絶し、公武合体派が台頭し、和宮降嫁が行われた。

③ 文久の改革（1862年）…1860年以降、安藤信正が進めた公武合体策の継承。(1) 外様の島津久光（薩摩）が勅使を奉じて幕政改革を要求。(2) 一橋派の復権。徳川慶喜が将軍後見職、松平慶永が政事総裁職、松平容保（会津）が京都守護職に就任。(3) 参勤交代制を緩和（3年に1回、妻子の帰国を許す）。(4) 西洋式軍制の導入。

精講 24-2 幕末の主な事件と歴史的意義 ●━━━━

前後の出来事の因果、どの勢力がどの勢力に向けた動きであったかを意識する。

西暦	出来事	事件などの概要と歴史的意義
1863	八月十八日の政変	公武合体派が尊攘派公家と長州藩を京都から追放
1863	天誅組の変・生野の変	1863〜64年に尊攘派志士が諸事件をおこす。京
1864	天狗党の乱	都も尊攘派勢力が強くなり、新選組と対立した
1864	禁門（蛤御門）の変	長州藩が御所警備の薩摩・会津藩と抗戦し敗退
1864	第1次長州征討	長州藩を朝敵として征討。長州は戦闘前に恭順
1866	薩長連合（同盟）	対立関係の両藩が反幕府の軍事同盟を密約
1866	第2次長州征討	長州再征討。薩摩は長州を支持し幕府軍が敗退
1866	徳川家茂の病没	幕府は服喪を理由に長州征討を中止（敗戦）
1866	孝明天皇の急逝	公武合体の立場で倒幕を望まない孝明天皇の急逝は幕府に不利
1867	明治天皇の即位	倒幕派が明治天皇を取り込み討幕の密勅を入手

25 | 明治時代1

1 次の各文の空欄について，｛(ア) ～ (ウ)｝の中から最も適当な語句を選び
なさい。
(関西大・改)

☐ (A) 明治新政府は，中央集権国家を目指すため，1868年閏4月（ 1 ）｛(ア)
五榜の掲示 (イ)五箇条の御誓文 (ウ)政体書｝を制定して太政官制によ
る中央集権体制の確立をはかった。1869年1月，薩摩の大久保利通，長州
の（ 2 ）｛(ア)大隈重信 (イ)木戸孝允 (ウ)板垣退助｝らが旧藩主を
説き伏せて版籍奉還を断行した。1869年7月には太政官・神祇官を復活し
て二官六省に官制を改革した。1871年には廃藩置県を断行し，藩にかわっ
て3府302県を置き，府知事と県令を任命した。

☐ (B) 藩札の発行も停止され，1868年には太政官札，翌年には（ 3 ）｛(ア)
内務省 (イ)民部省 (ウ)大蔵省｝札を発行したが，貨幣制度は混乱した。
1871年に新貨条例が公布され，円・銭・厘の十進法が採用された。金融機
関も，旧幕臣の（ 4 ）｛(ア)五代友厚 (イ)由利公正 (ウ)渋沢栄一｝
が中心になって，（ 5 ）｛(ア)アメリカ (イ)フランス (ウ)イギリス｝
の銀行制度をもとにした国立銀行条例が制定され，国立銀行が設立された。

☐ (C) 幕末の開港以来，貿易の決済にはメキシコ銀などの銀貨が使用されたこ
とから，政府は貿易銀を発行し，国内的には金本位制，対外的には銀本位
制という金銀複本位制がとられた。また，政府は，維新直後から発行して
いた粗悪な政府紙幣と交換するため，1872年よりドイツで印刷された新た
な紙幣である（ 6 ）｛(ア)民部省札 (イ)明治通宝札 (ウ)太政官札｝
を発行した。これは，藩札の整理や政府経費の出納に用いられた。

☐ (D) 土地制度の改革も行われ，1872年には田畑勝手作りの禁を解き，地価を
定めて地券を発行し，地券の所有者，すなわち地主を納税義務者とした。
1873年には地租改正条例を公布し，納税額を地価の（ 7 ）｛(ア)2.5 (イ)
3 (ウ)5｝パーセントと定めたが，1876年に（ 8 ）｛(ア)茨城県 (イ)
酒田県 (ウ)三重県｝で起こった真壁騒動など，各地で地租改正反対一揆
が発生した。

☐ (E) 長州の大村益次郎や（ 9 ）｛(ア)伊藤博文 (イ)井上馨 (ウ)山県有朋｝
らが中心になり，国民皆兵の常備軍編成がはかられた。1871年には4鎮台
を設置し，1872年に徴兵告諭を公布した。翌年には徴兵令を公布し，（ 10 ）
｛(ア)18 (イ)20 (ウ)25｝歳以上の男子に3年間の兵役を課したが，戸

主やその跡継ぎ，官吏などは兵役が免除された。さらに，1876年に廃刀令が出され，秩禄処分が断行されると士族たちの不平が高まり，前原一誠を中心とする （ 11 ） ｜(ア)秋月の乱　(イ)敬神党の乱　(ウ)萩の乱｜ などが起こった。

□（F）　1878年，陸軍の作戦計画や軍隊の動員を統括する軍令機関として （ 12 ） ｜(ア)軍令部　(イ)参謀本部　(ウ)大本営｜ が創設された。この機関は，後に軍政機関である陸軍省と内閣から完全に独立した。

□（G）　軍人勅諭は，1882年に明治天皇が軍人に下したものである。そこでは軍人が守るべき徳目が挙げられ，軍人の政治不関与が説かれた。軍人勅諭は，津和野藩医の子で啓蒙思想家の （ 13 ） ｜(ア)加藤弘之　(イ)西周　(ウ)津田真道｜ が起草した。

□（H）　1888年，従来の鎮台が改編され，陸軍常備兵団の最大部隊である （ 14 ） ｜(ア)連隊　(イ)旅団　(ウ)師団｜ が設置された。この部隊は陸軍の軍団で独立して作戦を行う戦略単位であった。

この用語もおさえる！

▶ 五箇条の誓文…戊辰戦争中の1868年3月，諸外国に局外中立を求めた新政府の基本方針。開国和親（攘夷の否定）や公議世論の尊重，天皇の外交権の確立を説いた。原案は由利公正・福岡孝弟，修正は木戸孝允が行った。

▶ 五榜の掲示…五箇条の誓文を公布した翌日に全国の民衆に向けて掲示。キリスト教を厳禁としたが，1873年に黙認し，1889年の大日本帝国憲法では制限付きで信教の自由を認めた。

▶ 版籍奉還…1869年，藩主が版図（領地）と戸籍（領民）を天皇に返還したこと。旧藩主は新政府の地方官である知藩事になったが，地元に滞在して徴税権と軍事権が温存された。

▶ 廃藩置県…1871年，藩制度を全廃したこと。知藩事は罷免されて東京居住となり，府知事・県令が中央から派遣された。中央政府が徴税権と軍事権をもち集権化が進んだ。

▶ 新貨条例…1871年に統一的な貨幣制度を確立するために公布した条例。江戸時代の三貨は，金貨は1両＝4分＝16朱の四進法，銀は匁（≒3.75g），銭貨は文など単位が異なる上に交換比が相場制であったが，この条例により1円＝100銭＝1000厘の十進法で一元化された。

2 次の文章を読み，下記の設問に答えなさい。

（中央大・改）

①1868年8月に明治天皇が即位の礼をあげ，翌9月には年号が慶應から明治に改められた。新政権は，1868年閏4月に国家権力を中央官庁のもとに集中させるとともに，　あ　の制度を模し，形式的ではあるが三権分立制を取り入れた。その後，1871年に断行された廃藩置県と同年に行われた官制改革の結果，中央政府機構は　い　，　う　，　え　の3つの機関から構成されるとともに，その中枢機関である，　い　のもとに各省をおく制度に改められた。これらのうち，立法上の諮問機関としての役割を担うことと定められた　う　は，その後，1875年の大阪会議における議論の結果として廃止され，立法に携わる政府機関として新たに　1　が設けられた。　1　は帝国議会が創設されるまで，新法の制定と旧法の改正を審議することを基本的な役割とした。

このように立法にかかわる組織が形成されていく一方で，国内では法典や法制度の整備も順次進められていた。この時期には②西洋の学問や技術の導入のために政府機関や学校に多くの外国人教師が雇用されていたが，法律の分野においてもこうした「お雇い外国人」の活躍は顕著であった。

このうち，法学者の　2　は，1873年の来日以後，法律顧問として　お　法を基にした法典の起草に携わった。これにより1880年には刑法と治罪法が公布された。その後も法典の編纂は進められ，1890年に民法，商法，民事訴訟法，さらに治罪法を改正した　3　がそれぞれ公布されている。これらの法典のうち，民法は，その内容が国民道徳の基礎となる日本の伝統的な家族の結び付きを損なうものであると主張する論文（「民法出デ，忠孝亡ブ」）を発表した帝国大学教授の　4　をはじめとする法学者や実務家らによって，強い批判にさらされた。施行の断行と延期をめぐる激しい論争の結果，民法は1892年に施行延期に追い込まれた。

□ **問1.** 空欄　1　・　3　・　4　を漢字，　2　はカタカナで答えなさい。

問2. 下線部①に関して，1868年に起こった出来事や同年に発せられた文書・法令の組合せとして正しいものには**イ**，誤っているものには**ロ**と答えなさい。

　　□ **a.** 「五箇条の誓文」，「五榜の掲示」

　　□ **b.** 「京都から東京への首都移転」，「一世一元の制の採用」

　　□ **c.** 「神仏分離令」，「大教宣布の詔」

　　□ **d.** 「鳥羽・伏見の戦い」，「江戸城無血開城」

□ **問3.** 文中の空欄　あ　,　お　に入る国の組合せのうち，正しいものを1つ選びなさい。

　　a. あ：フランス　お：ドイツ

　　b. あ：アメリカ　お：フランス

　　c. あ：ドイツ　　お：イギリス

□ **問4.** 文中の空欄　い　,　う　,　え　に入る語句の組合せのうち，正しいものを1つ選びなさい。

　　a. い：行政官　う：議政官　え：刑法官

　　b. い：総裁　　う：議定　　え：参与

　　c. い：正院　　う：左院　　え：右院

問5. 下線部②に関する次の説明のうち，正しいものには**イ**，誤っているものには**ロ**と答えなさい。

　　□ **a.** クラークが初代教頭として招かれた札幌農学校は，主にドイツ式の畜産技術や農場制度を導入する目的で開校された。

　　□ **b.** 動物学者のモースは，1877年に大森貝塚を発見し，発掘・調査した。

　　□ **c.** フェノロサは岡倉天心とともに，日本美術への西洋美術技法の導入を基本理念とする東京美術学校の設立に尽力した。

解答力 UP! 過去問の分析は大切＋正誤問題や年代整序問題の攻略法 ───

① **STEP 1** **基本レベル** …ここで選んだ関西大の問題は，実は2015・2017・2019年度入試の複数の学部から集めたものである。大学の入試本部などが一括で作問することも多いので，学部や年度を超えて過去問に触れておく必要がある。設問形式や時代，論述や記述問題の有無などが一定のことも多いので慣れておこう。第1志望の過去問分析は熱心に行うものの，第2志望以下の分析は時間切れという受験生が多い。『全国大学入試問題正解　日本史』（旺文社）を参照しよう。

② 正誤問題…例えば**問5**の，**a**ではクラーク，札幌農学校，ドイツ，**b**ではモース，動物学者，大森貝塚（おおもりかいづか），1877年，**c**ではフェノロサ，岡倉天心（おかくらてんしん），西洋美術と日本美術の関係，東京美術学校が事実上の正誤判定箇所である。チェックすべき部分には下線を引いて，反対語や別の人物，国名などを入れ替えてみるとよい。

③ 年代は因果を考える…細かい西暦年がわからないとき，Aの事件がおきないとBにはならない（AはBの原因）のように，因果を考えてみよう。

1 　1 （ウ）　2 （イ）　3 （イ）　4 （ウ）　5 （ア）　6 （イ）　7 （イ）
　　　8 （ア）　9 （ウ）　10 （イ）　11 （ウ）　12 （イ）　13 （イ）　14 （ウ）

解説

1 ▶精講 25-1

3・6 　**太政官札・民部省札・明治通宝札**は政府が発行した**不換紙幣**。1871年の新
　　貨条例前の単位は両・分・朱（江戸時代の金の単位），新貨条例後の明治通宝札は
　　円と銭。

4・5 　1872年の国立銀行条例は兌換紙幣の発行を義務化，1876年に不換紙幣も認め，
　　第一国立銀行など153の国立銀行が設立された。1882年創業の**日本銀行**が1885年か
　　ら銀兌換の日本銀行券を発行。国立銀行は後に普通銀行に転換した。

7 ▶精講 25-2

2 　問1 　1－元老院　2－ボアソナード　3－刑事訴訟法　4－穂積八束
　　　問2 　a－イ　b－ロ　c－ロ　d－イ　問3 　b　問4 　c
　　　問5 　a－ロ　b－イ　c－ロ

解説

問1 　1：**大阪会議**（1875年）の結果，左院を廃して立法機関の**元老院**を置いた。憲
　　法を審議した枢密院と区別する。

問2 　b：一世一元の制は1868年，東京遷都は1869年。c：神仏分離令は1868年，大
　　教宣布の詔は1870年。政府は**神道国教化**を目指すも失敗した。

問3 　あ：▶精講 25-1　お：民法は1890年に**ボアソナード**がフランス流で起草した
　　ものを公布したが民法典論争で施行を中止し，1896・98年に**戸主権**の強い新民法を
　　施行した。戸主は直系男子で継承し，原則として女性には相続権や親権がない。

問4 　▶精講 25-1

問5 　▶解答力 UP! （p.157）　クラーク，モース，フェノロサはアメリカ人。a：
　　札幌農学校はドイツ式ではなくアメリカ式。c：東京美術学校では当初西洋美術は
　　教えなかった。

精講 25-1 　中央官制の変遷 ●

① 　1867年12月9日…**王政復古の大号令**では**総裁・議定・参与**を置くと定めた。

② 　1868年閏4月…**政体書**ではアメリカに倣い，**太政官**のもとに**行政官**（行政）・**刑
　　法官**（司法）・**議政官**（立法）を置き，形式上三権分立をはかる。

③ 版籍奉還後の1869年…太政官制は**二官六省**とした。

④ 廃藩置県後の1871年…**三院制（正院・左院・右院）**とし，神祇官は神祇省に。

⑤ 1885年12月…太政官制を廃して**内閣制度**とし，初代首相に伊藤博文が就任した。

⑥ **注意!** ▶ 主な官庁の変化…殖産興業を担当する**工部省**（1870～85年）。**内務省**（1873～1947年）は大久保利通が明治六年の政変後に設置。警察の統轄・治安維持を担当し，地方行政も担った。兵部省は1872年以降，陸軍省と海軍省に分離。

精講 25-2 地租改正は２つの顔をもつ改革である ●━━━━━━━━

1873年の**地租改正条例**は，税制と土地制度の改革である。江戸時代とどう変わったのかが問われている。

税制改革	①	納税者…村ごと（村請制）→地券所有者（個人）
	②	課税の基準…石高（実際には村高）→土地の価格（地価を創出）
	③	税率…（五公五民など）領主・地域により異なる→地租は全国一律・地価の3％（1877年に2.5%，1898年に3.3%に税率は変更された）
	④	納入方法…原則として生産物を領主へ納める（物納）→現金で政府に納める（金納），地主と小作間の小作料には介入せず
	⑤	租税の安定…豊凶により変動→物価変動に関係なく一定（ただしデフレ期は生産物価格が下がるが地租は定額金納）
土地制度改革	①	年貢を受け取る知行権（封建的領有制）の否定→近代的土地所有権の確立（法令による地主の権利保護）
	②	土地の処分…実際には領主や村の了解が必要，事実上所持・耕作権のみ。田畑永代売買禁止令→（1872年解禁）土地の売買は地券所有者の自由
	③	作付け…田畑勝手作りの禁→（1871年解禁）他の法律や条例に触れない限り土地の自由使用

精講 25-3 明治初期の外交 ●━━━━━━━━

国境線の画定と国交の樹立，不平等条約の改正を急いだ。

① 国境線…**樺太・千島交換条約**（1875年）…千島は全島を日本領，樺太はロシア領。**小笠原諸島**の領有宣言（1876年）。**琉球処分**（1879年）で沖縄県を設置した。

② 国交の樹立…**日清修好条規**（1871年）…初の平等条約。**日朝修好条規**（1876年）…日本に有利な不平等条約。関税自主権の喪失ではなく関税がない**無関税特権**。釜山・仁川・元山を開港した。朝鮮への清の宗主権を日本は否定した。

③ 条約改正交渉…**精講** 27-1 （p.171）を参照のこと。

STEP 1 基本レベル

1 次の文の空欄について，{(ア)～(ウ)} の中から最も適当な語句を選びなさい。

(関西大・改)

☐ (A) 1875年におこなわれた大阪会議の合意に基づいて，立法諮問機関である元老院，最高裁判所に当たる大審院，府知事・県令からなる（ 1 ）{(ア)公議所 (イ)地方官会議 (ウ)集議院} が設置された。

☐ (B) 条約改正を実現する上でも，近代的法治主義の確立は重要であり，政府は，欧米諸国を範として各種の法典の整備を進めた。1880年に公布された刑法は，（ 2 ）{(ア)ロエスレル (イ)ボアソナード (ウ)ブリューナ} が起草し，罪刑法定主義が採用された。

☐ (C) 明治十四年の政変後，政府は，立憲制の導入に向けて国家の制度を整えていった。熊本出身の官僚で，教育勅語の起草にも尽力した（ 3 ）{(ア)金子堅太郎 (イ)伊東巳代治 (ウ)井上毅} は，伊藤博文とともに明治憲法の起草にあたった。

☐ (D) 1885年に内閣制度が発足した際，府中（行政府）と宮中が制度的に区別され，天皇を補佐し，御璽・国璽の保管などを職務とする（ 4 ）{(ア)内務大臣 (イ)内大臣 (ウ)宮内大臣} がおかれ，三条実美が任命された。

☐ (E) 伊藤博文が憲法調査のため渡欧した際，ドイツ法を教授した（ 5 ）{(ア)グナイスト (イ)シュタイン (ウ)モッセ} は，政府顧問として1886年に来日し，憲法の起草に助言をおこなうとともに，地方自治制度の成立にも尽力した。

☐ (F) 1888年に市制・町村制が，1890年に府県制・郡制がそれぞれ制定されると，中央集権的で官僚による統制が強く，地域の有力者を担い手とする地方自治制が確立した。こうした地方制度の改革は，（ 6 ）{(ア)山県有朋 (イ)井上馨 (ウ)松方正義} が中心になって進められた。

☐ (G) 1889年に発布された大日本帝国憲法で統治権の総攬者と規定された天皇は，議会が関与できない天皇大権を有していた。そのうち，憲法第14条に規定され，非常事態の際に軍隊に治安権限を与えるのが（ 7 ）{(ア)統帥権 (イ)緊急勅令 (ウ)戒厳令} である。

☐ (H) 帝国議会では，貴族院が衆議院とほぼ同等の権限を有しており，衆議院の立法権は貴族院によって制約されることがあった。貴族院議員は皇族議員，華族議員，勅任議員からなり，勅任議員のうち，多額納税者議員は各

府県から（ 8 ）⎰(ア)1　(イ)2　(ウ)3⎱名が互選された。

□ (1)　西南戦争の戦費を調達するため政府が大量に発行した不換紙幣などの影響により，激しいインフレーションが起こり，銀貨に対する紙幣の価値が低下して，政府の財政も悪化した。このため，政府は財政と紙幣の整理に着手し，明治十四年の政変後，大蔵卿に就任した（ 9 ）⎰(ア)井上馨　(イ)松方正義　(ウ)大隈重信⎱は，増税と徹底した緊縮財政により不換紙幣の回収と正貨の蓄積をはかった。1882年に中央銀行として日本銀行が設立され，1885年から兌換券の発行が始まり，貨幣制度は銀本位制に統一された。朝鮮問題をめぐる清国との戦争に勝利した政府は，戦後経営に取り組み，軍備拡張とともに貨幣制度の改革を進めた。政府は清国から獲得した巨額の賠償金を利用して，1897年に貨幣制度を銀本位制から金本位制に変更した。当時の貿易をめぐっては，1880年に（ 10 ）⎰(ア)日本輸出入　(イ)日本興業　(ウ)横浜正金⎱銀行が貿易金融・外国為替を目的として設立された。また，1897年には日本勧業銀行が設立された。

┌─ この用語もおさえる！ ─────────────────────────

▶ 明治十四年の政変…開拓使官有物払下げ事件に際し，伊藤博文ら薩長藩閥は1890年の国会開設を勅諭で公約し，即時国会開設を唱える参議大隈重信を政府から追放して動きを封じた。

▶ 内大臣…宮中で天皇を常侍輔弼する内大臣府の長。初代は三条実美。政治（府中）に関与しないとされたが，1940〜45年に最後の内大臣をつとめた木戸幸一は戦後に戦犯となるなど，天皇の側近として力をもった。

▶ 宮内大臣…宮内省の長官で宮中の事務を輔弼した。宮内大臣（宮内省）は閣外とされた。戦後，宮内省は宮内庁となった。

▶ 明治の地方制度…ドイツ人顧問モッセの助言を得て，1888年の市制・町村制，1890年の府県制・郡制が山県有朋を中心に整備された。内務省の管轄下で中央集権を志向する地方制度で，府県知事は非公選だった。また，無給の地方議員は地方名望家が占めた。戦後，1947年の地方自治法の制定によって，都道府県知事や市町村長，地方議会は公選制となる。

▶ 特殊銀行…横浜正金銀行・日本興業銀行・日本勧業銀行・農工銀行・北海道拓殖銀行など，産業育成のため特定業種に長期投資を行う銀行と，植民地の紙幣発行（発券）も担う台湾・朝鮮銀行がある。

2 (1) 次の文章を読み，下記の設問に答えなさい。

（中央大・改）

憲法については，　1　によって1880年には「日本国憲按」と題する草案が作成されていた。民間においても，個人や団体などによって多くの憲法草案が作成されている。また，この時期の政府内部においては，議院内閣制の早期導入を主張する　2　が，国会の早期開設を主張する民権派と同調したとして罷免されている。その一方で政府は，漸進主義的な改革の方向を示すために勅諭によって①国会の開設を公約するに至った。政府ではその後，　3　流の憲法理論を参照する方針が採用されることになり，　4　を中心として　5　，井上毅，金子堅太郎らが起草に着手した。これによって作成された草案は，1888年に設置された天皇の最高諮問機関である　6　によって審議され，1889年2月に大日本帝国憲法が発布された。これにより，②天皇主権のもとで国会（帝国議会），内閣，裁判所それぞれが天皇を補佐する体制が整えられた。

□ 問1．空欄に入る適切な語・人名を漢字，　3　はカタカナで答えなさい。

問2．下線部①に関する次の説明のうち，正しいものにはイ，誤っているものには口と答えなさい。

□ a．1880年に，自由党を母体として，国会開設運動の全国的団体である国会期成同盟が発足した。

□ b．国会開設を求める運動は，士族だけではなく，都市の商工業者のあいだにも広まっていった。

□ c．第一回帝国議会の召集時には，政府支持の立場をとる党派の議員が，民党とよばれた反政府党派の議員を上回り全体の過半数の議席を占めた。

問3．下線部②に関する次の説明のうち，正しいものにはイ，誤っているものには口と答えなさい。

□ a．各国務大臣は天皇から任命され，議会に対して個別に責任を負うものとされた。

□ b．天皇のもつ文武官の任免や宣戦・講和・条約の締結に関する権限の行使には，議会は関与できなかった。

□ c．予算が不成立の場合には，政府は前年度の予算をそのまま新年度の予算とすることができた。

(2)　次の史料に関する設問に最も適当な語句を選び記号で答えよ。　（関西大・改）

第34条　貴族院ハ貴族院令ノ定ムル所ニ依リ皇族①華族及勅任セラレタル議員
　　　　ヲ以テ組織ス

第35条　衆議院ハ②選挙法ノ定ムル所ニ依リ公選セラレタル議員ヲ以テ組織ス

第55条　国務各大臣ハ天皇ヲ（　③　）シ其ノ責ニ任ス（下略）

第57条　司法権ハ天皇ノ名ニ於テ法律ニ依リ④裁判所之ヲ行フ

☐ **問1**．この史料は，1889（明治22）年に発布された大日本帝国憲法の4か条で
　　　ある。発布されたときの内閣総理大臣は誰か。

　　　　（ア） 伊藤博文　　**（イ）** 黒田清隆　　**（ウ）** 山県有朋

☐ **問2**．下線部①の「華族」は，1884（明治17）年の華族令により5段階の爵位
　　　に分けられた。上から3番目の爵位はどれか。

　　　　（ア） 侯爵　　**（イ）** 男爵　　**（ウ）** 伯爵

☐ **問3**．1919（大正8）年に原敬内閣は下線部②の「選挙法」を改正したが，そ
　　　のときに引き下げられた選挙人の納税資格は，直接国税何円以上か。

　　　　（ア） 3円　　**（イ）** 5円　　**（ウ）** 10円

☐ **問4**．文中の（　③　）に入る語句はどれか。

　　　　（ア） 協賛　　**（イ）** 諮詢　　**（ウ）** 輔弼

☐ **問5**．下線部④の裁判所のうち，現在の最高裁判所に相当するものはどれか。

　　　　（ア） 元老院　　**（イ）** 枢密院　　**（ウ）** 大審院

（解答力 **UP!**）**誤字に注意＋史料問題の解法** ───────────

・このテーマは誤字候補が多い。**漸進**（×暫），**議院内閣制**（×員），**伊東巳代治**（み・よ・じ）（×
　藤・×己），**諮問機関**（しもん）（×試），**宣戦講和**（せんせん）（×宜・×話），**侯爵**（こうしゃく）（×候），**輔弼**（ほ・ひつ）（×補）

・**史料問題の基本的な解法**…①教科書に掲載されている史料は一読しておく，②設問
　文から先に読む，③脚注は受験生のためにあえて付しているものなので見落とさな
　い，④出典や年号・西暦，登場人物から時代を類推する（（2）については**問1**で大
　日本帝国憲法と明記されている），⑤選択肢から史料の内容を類推する。

1　　1　（イ）　2　（イ）　3　（ウ）　4　（イ）　5　（ウ）　6　（ア）　7　（ウ）
　　　　8　（ア）　9　（イ）　10　（ウ）

解 説

この用語もおさえる！（p.161）を参照のこと。

1　1875年の**大阪会議**後，大久保利通の政権は**元老院**（立法）と**大審院**（司法）を設置。府知事・県令を集めた地方官会議を1880年まで開催した。

2　民法も刑法もフランス人ボアソナードが起草。民法は施行が延期された。1880年公布の刑法には**大逆罪・不敬罪・姦通罪**が含まれたが，1947年に削除された。

5　注意！▶ 伊藤博文はドイツ留学中，**グナイスト**と**シュタイン**に師事。帰国後，日本での憲法起草には**ロエスレル**，地方制度には**モッセ**が関与した。

2　　(1)　問1　1−元老院　2−大隈重信　3−ドイツ　4−伊藤博文
　　　　　　　　5−伊東巳代治　6−枢密院　問2　a−ロ　b−イ　c−ロ
　　　　　　問3　a−ロ　b−イ　c−イ
　　　　(2)　問1　（イ）　問2　（ウ）　問3　（ア）　問4　（ウ）　問5　（ウ）

解 説

(1)　問1　詳しく！▶ 1：「**日本国憲按**」は元老院の憲法草案。自由党系の**植木枝盛**「東洋大日本国国憲按」や改進党系の**交詢社**「私擬憲法案」は1881年に発表。3：ドイツ統一は日本の廃藩置県と同じ1871年で皇帝や軍の力が強く，議会は抑制的であった。イギリスは議会が強い立憲君主制，アメリカは州の自治権が強い連邦制かつ共和国で，天皇中心の中央集権制と異なる。6：枢密院は天皇の最高**諮問**機関とされ，1947年まで存続した。

　　　問2　▶精講 26-2　a：誤文。**愛国社**が母体。**自由党**は1881年結成。c：誤文。1890〜94年の初期議会では自由党などの**民党**が**吏党**を上回っていた。

　　　問3　▶精講 26-1　a：誤文。大臣は議会ではなく天皇に責任を負った。

(2)　問1　伊藤博文は1885年の内閣制度創設時の初代首相，**黒田清隆**内閣のときに大日本帝国憲法発布，第1次**山県有朋**内閣のときに帝国議会が開会した。

　　　問2　華族令では公・侯・伯・子・男の5爵を定め，**貴族院**の構成母体とした。

　　　問3　衆議院議員の選挙権の財産制限は，**直接国税**納付額が15→10→3→0円（普通選挙）と推移した。精講 29-1（p.183）を参照のこと。

　　　問4　議会は予算と法律の審議で協賛。国務大臣は天皇の輔弼。▶精講 26-1

精講 26-1 大日本帝国憲法（1889年2月11日発布，1890年施行）●

① **天皇主権・天皇大権**…天皇は神聖不可侵の元首で統治権を総攬するが，責任は及ばない。天皇大権には軍の**統帥権**（参謀本部・海軍軍令部が輔弼）と**編制権**（陸相・海相が輔弼），**条約締結権**（外相が輔弼）や**宣戦・講和**，戒厳令や緊急勅令の発令などがあり，いずれも議会は関与できなかった。欽定憲法で憲法改正の発議も天皇のみであった。

② **臣民の権利・義務**…日本国民ではなく**臣民**（天皇の家臣）とされた。**法律**（「憲法」と間違えることが多い）の範囲内で言論や集会などの自由，制限付きで信教の自由を認めたが，後から法律を定めて権利を侵害しても違憲にはならないとした。一方，義務は**納税**と男子の**兵役**。義務教育は憲法ではなく**小学校令**（勅令）で定めた。

③ **帝国議会**…**予算**と**法律**は議会の**協賛**を必要とした（天皇の協賛機関）。緊急勅令があるため唯一の立法機関ではなかった。公選制の衆議院と非公選の貴族院の二院制。衆議院は**予算の先議権**以外，貴族院と対等。予算が否決された場合，前年度予算の執行が可能であった。

④ **首相・国務大臣・内閣**…国務大臣は個別に天皇を輔弼し，内閣は議会に対しては責任を負わない。議院内閣制は制度として保障されず，首相は現在と異なり国会議員でなくても就任が可能で，首相に国務大臣の任免権はなかった。

精講 26-2 自由党と立憲改進党 ●

① 1881年の国会開設の勅諭に前後して政党の結成が進んだ。1890年からの初期議会では後継の組織が**民党**として**薩長藩閥政府**と対立した。自由党は急進改革，立憲改進党は穏健（漸進）改革である点をしっかりおさえておく。

自由党 （1881 ～ 84年）	立憲改進党 （1882 ～ 96年）
土佐出身者が多い	**大隈重信**は肥前出身
板垣退助・後藤象二郎・星亨ら	大隈重信・尾崎行雄・犬養毅ら
急進改革・フランス流	漸進改革・イギリス流
一院制議会／普通選挙	二院制議会／制限選挙
主権在民を主張	君民同治を主張
地方の農村が支持基盤	都市の実業家や知識人の支持

② 政府を支持する**吏党**として，1882年に**福地源一郎**が**立憲帝政党**を結成。初期議会では**大成会**・中央交渉部などの吏党が活動したが，過半数は民党であった。

STEP 1 基本レベル

□ **1** 次の (A)・(B) の各文の（ 1 ）～（ 10 ）について,｛(ア)～(ウ)｝
の中から最も適当な語句を選びなさい。
（関西大・改）

(A)　幕末に諸外国と結んでいた不平等条約は貿易上不利なものであっただけ
でなく, 独立国としては屈辱的なものでもあった。そのため条約の改正は
明治政府の重大な課題であり, 外交問題であるとともに内政問題でもあっ
た。

　　欧米に対しては, 1871（明治4）年末, 右大臣岩倉具視を大使とする使
節団をアメリカ・ヨーロッパに派遣し, アメリカと交渉したが失敗に終わっ
た。その後, 条約改正事業は, 1878（明治11）年, 外務卿（ 1 ）｛(ア)
副島種臣　(イ)寺島宗則　(ウ)黒田清隆｝がアメリカと交渉して関税自主
権の回復にほぼ成功したものの, イギリス・ドイツなどの反対で無効になっ
た。

　　第1次山県内閣や第1次松方内閣の外相をつとめた（ 2 ）｛(ア)青
木周蔵　(イ)大隈重信　(ウ)後藤新平｝は, イギリスとの条約改正交渉に
成功し調印寸前までこぎつけるが, 1891（明治24）年5月の（ 3 ）｛(ア)
ノルマントン号事件　(イ)江華島事件　(ウ)大津事件｝で引責辞職した。
改正交渉のバトンは第2次伊藤内閣の外相（ 4 ）｛(ア)板垣退助　(イ)
陸奥宗光　(ウ)井上馨｝にわたされ, 1894（明治27）年7月, 日清戦争直前,
領事裁判権の撤廃と関税自主権の一部回復を内容とする（ 5 ）｛(ア)
日英通商航海条約　(イ)日英同盟協約　(ウ)日英和親条約｝が調印された。
関税自主権の完全回復を目指す交渉はその後も続行され, 1911（明治44）
年第2次桂内閣の外相（ 6 ）｛(ア)西園寺公望　(イ)児島惟謙　(ウ)
小村寿太郎｝によって解決された。

(B)　近隣諸国に対しては, まず1871（明治4）年, 清国に使節を派遣して
（ 7 ）｛(ア)日清修好条規　(イ)北京議定書　(ウ)日清通商航海条約｝
を結び, 相互に開港して協定関税制, 領事裁判権を相互に認めあうことな
どを定めた。これは日本が外国と結んだ最初の対等条約であるが, 日本は
これに不満で, 1873（明治6）年ようやく批准した。
　　その後, 朝鮮をめぐり清国と対立し, 1894（明治27）年に日清戦争が始まっ
た。戦いは日本の勝利に終わり, 1895（明治28）年4月, 日本全権の首相
伊藤博文・外相（ 4 ）と, 清国全権の（ 8 ）｛(ア)李鴻章　(イ)

金玉均　**(ウ)**康有為┤ の間で講和条約が下関において締結された。

　ところが，東アジア進出をめざすロシアは，（　9　）┤**(ア)**山東半島 **(イ)**遼東半島　**(ウ)**澎湖諸島┤ の割譲を快しとせず，ドイツ・フランスを誘って日本に返還を勧告してきた。日本はやむなく1895（明治28）年5月にこの返還に応じたが，国民はこれを屈辱と感じ，復讐を誓う中国の故事である「臥薪嘗胆」をスローガンとして，ロシアに敵対する世論が高まった。その後，1904（明治37）年2月に日露戦争が開始され，翌年9月に講和条約が調印された。日本全権は（　6　）であり，ロシア全権は（　10　）┤**(ア)**タフト　**(イ)**ロバノフ　**(ウ)**ウィッテ┤ であった。

第5章

近代

┤この用語もおさえる！├

▶ 岩倉使節団…1871 〜 73年。条約改正の予備交渉と海外視察で派遣。特命全権大使は**岩倉具視**で，副使は伊藤博文・木戸孝允・大久保利通ら。留守政府を預かったのは大隈重信・西郷隆盛・板垣退助・江藤新平ら。使節団の帰国後に征韓をめぐって**明治六年の政変**がおき，西郷・板垣・江藤らは政府を辞職した。なお，このときは政府に残った大隈も**明治十四年の政変**で政府から追放された。

▶ 北京議定書…**義和団戦争（事件）**に端を発した**北清事変**の，戦後処理に関する議定書。1901年に清国と参戦した英・米・日・露・仏・独などが調印し，北京の公使館護衛のための軍隊の駐留権を得た。1937年の**盧溝橋事件**当時，日本軍はこの規定により北京に駐留していた。

▶ 日英同盟協約…1902年に調印。日露が単独戦争の場合，イギリスは中立，例えば露仏同盟に基づきフランスが参戦すれば，参戦するとされた。1905年の改定で日本の韓国，イギリスのインド支配を相互承認した。1911年の再改定では，日米対立への同盟の不適用を決定し，1921年の**ワシントン会議**（英・米・日・仏の**四カ国条約調印**）で同盟の廃棄が決まった。

2 次の文章を読み，下記の問いに答えよ。

（東洋大・改）

　日本は朝鮮の内政改革を巡って清国と対立を深め，1894年，清国に宣戦布告し，(a)日清戦争が始まった。戦局は日本有利に進み，日本軍は清国軍を朝鮮から駆逐し，日本の勝利に終わった。

　さらに1900年には，ロシアが中国でおきた　1　を機に満州を占領した。ロシアの動きに危機感を抱いた日本政府は，ロシアとの交渉を続けたが決裂し，1904年，日露双方が宣戦布告して(b)日露戦争が始まった。日本の連合艦隊は日本海海戦でロシアのバルチック艦隊を全滅させた。しかし，日露両国とも戦争継続が困難となり，1905年，　2　に調印した。

　日露戦争に勝利した日本は大陸進出を加速し，韓国と三度にわたって日韓協約を結び，韓国の外交権を奪い，内政権を手に入れ，韓国軍を解散させた。韓国内での植民地化への抵抗が本格化し，1909年にはハルビン駅頭で　3　が暗殺された。日本政府は1910年，韓国併合条約を強要して(c)韓国を植民地化し，朝鮮総督府を設置し，初代総督に　4　を任命した。

問1． 空欄　1　～　4　に入る語句として最も適切なものを，次の中から一つずつ選べ。

☐　1　①壬午軍乱　②北清事変　③甲申事変　④義和団事件　⑤済南事件

☐　2　①ポツダム宣言　②天津条約　③ヴェルサイユ条約
　　　　④ワシントン条約　⑤ポーツマス条約

☐　3　①大久保利通　②西郷従道　③井上馨　④伊藤博文　⑤黒田清隆

☐　4　①寺内正毅　②斎藤実　③宇垣一成　④小磯国昭　⑤山県有朋

☐ **問2．** 下線部 **(a)** に関連して，日清戦争について述べた文として最も適切なものを，次の中から一つ選べ。

　　①戦争終結後，下関で首相の伊藤博文，外相の大隈重信と，清側の李鴻章との間で下関条約が調印された。

　　②条約により，清は日本に遼東半島，台湾，澎湖諸島を譲渡するとともに，当時の日本円で約3億円の賠償金を支払った。

　　③条約により朝鮮の独立が認められ，1897年に朝鮮は国名を大韓民国と改めた。

　　④満州進出を狙うロシアがイギリス，フランスとともに遼東半島の清への返還を勧告し，日本は受け入れた。

　　⑤台湾では独立運動がおきたが，日本は台湾総督府を設置して桂太郎を総

督に任命し，軍事力でおさえた。

□ **問 3 ．** 下線部 **(b)** に関連して，日露戦争について述べた文として最も適切なものを，次の中から一つ選べ。

①日本は約17億円の戦費の多くを増税でまかなったため，国民負担が限界に達していた。

②日本海海戦を機に日本は，アメリカのウィルソン大統領にロシアとの調停を依頼した。

③日露間の交渉は日本全権が加藤高明，ロシア全権がウィッテであった。

④ロシアから賠償金が取れなかったことに国民の不満が高まり，暴徒化した市民が暴れる日比谷焼打ち事件がおきた。

⑤日露戦争中にロシアでは革命がおきてロマノフ朝が倒され，帝政ロシアが滅び社会主義政権が誕生した。

□ **問 4 ．** 下線部 **(c)** に関連して，韓国の植民地支配について述べた文として不適切なものを，次の中から一つ選べ。

①日本風に氏名を改める創氏改名を法令に基づいて進めた。

②日本国内の労働力不足を補うため，朝鮮人を日本に強制連行した。

③学校では日本語で授業するなど皇民化政策が進められた。

④農業振興政策が実施されたり工業化が進められ，人々の生活は豊かになった。

⑤徴兵制が施行され，敗戦までに11万人以上が軍人として徴集された。

第5章

近代

（**解答力** **UP!**）混同や誤解に注意しよう ──────

① 　2 人のローズヴェルト大統領…ポーツマス条約はセオドア。ニューディール政策やカイロ会談，ヤルタ会談はフランクリンである。

② 　初代**台湾総督**は樺山資紀。台湾総督19人のうち 9 人は文官が就任した。初代**韓国統監**は伊藤博文，初代**朝鮮総督**は寺内正毅。1919年以降の文化政治への転換時は斎藤実。朝鮮総督の 8 人はすべて軍人であった。

③ 　ソウルの呼称・朝鮮支配は頻出…1905年以降，**大韓帝国の外交権は漢城の統監府**，1910年の併合後の朝鮮半島の統治は**京城の朝鮮総督府**が担った。

④ 　幕末に結んだのは**修好通商条約**，条約改正時に結んだのは通商航海条約である。

⑤ 　誤字に注意。**大久保利通**（×道），**木戸孝允**（×考），**大隈重信**（×隅・×熊），**李鴻章**（×季），**講和条約**（×話）

1 　1（イ）　2（ア）　3（ウ）　4（イ）　5（ア）　6（ウ）　7（ア）
　　　8（ア）　9（イ）　10（ウ）

解説

1〜6 ▶**精講** 27-1 　3の（ア）のノルマントン号事件は1886年，（イ）の江華島事件は1875年。**詳しく！**▶（ウ）の大津事件は1891年，訪日中のロシア皇太子を，大津で警備中の津田三蔵巡査が負傷させた事件。皇太子はロシア革命で1918年に銃殺されたロマノフ王朝最後の皇帝ニコライ二世。松方正義内閣は**大逆罪**を適用して死刑とするよう裁判所に圧力をかけたが，大審院長の**児島惟謙**は，大逆罪は日本の皇室にのみ適用するものとして認めなかった。

5 　**詳しく！**▶（ア）：日英通商航海条約は1894年，日清戦争**直前**に調印。ロシアのアジア進出が背景にある。領事裁判権の撤廃と関税自主権の一部回復（関税率引き上げ），片務的最恵国待遇の**双務化**をはかった。

8 　（イ）：金玉均は1884年の**甲申事変**（政変）でクーデタを決行した朝鮮の独立運動家。（ウ）：康有為は1898年の戊戌の変法で中国の改革を行った。

10 （ア）：**桂・タフト協定**は1905年，日米の韓国・フィリピン支配の相互承認を行った。

2 　問1　1-②　2-⑤　3-④　4-①　問2　②　問3　④　問4　④

解説

問1 　1：①の**壬午軍乱**（事変）は1882年，③の**甲申事変**は1884年（漢城でおきた）。⑤の**済南事件**は山東出兵中の1928年の出来事。**詳しく！**▶山東省でおきた義和団戦争（事件）（④，1899年）が北京に入り**北清事変**（1900年）になる。2：ポーツマス条約は小村寿太郎とウィッテが調印した。4：▶**解答力 UP！**（p.169）

問2 　①：誤文。下関条約は陸奥宗光外相。③：誤文。**大韓帝国**が正しい。**大韓民国**は1948年に成立（**李承晩**大統領）。④：誤文。イギリスではなくドイツが正しい。⑤：誤文。桂太郎ではなく樺山資紀が正しい。

問3 　①：誤文。英米での外債約7億円に最も依存。②：誤文。ウィルソンはヴェルサイユ条約の大統領。セオドア＝ローズヴェルトが正しい。③：誤文。加藤高明ではなく小村寿太郎が正しい。⑤：誤文。ロシア革命は1917年の出来事。

問4 　①・②・③：正文。**強制連行**は1939年，**創氏改名**は1940年開始。④：誤文。日本への食糧や労働力の供給地とされた。⑤：**詳しく！**▶正文。1943年に徴兵制施行。植民地の台湾では1944年に徴兵制施行。徴兵制以前は志願の形で入隊が進行した。

江戸幕府が結んだ修好通商条約のうち，①片務的**最恵国待遇**の双務化，②独立国として屈辱的な**領事裁判権**の撤廃，③貿易収支上の支障となる**関税自主権**の回復，を目標とした。一方で外国人の**内地雑居**・自由旅行は容認した。

担当	改正交渉の主眼	経過・結果・対象となる国
岩倉具視	岩倉使節団。改正予備交渉	米国で改正交渉は断念，視察目的に専念
寺島宗則	関税自主権の回復を中心	米国は承認したが独英二国の反対で断念
井上 馨	領事裁判権の撤廃を中心・輸入税率引き上げ・内地雑居の容認案	鹿鳴館外交や外国人判事任用案が批判される。1886年のノルマントン号事件で世論の反感が高まる
大隈重信	領事裁判権の撤廃・井上に続き内地雑居の容認案	個別の秘密交渉・**大審院**のみの外国人判事任用問題・1889年の大隈遭難で中断（玄洋社員による襲撃）
青木周蔵	領事裁判権の撤廃を中心	英国は同意。1891年の**大津事件**で引責辞任
陸奥宗光	領事裁判権の撤廃・最恵国待遇の双務化（成功）	1894年に**日英通商航海条約**調印・内地雑居は容認（99年に解決）（駐英公使は青木周蔵）
小村寿太郎	関税自主権の回復（成功）	1911年に**日米通商航海条約**（39年に廃棄）

精 講 27-2 日清戦争と日露戦争 ●

両戦争の勝利により日本はどう変化したのかを対比して整理しよう。

	日清戦争（1894〜95年）	**日露戦争（1904〜05年）**
戦費・賠償金	約2億円・賠償金は約3.1億円	約17億円（外債約7億円）・無賠償
主な戦場	朝鮮国内と中国（黄海・旅順）	中国（旅順・奉天）・日本海海戦
講和条約	下関条約…台湾・澎湖諸島割譲，重慶・沙市・蘇州・杭州の4港の開港，遼東半島は三国干渉で返還	ポーツマス条約…旅順・大連の租借権，長春以南の鉄道利権・南樺太割譲（北緯50度以南），沿海州とカムチャツカの漁業権

STEP 1 基本レベル

1 (1) 次の文を読み，下記の設問に答えなさい。 （日本大・改）

A 明治新政府は1870年に ア を発し，神道を中心に国民教化をめざした。

B 1869年に電信線が イ に架設され，1874年には ウ に官営鉄道が敷設された。

C 1880年代には二葉亭四迷の『 エ 』などの文学作品が生まれた。

D 明治時代には自然科学が発達し， オ が緯度変化のZ項を発見した。

E 1890年代には，横山大観の「 カ 」などの日本画が生み出された。

□ 問1．空欄 ア に入る語句として正しいものはどれか。
　　　①神仏分離令　　②廃刀令　　③学制　　④大教宣布の詔

□ 問2．空欄 イ ・ ウ に入る語句の組み合わせとして正しいものはどれか。
　　　①新橋・横浜間—大阪・神戸間　　②大阪・神戸間—新橋・横浜間
　　　③東京・横浜間—大阪・神戸間　　④大阪・神戸間—東京・横浜間

□ 問3．空欄 エ に入る語句として正しいものはどれか。
　　　①滝口入道　　②夏木立　　③雪中梅　　④浮雲
　　　⑤経国美談　　⑥五重塔　　⑦天地有情　　⑧佳人之奇遇

□ 問4．空欄 オ に入る語句として正しいものはどれか。
　　　①高峰譲吉　　　②桜井錠二　　　③志賀潔　　　④大森房吉
　　　⑤北里柴三郎　　⑥長岡半太郎　　⑦秦佐八郎　　⑧木村栄

□ 問5．空欄 カ に入る語句として正しいものはどれか。
　　　①無我　　　　②収穫　　　③悲母観音　　④夜汽車
　　　⑤大原御幸　　⑥海の幸　　⑦南風　　　　⑧鮭

(2) 次の文章を読んで，以下の問いに答えよ。 （法政大・改）

　明治新政府は西洋の近代化思想や生活様式などを盛んに導入した。新聞・雑誌による新しい言論活動も盛んになった。森有礼は，加藤弘之，福沢諭吉ら多くの洋学者とともに，1874年に『 1 』を創刊，封建思想の排除と近代思想の普及につとめた。いわゆる欧米の啓蒙思想として，明治初期には，米・英の自由主義や 2 が新思想として受け入れられ，当時の近代思想の主流となった。ついで，中江兆民らが説いた 3 は，自由民権運動の思想的支柱となった。

明治10年代半ばを過ぎると，加藤弘之は1882年刊行の『人権新説』で，適者生存・優勝劣敗の　4　の立場から　3　を否認し，民権論に反対の立場を明確にした。また福沢諭吉は，1885年に『　5　』において「脱亜論」を発表した。

□ **問1.** 文中の空欄　1　～　5　にあてはまるものを，以下からそれぞれ一つ選べ。

ア. 日新真事誌　**イ.** 明六雑誌　**ウ.** 国民新聞　**エ.** 時事新報
オ. 学問のすゝめ　**カ.** 文明論之概略　**キ.** 自然主義　**ク.** 功利主義
ケ. 三民主義　**コ.** 社会主義　**サ.** 開国進取　**シ.** 天賦人権論
ス. 文明史論　**セ.** 社会進化論

┌─ この**用語**もおさえる！─────────────

▶ **廃仏毀釈**…1868年の**神仏分離令**で**神仏習合**を否定して政府が神道を重視すると，仏教を排する民衆の動きが進み，廃寺や仏像・美術品の売却が続いた。

▶ **教派神道**…幕末に誕生して，現世利益や庶民救済を唱えた新宗教で，後に教派神道と呼ばれる。一方，**国家神道は伊勢神宮**を頂点とした。

黒住教・**黒住宗忠**	**天理教**・**中山みき**	**金光教**・**川手文治郎**

▶ **北里柴三郎**…細菌学者。破傷風血清療法発見，伝染病研究所主宰，ペスト菌発見などの業績がある。日本銀行券の新千円札の肖像に選ばれた。五千円札の**津田梅子**（岩倉使節団，女子英学塾設立），一万円札の**渋沢栄一**（第一国立銀行や大阪紡績会社創設）にも注意しておこう。

2 次の文を読んで，下記の設問に答えなさい。 （中央大・改）

　明治初期の①『明六雑誌』を先駆けとする雑誌に関しては，1880年代後半には徳富蘇峰による『　ア　』や，三宅雪嶺らが設立した　イ　の雑誌である『日本人』などが創刊された。『日本人』は　ウ　炭鉱の労働者の悲惨な状態を報道して反響を呼んだ。

　この時期の文学については，　エ　が『浮雲』を言文一致体で書き，坪内逍遙の主張を文学作品として結実させた。さらに，日清戦争前後には啓蒙主義や合理主義に反発し，感情や個性の躍動を重んじるロマン主義文学がさかんになった。代表的な作家としては，森鷗外や②泉鏡花が挙げられる。日露戦争の前後になると，自然主義が文壇の主流になり，『蒲団』という小説を書いた　オ　などが現れた。

　絵画では，幕末以来，③高橋由一が西洋画で新境地を築いたが，浮世絵や文人画がいぜん主流であった。そうしたなか，岡倉天心はフェノロサと1887年に　カ　を設立して，その後，校長になった。

□ **問1.** 空欄　ア　～　カ　に適切な用語を漢字で記入しなさい。

□ **問2.** 下線部①に関して，明六社を組織した洋学者のうち，1890年に帝国大学の総長となった人物の名前として，最も適切なものを下記の選択肢から選んで，記号で答えなさい。
　　ア 西周　　**イ** 森有礼　　**ウ** 加藤弘之
　　エ 西村茂樹　　**オ** 井上哲次郎

□ **問3.** 下線部②に関して，泉鏡花が書いた作品として，最も適切なものを下記の選択肢から選んで，記号で答えなさい。
　　ア 高野聖　**イ** 金色夜叉　**ウ** 草枕　**エ** 五重塔　**オ** 破戒

□ **問4.** 下線部③に関して，高橋由一が描いた作品として，最も適切なものを下記の選択肢から選んで，記号で答えなさい。
　　ア 湖畔　**イ** 海の幸　**ウ** 渡頭の夕暮　**エ** 悲母観音　**オ** 鮭

解答力 UP! 明治時代の文化史の注意点 ━━━━━━━━━━━━

① 誤字に注意。**福沢諭吉**（×輪・×論）・**高踏派**⇔『**青鞜**』・**荻原守衛**⇔**萩原朔太郎**

② 明治文化については，大正期以降との時期区分に注意する。

③ 明治時代の絵画は，図説集などで日本画と西洋画を区別する。

明治期の主な絵画	
西洋画	高橋由一『鮭』，浅井忠『収穫』，黒田清輝『湖畔』『読書』，和田三造『南風』，藤島武二『天平の面影』，青木繁『海の幸』，赤松麟作『夜汽車』，和田英作『渡頭の夕暮』
日本画	狩野芳崖『悲母観音』，橋本雅邦『龍虎図』，横山大観『無我』，下村観山『大原御幸』

④ 明治時代につくられた思想団体については，時期と代表，発行した雑誌や新聞をまとめておこう。

主義	特 徴	代表・政社・機関誌等
平民的欧化主義	政府による上からの貴族的な欧化に対し，一般国民の自由も認める**平民的欧化**を求める	徳富蘇峰・民友社 雑誌『**国民之友**』(1887)
近代的民族主義	国家の独立や国民性の統一を主張，**欧化主義**に対抗。日本の伝統を重視。国権論	三宅雪嶺・政教社 雑誌『日本人』(1888)
国民主義	国家の真の独立や国民の統一，近代的な民族主義（ナショナリズム）を主唱	陸羯南 新聞『日本』(1889)
日本主義	日清戦争後に国家主義が台頭。帝国主義（日本の大陸進出）を肯定	高山樗牛 雑誌『太陽』(1895)

⑤ 明治時代の近代小説は，**(1) 戯作文学・政治小説**（仮名垣魯文・矢野龍渓）→ **(2) 写実主義**（坪内逍遥・二葉亭四迷）→ **(3) ロマン主義**（森鷗外・北村透谷）→ **(4) 自然主義**（島崎藤村・田山花袋）→ **(5) 反自然主義**（高踏派・耽美派・白樺派）と大別する。時期区分の大きなポイントは，日露戦争前後に **(4) 自然主義**，明治末期からが **(5) 反自然主義**である。

1 (1) 問1 ④　問2 ③　問3 ④　問4 ⑧　問5 ①
　　(2) 問1 1-イ　2-ク　3-シ　4-セ　5-エ

解説

(1) 問1　明治政府は1868年の**神仏分離令**（①）に加えて，1870年の**大教宣布の詔**（④）で神道の国教化を狙ったが，1873年には五榜の掲示の一部を撤去してキリスト教を**黙認**した。 **詳しく！**▶1889年公布の大日本帝国憲法では，制限付きで信教の自由を認めた。

やや難

　　問2　電信線は1869年に東京・横浜間が架設され，5年後には北海道から長崎，さらには上海への海底電線を通じて早々に海外へとつながった。鉄道は1872年に**新橋・横浜**間，1874年に**神戸・大阪**間に敷設された。 **詳しく！**▶東京駅の開業は1914年で，駅舎の設計は**辰野金吾**。

　　問3　**二葉亭四迷**は『浮雲』で言文一致体を使用した。**言文一致体は文語体にかわる表現法**。**坪内逍遙**が説く写実主義に従い，使われた。

　　問5　▶（**解答力 UP!**）③（p.175）

(2) 問1　**シ**の天賦人権論は，人は生まれながらにして自由・平等や人権が保障されるとする考え方。政府には奪う権利がないとして自由民権運動を支えた。

2 問1 ア-国民之友　イ-政教社　ウ-高島　エ-二葉亭四迷
　　オ-田山花袋　カ-東京美術学校　問2 ウ　問3 ア　問4 オ

解説

問1　ア・イ：▶（**解答力 UP!**）（p.175）　カ：▶**精講** 28-1

問2　**詳しく！**▶帝国大学総長の**加藤弘之**は，はじめは天賦人権論に基づく『真政大意』，後に天賦人権論を否定して社会進化論の立場から『人権新説』を著した。明六社については，**森有礼**（初代文相・学校令公布），**西村茂樹**（『日本道徳論』），福沢諭吉（慶応義塾設立。『西洋事情』『学問のすゝめ』『文明論之概略』），**中村正直**（スマイルズの「Self Help」を翻訳した『西国立志編』・ミルの「On Liberty」を翻訳した『自由之理』），**西周**（『万国公法』）を混同しないこと。

問3　泉鏡花の著作は**ア**『高野聖』。**イ**『金色夜叉』は尾崎紅葉，**ウ**『草枕』は夏目漱石，**エ**『五重塔』は幸田露伴，**オ**『破戒』は島崎藤村の著作である。

問4　▶（**解答力 UP!**）③（p.175）

明治時代の美術は類似する内容と対比して整理するのが効果的である。

①学校
工部美術学校（1876年・工部大学校の附属機関・西洋画・1883年廃校）， 東京美術学校（1887年・**岡倉天心**・フェノロサ・日本画が中心で後に西洋画科を新設・1887年設立の東京音楽学校と合併。1949年に東京芸術大学になる）
②美術団体
明治美術会（1889年・西洋画・浅井忠），白馬会（1896年・西洋画・**黒田清輝**）， 日本美術院（1898年・日本画・岡倉天心・橋本雅邦・**院展**を開催）
③官製展覧会の変遷
文部省美術展覧会（1907年・**文展**）→ 帝国美術院展覧会（1919年・**帝展**）→（新） 文展（1937年）→ 日本美術展覧会（1946年・**日展**）

3つの演劇の違いに留意しよう。

①歌舞伎（明治時代を通して人気を博す）
脚本：**河竹黙阿弥**…江戸時代の近松門左衛門・鶴屋南北と混同しないこと 役者：**団菊左時代**（9代市川団十郎，5代尾上菊五郎，初代市川左団次）
②新派劇（明治時代中期・日清戦争頃・歌舞伎の影響が強く残る）
川上音二郎（オッペケペー節・自由民権運動から後に壮士芝居・戦争劇へ）
③新劇（日露戦争後から，西洋近代劇の導入・翻訳劇の上演）
文芸協会（1906 ～ 13年）：坪内逍遙・島村抱月・**松井須磨子** → **自由劇場**（1909 ～ 19年）：**小山内薫**・2代市川左団次 → 築地小劇場（1924年）：小山内薫・土方与志

明治文化では仏教とキリスト教も入試では頻出である。

仏教	**島地黙雷**（浄土真宗本願寺派僧侶，神道の国教化に反対し，仏教の神道からの分離を主唱），**井上円了**（仏教哲学者・哲学館（現東洋大学）設立）
キリスト教	**新島襄**（同志社英学校設立），**海老名弾正**（熊本洋学校出身・同志社大学で活躍），**新渡戸稲造**（札幌農学校卒，国際連盟事務局，著作に『**武士道**』），**内村鑑三**（無教会派・1891年，**教育勅語不敬事件**（内村鑑三不敬事件）。日露戦争時には『**万朝報**』で**非戦論**を主唱）

第5章
近代

STEP 1 基本レベル

1 (1) 次の文を読み，空欄および下線①～⑤に関する下の問いに答えよ。

(京都産業大・改)

　第一次世界大戦中の経済発展によって，物価高が進むなか，賃金引上げを求める労働運動は高まりをみせ，都市部では（　①　）の件数も多くなった。1912年に組織された②友愛会は，全国組織として急速に発展した。友愛会はその名称を変更するとともに，第1回メーデーを主催し，さらに1921年に（　③　）と改称した。1922年には日本共産党が非合法のうちに結成された。その後，1925年のいわゆる④普通選挙法の成立後，労働組合・農民組合を基盤とする社会主義勢力は，議会を通して社会改造をめざすようになった。そこで⑤合法的な無産政党が組織されたが，政党内で共産党系の勢力が強まると，内部分裂・離脱が起こった。

設問

□ **問①**　あてはまる最も適当なものを答えよ。
　　1．小作争議　　**2**．労働争議　　**3**．生産管理闘争　　**4**．春季闘争

□ **問②**　友愛会を設立した人物名として，正しいものを答えよ。
　　1．森戸辰男　　**2**．平塚らいてう　　**3**．鈴木文治　　**4**．吉野作造

□ **問③**　あてはまる最も適当なものを答えよ。
　　1．日本労働総同盟　　　**2**．日本労働組合総同盟
　　3．日本社会主義同盟　　**4**．日本労働組合評議会

□ **問④**　普通選挙法の成立に関連した次の文**X・Y**と，最も関係の深い人物名**a
　　～d**の組み合わせとして正しいものを答えよ。
　　X：憲政会の総裁が首相となって，普通選挙法が制定された。
　　Y：護憲三派は，立憲政友会が新たな総裁をむかえ，革新倶楽部を吸収し
　　　たため，提携は解消された。
　　a．清浦奎吾　　**b**．松方正義　　**c**．田中義一　　**d**．加藤高明
　　1．X—a　Y—b　　**2**．X—b　Y—d
　　3．X—c　Y—a　　**4**．X—d　Y—c

□ **問⑤**　下線部の政党名として正しいものを答えよ。
　　1．立憲民政党　　**2**．労働農民党　　**3**．農民労働党　　**4**．憲政会

□ (2) 次の各文章の空欄について，最も適当な語句を選びなさい。 （関西大・改）

A　社会主義勢力内部では，無政府主義者と共産主義者が対立していたが，ロシア革命の影響で共産主義の影響力が著しく増大した。1922年には，堺利彦や山川均らによって，（ ① ）｛(ア)日本共産党　(イ)日本社会主義同盟　(ウ)日本労農党｝がコミンテルンの支部として非合法のうちに結成された。

B　大正末から昭和初めにかけて，プロレタリア文学運動が起こった。『種蒔く人』や『戦旗』などの機関誌が創刊され，これらの雑誌には小林多喜二の『蟹工船』や（ ② ）｛(ア)宮本百合子　(イ)徳永直　(ウ)葉山嘉樹｝の『太陽のない街』などが掲載された。

┤この用語もおさえる！├

▶ **日本労働総同盟**…1912年に**鈴木文治**が設立した**友愛会**は，労働者の共済と修養を目指す労資（労使）協調的な労働団体。1919年に**大日本労働総同盟友愛会**と改め，1920年に日本初の**メーデー**を開催した。1921年に**日本労働総同盟**と改称し，階級闘争主義の労働組合となった。まもなく左派が分裂して**日本労働組合評議会**（評議会）を結成したが，評議会は1928年の**三・一五事件**で解散を命じられた。なお，**日本労働組合総同盟**（総同盟）は戦後の1946年創設なので混同しないこと。

▶ **無産政党**…労働者や小作農の権利拡大を目指す社会主義的な合法政党（非合法とされた**日本共産党**は含まない）。1928年の普通選挙時には左派の**労働農民党**，中間派の**日本労農党**，右派の**社会民衆党**などがあった。労働農民党は1928年の三・一五事件で解散を命じられた。無産政党関係者の多くは1932年，大合同して**社会大衆党**を結成したが，1940年に大政翼賛会に合流した。戦後は**日本社会党**となる。

▶ **プロレタリア文学**…労働者や小作農など**無産階級**の姿を描いた文学。文芸雑誌は『**種蒔く人**』，『**戦旗**』，『**文芸戦線**』。文学作品として，**徳永 直**の『**太陽のない街**』，**葉山嘉樹**の『**海に生くる人々**』など。なお，『種蒔く人』を除く大半の文芸雑誌や文学作品は，時期区分では昭和初期にあたる。

2 (1) 次の文章を読んで，以下の問いに答えよ。

(法政大・改)

　大正時代になると，「閥族打破・憲政擁護」を掲げた　1　が広がり，思想界にも新たな動きが生まれた。(a)吉野作造は民本主義をとなえ，　2　による政党内閣の実現を求めた。彼は1918年に　3　を組織し，知識人層に大きな影響を与えた。美濃部達吉は『憲法講話』を刊行し，　4　や政党内閣論をとなえた。

　こうした大正デモクラシーと呼ばれる時代思潮のもとで，(b)多様な思想，学問，芸術が発達した。

□ **問1.** 文中の空欄　1　～　4　にあてはまるものを，以下からそれぞれ一つ選べ。

　　　ア. 新体制運動　**イ.** 第一次護憲運動　**ウ.** 第二次護憲運動

　　　エ. 大同団結　**オ.** 国体護持　**カ.** 挙国一致　**キ.** 男女同権

　　　ク. 天皇機関説　**ケ.** 統帥権の独立　**コ.** 制限選挙　**サ.** 普通選挙

　　　シ. 翼賛選挙　**ス.** 憲政会　**セ.** 友愛会　**ソ.** 東大新人会　**タ.** 黎明会

□ **問2.** 下線部 (a) に関連して，正しいものを以下から一つ選べ。

　　　ア. 万人がみずから耕作して生活する自然の世を理想とし，身分社会を鋭く批判している。

　　　イ. 国会を国権の最高機関とし，天皇は政治権力をもたない日本国民統合の象徴だと主張している。

　　　ウ. 抵抗権や革命権を含めて広範な人権を保障すべきであると主張している。

　　　エ. 国民主権とは一線を画し，明治憲法の枠内で民主主義の長所を採用すべきであると主張している。

　　　オ. 統治権は天皇に属し，それは無制限で絶対であると主張している。

□ **問3.** 下線部 (b) に関連して，誤っているものを以下から一つ選べ。

　　　ア. 石橋湛山は『東洋経済新報』で「小日本主義」を主張した。

　　　イ. 河上肇の『貧乏物語』は大きな反響をよんだ。

　　　ウ. 西田幾多郎は『善の研究』を著して独自の哲学体系を打ち立てた。

　　　エ. 柳田国男は民衆（常民）の生活史を明らかにする民俗学を確立した。

　　　オ. 人道主義・理想主義を掲げる有島武郎ら新思潮派が文学で活躍した。

(2) 次の史料（法律）を読み，下の設問に答えよ。
（明治大・改）

第一条　　１　　ヲ変革シ又ハ私有財産制度ヲ否認スルコトヲ目的トシテ結社ヲ
組織シ又ハ情ヲ知リテ之ニ加入シタル者ハ十年以下ノ懲役又ハ禁錮ニ処ス
前項ノ未遂罪ハ之ヲ罰ス

□１．　１　に入るのに適当な語句を記せ。
□２．史料が公布された際の内閣総理大臣の氏名を漢字で記せ。
□３．史料が廃止された際の内閣総理大臣の氏名を漢字で記せ。

解答力 UP！ 近代史のスローガン＋誤字に注意————————————

① 近代史における代表的なスローガン…どの運動や事件で用いられたスローガンか
　を整理しよう。

(1) 「地租の軽減，外交失策の回復（対等条約の締結），言論・集会の自由」…三
　大事件建白運動（1887年）。

(2) 「政費節減・民力休養」…帝国議会（第1議会）での民党（立憲自由党・立
　憲改進党）の政府攻撃（1890年）。

(3) 「閥族打破・憲政擁護」…第3次桂太郎内閣の打倒を目指す第一次護憲運動
　（1912年）。

(4) 「貴族院・枢密院改革，普選断行，政党内閣実現，行財政整理」…清浦奎吾内
　閣の打倒を目指す第二次護憲運動（1924年）。

(5) 「扶清滅洋」…義和団事件（1899 〜 1900年）。

(6) 「滅満興漢」…辛亥革命（1911年）。漢人による中華民国の成立。

(7) 「五族協和・王道楽土」…満州国の建国時（1932年）。

② 誤字に注意…美濃部達吉（×辺・×亮吉），『憲法講話』（×和），統帥権（×師），
　石橋湛山（×勘），西田幾多郎（×太），柳田国男（×邦・×夫）

1　(1)　問① 2　問② 3　問③ 1　問④ 4　問⑤ 2
　　　(2)　① ア　② イ

解説

(1)　問①　**1**：小作争議は1922年設立の日本農民組合が主導。**3**：労働組合が業務
　　や生産を管理する**生産管理闘争**は連合軍が占領直後の労働運動の形態。**4**：
　　春闘（春季闘争）は高度経済成長期の**総評**（日本労働組合総評議会）主導に
　　よる一斉賃上げ闘争である。

(2)　①　**詳しく！▶** 日本共産党は1922年，中国共産党は1921年，いずれも世界革命を
　　目指す**コミンテルン**（1919〜43年）の指導下で成立した。

2　(1)　問1　1-イ　2-サ　3-タ　4-ク　問2 エ　問3 オ
　　　(2)　1　国体　2　加藤高明　3　幣原喜重郎

解説

(1)　問1　**1**：**解答力 UP!**（p.181）　**2**：**詳しく！▶ 民本主義**は主権在民を求めず，
　　大日本帝国憲法の枠内（主権在君下）での民主主義的改革を求めたもので，
　　民衆の政治参加の基本となる**普通選挙制**と**議院（政党）内閣制**の論拠となった。
　　3：吉野作造は1918年にデモクラシー思想団体の黎明会を結成した。東大新
　　人会は，吉野作造の指導下で東京帝大の学生らが結成した思想団体。**4**：美
　　濃部達吉は**天皇機関説**を唱えた。これは大日本帝国憲法の枠内で，天皇が国
　　家の最高機関として統治権を行使するという考え方。**国家法人説**ともいう。
　　一方，**上杉慎吉**らの天皇主権説は天皇の統治権に制限はないと唱えた。
　　問2　**ア**は江戸時代の**安藤昌益**の『**自然真営道**』，**イ**は日本国憲法の理念，**ウ**
　　は植木枝盛の私擬憲法「**東洋大日本国国憲按**」，**オ**は天皇主権説を指す。
　　問3　**オ**は白樺派の説明。白樺派は他に**志賀直哉**，**武者小路実篤**，**倉田百三**。
　　新思潮派は，大正時代の**芥川龍之介**，**菊池寛**による新現実主義文学を指す。

(2)　**1**　**国体**はここでは天皇制を指す。治安維持法は「私有財産制度を否認するこ
　　とを目的」とした結社も禁止し，共産主義勢力は同法で取締りの対象とされた。
　　2　1925年，護憲三派（**憲政会・立憲政友会・革新倶楽部**）の連立内閣として
　　加藤高明内閣が成立した。この内閣のもとで，普通選挙法や，**日ソ基本条約**調
　　印による共産主義勢力や無産政党の拡大が警戒されて治安維持法が成立した。
　　3　1945年10月のGHQによる人権指令に従い，**幣原喜重郎**内閣が廃した。

精講 29-1 選挙権の拡大 ●

1889年，大日本帝国憲法で衆議院の公選が示され，**衆議院議員選挙法**が制定された。1890年の**帝国議会**開設以降，衆議院の選挙権はその後，年齢，財産制限，地域，性別の４つで拡大した。戦後の**公職選挙法**（1950年）の内容も含めて整理しよう。

公布年（内閣）	内　　容
1889年（黒田）	男子・満25歳以上・直接国税15円以上，記名投票，小選挙区制
1900年（山県）	男子・満25歳以上・直接国税10円以上，大選挙区制
1903年	北海道で選挙法施行
1912年	沖縄県で選挙法施行
1919年（原）	男子・満25歳以上・直接国税３円以上，小選挙区制
1925年（加藤）	男子・満25歳以上・財産制限なし（男性普通選挙） 中選挙区制，実施は1928年２月（田中内閣）・無産政党から８名当選
1945年４月	朝鮮・台湾・南樺太でも選挙法施行（実施には至らず）
1945年（幣原）	男女・満20歳以上・**女性参政権の実現**・実施は1946年４月，大選挙区制
1994年（細川）	衆議院は小選挙区・比例代表並立制を導入
2015年（安倍）	男女・満18歳以上に引き下げ

精講 29-2 ２つの政党内閣 ●

1898年には日本初の政党内閣である**大隈重信内閣**（第１次），1918年には本格的な政党内閣である**原敬内閣**が成立した。両者の共通点と相違点を理解しよう。

大隈内閣	衆議院第一党の憲政党による初の政党内閣。大隈は首相兼外相，**板垣退助**が内相，**尾崎行雄**が文相。陸相と海相以外の閣僚は憲政党員。党内の対立により年内に総辞職した。大隈首相は華族（衆議院に議席なし）であった
原内閣	衆議院第一党の立憲政友会による政党内閣。陸相・海相・外相以外の閣僚は立憲政友会員。伯仲する野党(憲政会)が存在。原首相も衆議院に議席をもつ。1920年の総選挙で大勝。**高橋是清**内閣も立憲政友会の政党内閣であった

30 | 大正時代2

STEP 1 基本レベル

1 次の文章を読んで，問題に答えなさい。

（大阪学院大）

　第2次 (ア)大隈重信内閣は，（　a　）外相の主導により日英同盟を理由として，三国協商側に立って第一次世界大戦に参戦した。1915年には，（　a　）外相は，中国の（　b　）政府に対して，いわゆる(イ)二十一カ条の要求をおこない，最後通牒を発して要求の大部分を認めさせた。

　大隈内閣の後の寺内正毅内閣は，(ウ)中国の北方軍閥政権に巨額の経済借款を与え，日本の権益確保を意図した。

　戦後に向けた対策もおこなわれた。第2次大隈内閣では，第4次（　c　）協約を締結し，極東における両国の特殊権益を再確認した。寺内内閣では，イギリスが日本軍艦の（　d　）派遣を求めたことをきっかけに，ドイツ権益確保を求める日本の要求を，英仏などが支持するという密約がかわされた。

　日本の中国進出を警戒していたアメリカは，第一次世界大戦に参戦するにあたり，太平洋方面の安定を確保する必要があったため，1917年，(エ)日本との間で公文を交換した。

　また，(オ)東部戦線崩壊と社会主義国家の誕生を恐れた英仏など連合国は，干渉戦争をおこない，日本にも共同出兵を促した。寺内内閣は，アメリカが，シベリアの（　e　）軍救援を名目とする共同出兵を提唱したのを受けて，1918年8月，シベリア・北満州への派兵を決定した。

□ **問1.** 文中の（　a　）〜（　e　）に入る語句を下記の語群から選びなさい。
　　①段祺瑞　②ポーランド　③日仏　④田中義一　⑤バルト海　⑥袁世凱
　　⑦加藤友三郎　⑧リトアニア　⑨日伊　⑩黒海　⑪孫文　⑫加藤高明
　　⑬日蘭　⑭エストニア　⑮加藤寛治　⑯チェコスロヴァキア
　　⑰地中海　⑱蔣介石　⑲日露　⑳ベーリング海

□ **問2.** 下線部（ア）に関し，次の文のうち不適当なものはどれですか。
　　(1) 彼の第1次内閣は，憲政党を基礎に組閣された。
　　(2) 彼の第2次内閣では，陸軍の2個師団増設が実現した。
　　(3) 彼の第2次内閣は，ジーメンス事件のために倒れた。
　　(4) 早稲田大学の前身である東京専門学校を創立した。

□ **問3.** 下線部（イ）の内容に関して，不適当なものはどれですか。
　　(1) 山東省のドイツ権益の継承。

(2) 南満州や東部内蒙古における権益の強化。

(3) 日中合弁事業の承認。

(4) ３億両の賠償金。

□ **問4.** 下線部（**ウ**）に，もっとも関係の深い者は，次のうち誰ですか。

    (1) 高橋是清　　**(2)** 西原亀三　　**(3)** 山県有朋　　**(4)** 伊藤博文

□ **問5.** 下線部（**エ**）に関し，次の文のうち不適当なものはどれですか。

    (1) 特派大使石井菊次郎と国務長官ランシングの間で交わされた。

    (2) 中国の領土保全・門戸開放を認めあった。

    (3) 朝鮮における日本の特殊利益が認められた。

    (4) 九カ国条約が成立したため廃棄された。

□ **問6.** 下線部（**オ**）の内容に関係するものとして，不適当なものはどれですか。

    (1) ロシア革命　　**(2)** ブレスト＝リトフスク条約

    (3) レーニン　　**(4)** ノルマントン号事件

┌─ この**用語**も**おさえる**！ ─

▶ **二十一カ条の要求**…1915年に**大隈重信**内閣が中華民国の**袁世凱**政権に要求。山東半島のドイツ権益譲渡などを承認させたが，第5号の内政干渉部分は削除された。中国では受諾日の1915年5月9日を**国恥記念日**とした。山東省の旧ドイツ権益はパリ講和会議で争点となり，戦勝国の中国はヴェルサイユ条約の調印を拒否した。ワシントン会議における九カ国条約に基づく1922年の**山東懸案解決条約**で山東省の旧ドイツ権益を中国に返還し，青島から撤兵した。

▶ **ブレスト＝リトフスク条約**…1918年3月に結ばれた，ドイツとソ連の単独講和条約。東部戦線が崩壊し，ドイツのフランス攻撃激化を連合国は警戒した。

▶ **シベリア出兵**…1918年にロシア革命への干渉戦争として英・米・日・仏などが出兵。名目はシベリアのチェコスロヴァキア軍救援。日本は1922年まで駐兵して，1920年には**尼港（ニコラエフスク）事件**がおきるなど被害を拡大した。

▶ **国際連盟**…1920年に発足した国際平和機関。常任理事国は英・仏・日・伊。ドイツは1926年，ソ連は1934年に加盟し常任理事国にもなったが，後に日・独・伊は脱退，ソ連は除名された。アメリカは議会（上院）の反対により不参加。全会一致制のため動きにくく，軍事制裁力はもたなかった。

2 (1) 次の文章を読み，それぞれの設問に答えなさい。 （中央大・改）

　第一次世界大戦が終結した後，1919年1月，パリ郊外のヴェルサイユ宮殿で講和会議が開催され，日本は　A　（首席全権），牧野伸顕ら5人の全権を中心とする代表団を派遣した。6月にヴェルサイユ条約が調印され，イギリス・フランスの主張により，ドイツはすべての植民地を失い，本国の一部も割譲させられ，軍備制限と巨額な賠償金を課せられた。アメリカ大統領ウィルソンは無併合・無賠償を主張したが採用されず，　あ　の原則も，アジアやアフリカの植民地には適用されなかった。

　日本はパリ講和会議において，山東省の旧ドイツ権益を引き継ぐことを認めさせ，赤道以北のドイツ領南洋群島を　い　から委任統治する権利を獲得したが，①日本が山東省の旧ドイツ権益を継承したことに対して，中国では条約調印拒否を叫び，日本商品のボイコットが全国的に広まった。

　1921年11月から翌年2月にかけて，アメリカ大統領　う　の提唱で，ワシントン会議が開催された。日本は，海相　え　，貴族院議長徳川家達，駐米大使幣原喜重郎らを全権として派遣した。1921年12月，太平洋諸島の領土・権益を相互に尊重し，問題の平和的解決を目指すことについて，四カ国条約が締結された。次いで翌年2月，中国の主権尊重・門戸開放・機会均等を規定した②九カ国条約が締結され，同時に海軍軍縮の五カ国条約も締結された。四カ国条約により　B　は廃棄され，九カ国条約により日本は石井・ランシング協定を廃棄し，中国と　お　条約を結んで山東省の旧ドイツ権益を返還した。また，五カ国条約では日本の主力艦の保有比率がアメリカ・イギリスの　か　割に抑えられることになった。

□ **問1.** 空欄　A　に入る人物は，明治末期に2度組閣したが，第2次内閣期の1912年，陸軍による朝鮮駐屯に関する要求を拒否したため陸軍と衝突し，それが原因で内閣を総辞職した。その陸軍の要求問題とは何か，記しなさい。

□ **問2.** 下線部①について，北京の学生が始めた抗議デモの名称を記しなさい。

□ **問3.** 下線部②について，締結国「九カ国」として正しいものを一つ選びなさい。

　　ア. アメリカ・イギリス・フランス・日本・オランダ・ベルギー・デンマーク・スペイン・ポルトガル

　　イ. アメリカ・イギリス・フランス・日本・イタリア・オランダ・ベルギー・スペイン・ポルトガル

ウ．アメリカ・イギリス・フランス・日本・イタリア・中国・オランダ・ベルギー・ポルトガル

エ．アメリカ・イギリス・フランス・日本・イタリア・中国・オランダ・スペイン・ポルトガル

オ．アメリカ・イギリス・フランス・日本・イタリア・中国・オランダ・ベルギー・デンマーク

☐ **問4．**空欄　B　に入る条約は2回改定されているが，その西暦年を記しなさい。

☐ **問5．**空欄　あ　〜　か　をそれぞれ漢字・カタカナで答えなさい。

☐ **(2)**　次の設問の空欄にあてはまる語句を答えなさい。　(学習院大・改)

　　第一次大戦中は大幅な出超となって，日本は債務国から債権国へと転換した。　1　業や鉄鋼業を中心に工業部門は活況を呈し，工業生産額は農業生産額を追い越した。その背景として，大規模な　2　発電事業の展開があり，福島県の　3　と東京との間の長距離送電の成功で，都市部への電力供給が可能となっていたことが挙げられる。工業労働者数も100万人を超えた。ただし，労働者保護立法である　4　が1916年に実施されてはいたものの，その内容は不備であった。

（解答力 **UP!**）**対比して整理＋誤字や設問の指示に注意** ─────────

① **ワシントン海軍軍備制限（軍縮）条約**（1922年）と**ロンドン海軍軍備制限（軍縮）条約**（1930年）…主力艦⇔主に補助艦の軍縮，対米英比6割⇔約7割で妥協，全権は加藤友三郎海相（ともさぶろうかいしょう）⇔若槻礼次郎元首相（わかつきれいじろう）。ロンドン海軍軍縮条約では**統帥権干犯問題**（とうすいけんかんぱん）が発生した。

② **ワシントン会議での四カ国条約と九カ国条約**…1921年⇔1922年，太平洋問題⇔中国問題，日英同盟の廃棄⇔石井・ランシング協定の廃棄，中国とは山東懸案解決条約（けんあん）を結ぶ。

③ **誤字に注意**…**門戸開放**（もんこ）（×解），**機会均等**（×械），**債権国**（さいけん）（×券），**講和会議**（×話），**鉄鋼業**（×鉱）

④ **実戦レベル (1)** の**問5**では，「漢字・カタカナで答えなさい」とあるので，　か　の主力艦保有率の対米英比6割は六（漢数字）と記す必要がある。

1　問1　a-⑫　b-⑥　c-⑲　d-⑰　e-⑯　問2　(3)　問3　(4)
　　　　問4　(2)　問5　(3)　問6　(4)

解説

問1　b・e：▶この**用語**も**おさえる**！（p.185）　c：日露協約は1907年の第1次から16年の第4次まで。

問2　ジーメンス事件は海軍の汚職事件で第1次山本権兵衛内閣の倒壊理由。

問3　賠償金の要求はなされていない。なお，2億両（約3億円）の賠償金が支払われたのは，1895年，日清戦争の講和条約（下関条約）でのこと。**(3)** は中国最大の製鉄事業である漢冶萍公司の日中合弁化を指す。

問4　▶**精講** 30-1

問5　▶**解答力** UP！（p.187）・**精講** 30-1　**(3)**：誤文。朝鮮ではなく中国における日本の特殊利益が認められた。

問6　ノルマントン号事件は1886年。条約改正の必要性を認識させた遭難事件。

2　(1)　問1　(陸軍) 2個師団増設問題　問2　五・四運動　問3　ウ
　　　　問4　1905年，1911年　問5　あ-民族自決　い-国際連盟
　　　　う-ハーディング　え-加藤友三郎　お-山東懸案解決　か-六
　　(2)　1　造船　2　水力　3　猪苗代　4　工場法

解説

(1)　問1　Aは西園寺公望を指す。軍部大臣現役武官制により陸・海相は現役の大将・中将しか就任できず，1912年の2個師団増設問題では，上原勇作陸相の辞任後，陸軍が後任を拒んだため，第2次西園寺内閣は総辞職に追い込まれた。

　　問2　**注意**！▶1919年のパリ講和会議で示された民族自決の原則の影響を受け，植民地の朝鮮では三・一独立運動，中国の北京では五・四運動がおきた。

　　問3　中国の主権・領土の尊重なので，中国および中国に利権をもつ国を考える。

　　問4　**詳しく**！▶Bは1902年調印の日英同盟協約を指す。1905年の第2次では日本の韓国保護国化を認め，適用範囲をインドに広げた。1911年の第3次では日米対立を同盟の適用外とし，1921年の四カ国条約で廃棄となった。

　　問5　う：▶**精講** 30-1　え：▶**解答力** UP！（p.187）
　　　　お：▶この**用語**も**おさえる**！（p.185）

(2)　1・2・3：▶**精講** 30-2　4：工場法については**精講** 39-1（p.243）を参照。

精講 30-1　この時期の中国・アメリカ●

① **中華民国**…**(1)** 辛亥革命を経て1912年に成立したが，1928年に北伐が完了するまで，北方軍閥を含めた割拠状態であった。**(2)** 袁世凱・段祺瑞…大隈重信内閣の二十一カ条の要求（1915年）は**袁世凱政権**，寺内正毅内閣の借款供与（私設特使の西原亀三による西原借款・1917年）は**段祺瑞政権**である。

② **アメリカ**…**(1)** 大統領：ウィルソン大統領はパリ講和会議・**国際連盟**設立で活躍したが，アメリカは国際連盟には不参加。ハーディング大統領はワシントン会議を主催した。**(2)** 混同に注意：タフト陸軍長官は1905年に**桂・タフト協定**，ランシング国務長官（外相に相当）は1917年に**石井・ランシング協定**を結んだ。

精講 30-2　第一次世界大戦中の好景気（大戦景気）とその後●

① 輸出が伸びた理由…**(1)** 大戦が総力戦のためヨーロッパ諸国がアジア市場から後退し，中国市場で**綿織物**や**綿布**の輸出が好調だった。**(2)** 好景気のアメリカへの**生糸**の輸出が好調だった。**(3)** ロシアやイギリスの軍事物資の需要から**鉄鋼業**，世界的な船舶不足から海運業や**造船業**が好調だった。**(4)** 交戦国のドイツから薬品・肥料・染料などの輸入が途絶し，**化学工業**が勃興して重化学工業化を促した。**(5)** 貿易総額は大戦中の1915〜18年は輸出超過となった。

② 債権国化。西原借款や民間の紡績業の**在華紡**など**資本輸出**が活発で，戦前では債務国の日本が，1920年には大幅な債権国に転換した。一方，1920年には反動不況による**戦後恐慌**が始まった。その後，関東大震災（1923年9月1日）に起因する**震災恐慌**，**金融恐慌**（1927年），**昭和恐慌**（1930年）と不況が続いた。

③ 1919年には生産総額で工業生産額が農業生産額を上回り，**工業国**への転換が進んだ。男子工員やサラリーマンが増えて**都市化**が進む一方，第1次産業の従事者が減り，米不足，物価騰貴や実質賃金の低下などの現象も発生した。

④ 大戦景気により新たに**船成金・鉄成金**が誕生し，植民地の台湾との取引では総合商社の**鈴木商店**が急成長した。大正時代末以降，**三井・三菱・住友・安田の四大財閥**は系列の銀行を中心に産業界の支配を強めた。これに浅野・川崎・古河・大倉財閥を加えて八大財閥という。

⑤ 電力業（水力発電事業）の発展が大戦景気を支えた。**猪苗代水力発電所**の完成による1915年の猪苗代から東京への長距離送電の開始は，工業原動力の蒸気力から電力への転換を進めた。

1 (1) 次の文章を読み，下記の問いに答えなさい。 （高崎経済大・改）

　震災と恐慌に見舞われた1920年代の日本経済は，「慢性不況」といわれる。①第1次世界大戦にともなう好景気は，その終結によって終わりを迎えた。ヨーロッパ諸国の製品がアジア市場に復帰したことにより，1919年から貿易は輸入超過に転じ，とくに国際競争力の劣る重化学工業部門は輸入品に圧迫されて生産を減少させた。1923年に発生した関東大震災への対応策として，政府は決済不能になった　1　に対して　2　に特別融資をさせることで一時をしのいだが，景気は回復しなかった。

　1927年，この　1　の処理法案を国会で審議する過程で，　3　蔵相の失言をきっかけに，取付け騒ぎが頻発し銀行の休業が相次いだ。　4　内閣は，金融不安の主な要因であった②台湾銀行を緊急勅令によって救済しようと図ったが，　5　の了承を得ることができず，総辞職に追い込まれた。とって代わった田中義一内閣は，3週間の　6　を発し，　2　も巨額の救済融資をおこなうことで，全国に広がった金融危機を沈静化することに成功した。

□ **問1** 空欄　1　～　6　にあてはまる適切な語句・人名は何か。
□ **問2** 下線部①の好景気を何と呼ぶか。
□ **問3** 下線部②の台湾銀行の最大の融資先であった商社はどこか。

　　あ 三井物産　　**い** 三菱商事　　**う** 大倉商事
　　え 鈴木商店　　**お** 安宅商会

□ (2) 次の文章の空欄に最も適当な語句を選びなさい。 （関西大）

　第一次世界大戦後の日本経済は慢性的な不況が続き，1917年以降，金本位制が停止される中で，国際競争力の低下による輸入超過や為替相場の変動が生じていた。立憲民政党の浜口雄幸内閣が成立すると，大蔵大臣に就任した　1　{**(ア)**若槻礼次郎　**(イ)**井上準之助　**(ウ)**片岡直温}　は1930年1月に金解禁を行った。しかし，同時期に発生した世界恐慌と金解禁にともなう不況の影響を受けた日本経済は，昭和恐慌と呼ばれる深刻な不況に陥り，金本位制の維持が困難になった。金輸出再禁止を予測した財閥系企業は，ドル買いにより利益をあげたが，社会的批判を浴び，1932年3月には三井合名会社理事長の　2　{**(ア)**団琢磨　**(イ)**池田成彬　**(ウ)**鮎川義介}　が血盟団員によって暗殺された。

なお，立憲民政党の内閣に代わって立憲政友会の　3　¦(ア)犬養毅　(イ)田中義一　(ウ)高橋是清¦内閣が成立すると，1931年12月に金輸出が再び禁止され，日本は管理通貨制度へ移行した。

この用語もおさえる！

- ▶ 治安維持法…1925年に**加藤高明**内閣が制定。国体の変革または私有財産制度を否認することを目指す結社を規制した。国体とは天皇制を指す。1928年に田中義一内閣が**緊急勅令**で死刑と**目的遂行罪**，1941年に第2次近衛文麿内閣が**予防拘禁制**を導入した。第2次山県有朋内閣が1900年に制定した，労働運動や女性の政治活動を規制する**治安警察法**と混同しないこと。治安警察法は行動を取り締まる法律だが，治安維持法は思想そのものを取り締まる法律である。どちらも1945年に廃止された。
- ▶ 高橋是清…1921年に首相。1927年の**金融恐慌**では蔵相として**モラトリアム**（支払猶予令）を実施した。**犬養毅・斎藤実・岡田啓介**内閣の蔵相として**金輸出再禁止**，**赤字国債**による積極財政を行うも，1936年の**二・二六事件**で暗殺された。
- ▶ 金本位制…金貨を本位貨幣とする貨幣制度。金の輸出入の自由および金と紙幣の**兌換**を保証する。1885年に松方正義蔵相による銀兌換券発行時は銀本位制であった。金本位制は1897年，第2次松方内閣の**貨幣法**で成立した。金本位制への移行で金本位国との為替相場が安定し，外債の起債など**資本輸入**や条約改正に有利とされた。1917年に金輸出を禁止，1930年に金解禁，1931年に金輸出再禁止の後，金本位制から離脱して**管理通貨制度**に移行した。
- ▶ 持株会社…株式を所有して**コンツェルン**の頂点に立つ会社。四大財閥では，**三井合名会社**，**三菱合資会社**，住友合資会社，安田保善社が設立されたが，第二次世界大戦後のGHQの**財閥解体**により解散した。なお，現在は**独占禁止法**の改正（緩和）により，一定の条件下で持株会社は解禁されている。

2 (1) 次の各設問に答えなさい。 (広島経済大・改)

☐ **問1**．加藤高明による護憲三派内閣について述べた文として誤っているものを1つ選べ。

①第二次護憲運動で倒れた清浦奎吾内閣のあとを受けて成立した。

②憲政会・立憲政友会・革新倶楽部の3党連立内閣として成立した。

③普通選挙法を成立させ，満25歳以上の男性に衆議院議員選挙権を認めた。

④治安維持法を制定し，幸徳秋水らを大逆罪で死刑とした。

☐ **問2**．満州事変に関連して述べた文として誤っているものを1つ選べ。

①関東軍は，奉天郊外の柳条湖で南満州鉄道の線路を爆破して軍事行動を開始した。

②清朝最後の皇帝の溥儀を執政とする満州国が建国された。

③五・一五事件で暗殺された犬養毅首相のあとを受けた斎藤実内閣は，日満議定書をとりかわして満州国を承認した。

④国際連盟は，満州事変の調査報告書であるハル・ノートにもとづき，満州国を否認した。

(2) 次の各設問に答えよ。 (法政大・改)

☐ **問1**．1920年代後半から犬養毅内閣成立までにとられた財政金融や経済産業に関する政策についての記述として誤っているものをすべて選べ。

ア．浜口雄幸内閣は，井上準之助蔵相の下でデフレ政策をとり，金輸出を解禁した。

イ．若槻礼次郎内閣の下で，台湾銀行を救済するための日本銀行特別融資が実施された。

ウ．金融恐慌を鎮めるために，田中義一内閣の下で，日本で初めて支払猶予令が発令された。

エ．浜口雄幸内閣の下で，重要産業統制法が制定され，カルテルの結成が促進された。

☐ **問2**．犬養毅内閣成立以降にとられた財政金融や経済産業に関する政策についての記述として誤っているものをすべて選べ。

ア．犬養毅内閣の下で金輸出が禁止され，日本は管理通貨制度に移行した。

イ．広田弘毅内閣の下で円の兌換が再開され，為替相場が円高基調になった。

ウ．犬養毅，斎藤実，岡田啓介内閣で蔵相を務めた高橋是清は，赤字国債

を日銀に引き受けさせ，軍事費増大や時局匡救事業のための財源を調達
した。

エ．広田弘毅内閣は，財政の膨張を抑えるために軍事費の拡張を認めな
かったので，軍部の反発をまねき，短命に終わった。

□ **問3**．昭和恐慌後の日本の経済・産業に関する記述として誤っているものを，
すべて選べ。

ア．製鉄会社の大合同の結果，日本製鉄会社が設立され，鋼材の国内自給
が達成された。

イ．円安を利用して絹織物の輸出が増加し，イギリスを抜いて世界1位の
輸出国になった。

ウ．綿花やくず鉄について，米国からの輸入への依存が強まった。

エ．1930年代前半に，重化学工業が工業生産額の過半を占めるようになった。

□ **問4**．新興財閥に関する記述として誤っているものをすべて選べ。

ア．日窒コンツェルンは，朝鮮北部に水力発電所と化学コンビナートを建
設した。

イ．新興財閥は，重化学工業を事業の中心とし，軍部と結びつき成長した。

ウ．既成財閥と同様に，新興財閥には独自の金融機関を持つものが多かった。

エ．森コンツェルンが設立した昭和電工が，太平洋戦争後に起こした収賄
事件により，片山哲内閣は短命に終わった。

□ **問5**．既成財閥に関する記述として誤っているものを1つ選べ。

ア．既成財閥には，政商から財閥へと成長したものが多かった。

イ．三菱財閥は，立憲政友会と強い関係を持っていた。

ウ．三井財閥は，三井合名会社を持株会社としてコンツェルンを形成した。

エ．別子銅山の経営を中心に発展した住友財閥は，住友合資会社を持株会
社とした。

（解答力 **UP!**）**実戦レベルはすべて正誤判定問題** ─────────

正誤問題の解き方…①歴史用語以外も逆さにできる言葉は必ず置換してみる（輸入⇔
輸出，円安⇔円高）。②文章自体の前後も置換してみる。③文章に矛盾がない時は時
期区分に注意する（内容は正しいが時代が違う）。④1文字も読み飛ばさない。⑤「似
た他者」をつねに意識して比較する（絹織物⇔綿織物，日産⇔日窒，三菱⇔三井，綿
花⇔綿糸）。

1 (1) 問1　1-震災手形　2-日本銀行　3-片岡直温
　　　　4-(第1次)若槻礼次郎　5-枢密院
　　　　6-モラトリアム〔支払猶予令〕　問2　大戦景気　問3　え
　　(2) 1(イ)　2(ア)　3(ア)

解説

(1) **問1**　**1・2**　<ruby>震災<rt>しんさい</rt></ruby>手形は関東大震災が原因で現金化できなくなった手形。政府は銀行の連鎖倒産を防ぐため震災手形割引損失補償令で日本銀行からの特別融資・再割引を行った。天災時の救済策であるが、経営不良の企業や銀行の延命が1927年の<ruby>金融恐慌<rt>きんゆうきょうこう</rt></ruby>につながった。**補償**の誤字に注意。

　　問3　**鈴木商店**は元は台湾産の砂糖や<ruby>樟脳<rt>しょうのう</rt></ruby>の取引を行う商社だったが、大戦景気時に急成長した。

(2)　**2**：1932年の<ruby>血盟団事件<rt>けつめいだんじけん</rt></ruby>では<ruby>井上準之助<rt>いのうえじゅんのすけ</rt></ruby><ruby>前蔵相<rt>ぜんぞうしょう</rt></ruby>も殺害された。

2 (1) 問1 ④　問2 ④
　　(2) 問1 イ・ウ　問2 イ・エ　問3 イ・エ　問4 ウ・エ　問5 イ

解説

(1) **問1**　④の<ruby>大逆<rt>たいぎゃく</rt></ruby>事件は治安維持法が制定される以前の1910年におきた。**注意!▶** 旧刑法の**大逆罪**では、天皇や皇太子などへの罪は未遂でも死刑とした。1947年の**刑法改正**で削除。

　　問2　**▶精講 31-1**　④のハル・ノートは1941年11月26日、<ruby>満洲<rt>まんしゅう</rt></ruby>(州)国の否認など国務長官ハルが示した日米交渉の最終提案。日本は開戦を決断した。

(2) **問1**　**イ**：誤文。第1次<ruby>若槻<rt>わかつき</rt></ruby>内閣の台湾銀行救済の緊急<ruby>勅令案<rt>ちょくれいあん</rt></ruby>は<ruby>枢密院<rt>すうみついん</rt></ruby>が拒否した。**ウ**：誤文。1927年のモラトリアムは、関東大震災後の1923年に続き2例目である。

　　問2　**イ**：誤文。すでに管理通貨制度に移行したので、<ruby>兌換<rt>だかん</rt></ruby>は停止されている。**エ**：**詳しく!◀▶** 誤文。広田内閣では大規模な軍拡を実施した。

　　問3　**イ**：誤文。**綿織物**が正しい。**エ**：誤文。工業生産額で重化学工業が繊維工業を上回ったのは1933年、過半を占めたのは1938年のことである。

　　問4　**ウ**：誤文。<ruby>既成財閥<rt>ぎせいざいばつ</rt></ruby>と異なり、新興財閥は銀行をもたず株式を公開して資金を集め、<ruby>国策<rt>こくさく</rt></ruby>の<ruby>軍需<rt>ぐんじゅ</rt></ruby>など重工業で成長した。**詳しく!◀▶** 日産-<ruby>鮎川義介<rt>あいかわよしすけ</rt></ruby>-満洲、<ruby>日窒<rt>にっちつ</rt></ruby>-<ruby>野口遵<rt>のぐちしたがう</rt></ruby>-朝鮮は重要である。**エ**：誤文。1948年の**昭和電工事**<ruby><rt>でんこう</rt></ruby>

件は芦田均内閣の総辞職に直結。日本社会党の片山哲内閣は炭鉱国家管理問題で閣内不一致になった。

問5　▶精講 31-2　イ：誤文。政友会は板垣退助以来，三井財閥と近い。

精講 31-1　満洲事変・満洲国建国と九カ国条約・不戦条約 ●─────

　1920年以降，日本は**国際連盟**の常任理事国として国際協調を求められた。1922年の**九カ国条約**では中国の主権・領土の尊重，1928年の**不戦条約**では戦争の違法化（侵略戦争の禁止）に合意した。そのため，1931年9月の**満洲事変**（柳条湖事件）では南満洲鉄道（満鉄）線路の爆破への自衛（自衛戦争は不戦条約でも容認），1932年3月の**満洲国**建国は，現地満洲人による中華民国からの自主独立という形式とした。満洲国は国旗，元号，国歌を定め，清朝の元皇帝溥儀を執政（のち皇帝）とし，大臣を満洲人にするなど独立国をアピールした。斎藤実内閣は1932年9月に日満議定書で国交を結んだ。一方で，**関東軍**が満洲国の防衛で駐留し，実権は日本人官僚と関東軍が握るなど，傀儡性も明白であった。1932年の**リットン報告書**を受け，1933年に国際連盟は，満洲事変が自衛の範囲を超え，満洲国が現地民衆の自発的独立ではない点を勧告する案を採択し，臨時総会で日本以外が承認（タイは棄権）したため，日本は国際連盟を脱退した。満洲事変は1933年5月，塘沽停戦協定で停戦した。

精講 31-2　政友会と憲政会（立憲民政党）の対比 ●─────
　田中外交と幣原外交，高橋財政と井上財政に注目する。

	立憲政友会（1900～40年） （原・高橋・田中・犬養内閣）	憲政会（1916年）→立憲民政党（1927～40年） （加藤・若槻・浜口・第2次若槻内閣）
外交政策	欧米とは協調し**不戦条約**に調印（1928年・田中内閣）。中国内戦（北伐）には強硬姿勢。山東出兵・東方会議で「対支政策綱領」・済南事件。ロンドン海軍軍縮条約の批准には反対	**幣原喜重郎**外相を起用（協調外交を推進）。欧米とは協調しロンドン海軍軍備制限条約に調印（1930年・浜口内閣）。北伐には不干渉。**日中関税協定**（1930年）で中国の関税自主権を承認
財政政策	**高橋是清**蔵相を起用（田中・犬養内閣）。**積極財政**。日本銀行特別融資など公的資金を導入する。金輸出再禁止による管理通貨制度移行と低為替政策（円安で輸出促進）。三井と結びつきが強い	**井上準之助**蔵相を起用（浜口・第2次若槻内閣）。政友会の積極財政を批判し，**緊縮財政**を主唱。金解禁による金本位制復帰（円の信用回復・円高誘導による企業の淘汰）。産業合理化・重要産業統制法（1931年）。三菱と結びつきが強い

32 ｜ 昭和時代戦前2

STEP 1 基本レベル

1 (1) 次の各設問に答えなさい。

（福岡大・改）

☐ **問1** 盧溝橋事件と近衛文麿内閣の対応に関する説明として誤っているものはどれか。

 1．戦線不拡大の声明を出した。

 2．中国への派兵を認めた。

 3．中国への宣戦布告を行った。

 4．「国民政府を対手（あいて）とせず」との声明を出した。

☐ **問2** 辛亥革命に参加し，北伐軍を指揮し，南京に国民政府を樹立した人物は誰か。

 1．袁世凱 **2**．周恩来 **3**．汪兆銘 **4**．蔣介石

☐ **問3** 1938年『改造』に発表した『麦と兵隊』は，陸軍報道部員として徐州作戦に従軍した人物が書いた戦争記録文学である。この作者は誰か。

 1．石川達三 **2**．丹羽文雄 **3**．火野葦平 **4**．島木健作

☐ **問4** 第1次近衛内閣は，国民を戦争に自発的に協力させるために，「挙国一致」「尽忠報国」「堅忍持久」をスローガンに，宮城遥拝や神社への集団祈願などを実施した。これを何というか。

 1．国民精神総動員運動 **2**．新体制運動

 3．学徒出陣   **4**．国民徴用令

☐ **問5** 1940年，高級衣料，装飾品などのぜいたく品の製造・販売が禁止された。その施策は一般に何とよばれたか。

 1．価格等統制令 **2**．切符制 **3**．七・七禁令 **4**．配給制

(2) 問題文を読んで，以下の問いに答えなさい。

（高崎経済大・改）

  ☐1☐内閣は1938年4月，戦時に際して労働力や物資の割当などの統制・運用を☐2☐の審議・承認を経ずに勅令で行うことのできる国家総動員法を制定した。翌1939年7月，政府は①国民を強制的に軍需産業などに就労させることのできる勅令，同年10月には②1939年9月18日の価格に据え置き，値上げを禁止する勅令をそれぞれ公布した。さらに，1938年度から③物資動員計画を作成して，鉄鋼などの貴重な物資を優先的に軍需産業に割り当てた。

□ **問1**　|＿1＿|・|＿2＿|にあてはまる適切な語句・人名はそれぞれ何か。

□ **問2**　下線部①・②に関して，この勅令の名称はそれぞれ何か。

□ **問3**　下線部③に関して，物資動員計画の作成など経済統制の中心的な役割を果たした内閣直属の総合国策機関の名称は何か。

□ **(3)**　次の文章の空欄を答え，設問にも答えなさい。

（神奈川大・改）

　1941年12月8日に，日本陸軍は英領|＿1＿|半島に上陸し，同日海軍は|＿2＿|を奇襲し，①アメリカ・イギリスとの戦争が始まった。政府は開戦直後に，この戦争の呼称を|＿3＿|と決定した。緒戦は日本軍が快進撃を続けたが，1942年6月に|＿4＿|で敗北したのを契機として，以後戦況は逆転してゆき，ついに1945年8月に|＿5＿|を受諾し敗戦にいたった。

□ **問1**　下線部①に関連して，この開戦時の状況について述べた文として不適切なものを1つ選びなさい。

　　　a．開戦の時，日本はドイツ・イタリアと軍事同盟を結んでいた。

　　　b．開戦の時，現役軍人で陸相を兼ねた東条英機が首相を務めていた。

　　　c．日本は，御前会議を経ずに軍部の独断で開戦に踏み切った。

　　　d．開戦の時，日本は中国大陸においても，戦争を行っていた。

┌─**この用語もおさえる！**─────────────────────

▶ **近衛声明**…1938年1月〜12月，**近衛文麿**首相が中国に向けて発表した3回の声明。第1次では「国民政府を対手とせず」とし，**蔣介石**の国民政府との和平の道を閉ざした。第2次では「東亜新秩序」の建設，第3次では「善隣友好・共同防共・経済提携」を呼びかけた。東亜は，日本・満州国・中華民国を指す。

▶ **国家総動員法**…1938年4月，第1次近衛文麿内閣のときに制定され，以後，戦争の目的で人的および物的資源が統制された。具体的には**企画院**の立案のもとで，議会の承認を得ることなく，**国民徴用令**，賃金統制令，**価格等統制令**などが勅令形式で発令された。

▶ **切符制・配給制**…マッチや砂糖・衣料などの**切符制**は買占めを防ぐ消費の制限策。大都市などでの米の**配給制**は最低限の生活維持策である。

2 (1) 次の文章を読み，下の設問に答えよ。 （明治大・改）

　1933年（昭和8）5月の 1 の締結によって， 2 事件以来の日中間の事実上の戦争状態は停止されたかに見えたが，「満洲国」では内戦状態が続くとともに軍部は 3 分離工作を進めた。中国国内では，抗日運動の気運が高まり，1936年12月の 4 をきっかけとして国共合作への動きが強まった。1937年7月， 5 において日中両軍の衝突が起こり，現地では停戦協定が成立したが， 6 内閣は 3 派兵を決定し，全面戦争となった。1938年1月，政府は，「爾後 7 せず」との声明を出したが，かえって戦争終結への道を遠ざける結果となった。その後， 8 に首都を移した中国政府は，欧米諸国の支援を受けて抗戦を続けたため，日本軍はその援助ルートを遮断するために南進し，1940年9月， 9 に進駐するに至り，英米との対立をさらに深めることとなった。

□ **問1.** 空欄に適当な語句を漢字（ 7 は漢字とひらがな）で記せ。

□ **問2.** 下線部は，この内閣が出した「第1次声明」とも呼ばれるものであるが，同年11月に出された「第2次声明」は一般にどのように呼称され，英・米両国はそれにどのような条約に反しているとの反応を示したか。条約名を記せ。

(2) 以下の各設問に答えよ。 （専修大・改，広島修道大・改）

□ **問1.** 日本のアジア大陸での軍事行動にかかわる次のi～iiiの出来事を，古いものから年代順に正しく配列したものを一つ選びなさい。

　　　i. 北部仏印進駐　　　ii. 山東出兵　　　iii. 張鼓峰事件

　　　① i — ii — iii　　　② i — iii — ii　　　③ ii — i — iii

　　　④ ii — iii — i　　　⑤ iii — i — ii　　　⑥ iii — ii — i

□ **問2.** 戦前・戦時の日本において軍部の強い政治的影響力の裏付けとなった憲法上の規定が，天皇による軍の指揮権，いわゆる統帥権である。とりわけ国防・外交政策の局面においては，この統帥権の独立が争点となる事件がしばしば発生した。国際条約・協定の締結にあたって統帥権問題が争点となったものとして最も適切なものを一つ選びなさい。

　　　①石井・ランシング協定　　　②ロンドン海軍軍縮条約

　　　③日ソ中立条約　　　④日独防共協定

□ **問3.** 日中戦争が開始されたころ，日本軍はソビエト軍との数度の衝突を経験

していた。その後，日本政府はソ連攻撃の北方進出政策の案も持っていたが，南方進出の策が優先され，アメリカとの関係悪化の情勢の中で，日ソ中立条約が結ばれた。この条約を結んだ際の外務大臣の名称を記入せよ。

(3) 次の文章を読み，下記の問いに答えよ。 (明治大・改)

一，吾等合衆国大統領，中華民国政府主席及「グレート・ブリテン」国総理大臣ハ，吾等ノ数億ノ国民ヲ代表シ，協議ノ上，日本国ニ対シ今次ノ戦争ヲ終結スルノ機会ヲ与フルコトニ意見一致セリ。(中略)

八，[1]宣言ノ条項ハ履行セラルベク又日本国ノ主権ハ本州，北海道，九州及 四国並ニ吾等ノ決定スル諸小島ニ局限セラルベシ。

（『日本外交年表竝主要文書』）

☐ **問1．** この文章は，1945（昭和20）年7月にアメリカ・イギリス・ソ連による会談が開かれた後に発表された宣言文の一部である。宣言文が発表された地名をカタカナ4字で記しなさい。

☐ **問2．** [1]は，1943（昭和18）年11月にローズヴェルト（アメリカ），チャーチル（イギリス），蔣介石（中国国民政府）が会談を開いた後に宣言を発表した場所の名称である。[1]に入る語句をカタカナ3字で記しなさい。

☐ **問3．** この文章が発表されたときの日本の首相の姓名を記しなさい。

〔解答力 **UP!**〕設問文は一字一句を丁寧に熟読する習慣を ───────

① カイロ会談・ヤルタ会談・ポツダム会談の参加者は混同しやすい。▶精講 32-2
(p.201) で整理すること。

② (3) 問3のように「姓名を答えよ」→フルネームで答える。「漢字で答えよ」→
(1) 問1の 9 は，進駐先の「ハノイ」では不可。穴埋め式の語句記述では前後の
文字に注意→「[2]事件」なら解答に「事件」を含めない。

③ 「満洲国」…作問者が「満州」と表記した場合，教科書の記述（「満洲」）と異なっていても論述問題の解答では相手に合わせる配慮を。なお，「○○」のようにカギカッコが付されている場合は「いわゆる○○」の意味で使われている。「満洲国」は正式な国家とは認められていないという作問者の意思が示されている。

④ 「勅令は何か」という設問では，「○○法」と解答しないこと。

---

1 (1) 問1　3　問2　4　問3　3　問4　1　問5　3

(2) 問1　1－近衛文麿　2－(帝国) 議会

問2　①－国民徴用令　②－価格等統制令　問3　企画院

(3) 1　マレー　2　(ハワイ) 真珠湾　3　大東亜戦争

4　ミッドウェー海戦　5　ポツダム宣言　問1　c

解 説

(1) 問1　▶精講 32-1・この用語もおさえる！ (p.197)

問3　『麦と兵隊』は火野葦平による日中戦争の従軍記（戦争文学）。発禁処分となった石川達三『生きてゐる兵隊』と混同しないこと。

(3) 問1　c：誤文。御前会議で天皇の聖断を仰いだ。a：正文。日独伊三国同盟は1940年調印。d：正文。1937年7月7日の盧溝橋事件以来，日中戦争は継続中。

2 (1) 問1　1－塘沽停戦協定〔日中軍事停戦協定〕　2－柳条湖

3－華北　4－西安事件　5－盧溝橋　6－近衛文麿

7－国民政府を対手と　8－重慶　9－北部仏印

問2　東亜新秩序声明〔近衛声明〕，九カ国条約

(2) 問1　④　問2　②　問3　松岡洋右

(3) 問1　ポツダム　問2　カイロ　問3　鈴木貫太郎

解 説

(1) 問1　9：▶精講 32-1

問2　▶精講 31-1 (p.195)・この用語もおさえる！ (p.197)

(2) 問1　iは1940年，iiは1927〜28年，iiiは1938年。なお，張鼓峰事件を1939年のノモンハン事件と混同しないこと。

問2　ロンドン海軍軍縮（軍備制限）条約では，野党の立憲政友会・海軍軍令部に加えて右翼などが統帥権の干犯だと政府を攻撃した。

問3　注意！▶松岡洋右は国際連盟脱退，日独伊三国同盟と日ソ中立条約の締結に関与した。

(3) 問1　文章はポツダム宣言。▶精講 32-2

問2　領土に関するカイロ宣言の内容をポツダム宣言が採用。▶精講 32-2

問3　開戦時の首相は東条英機（1941年10月〜）。サイパン島陥落後の1944年7月から小磯国昭，沖縄戦開始後の1945年4月から鈴木貫太郎であった。

精講 32-1 「十五年戦争（1931〜45年）」での対比の整理 ●————

① **柳条湖事件と盧溝橋事件**…1931年，奉天（現瀋陽）での柳条湖事件は満洲（州）事変の契機となった。1937年，北京郊外での盧溝橋事件は日中戦争（宣戦布告していないので当時は北支，日華，支那事変などと呼称）の原因となった。② **日独伊三国防共協定と三国同盟**…1937年にイタリアも参加した防共協定は共産主義の蔓延を防ぐ目的で，仮想敵国はソ連。一方，1940年の日独伊三国同盟は**独ソ不可侵条約（1939年）**を有効とし，仮想敵国は事実上アメリカであった。③ **北部仏印・南部仏印**…仏印はフランス領インドシナ（現ベトナム・ラオス・カンボジア）。1940年の日本軍の北部仏印（ハノイ）への進駐は，重慶への**援蔣ルートの遮断**が目的。一方，1941年の南部仏印（サイゴン＝現ホーチミン）への進駐は，日米戦を想定した蘭印（オランダ領東インド＝現インドネシア）の油田など資源確保のための拠点づくりを目的とした。

精講 32-2 連合国側と枢軸国側の諸会談 ●————

カイロ宣言と大東亜共同宣言は1943年9月のイタリアの無条件降伏に対応したもの。ヤルタ会談ではドイツ降伏後のソ連の対日参戦を想定した秘密協定が結ばれた。ポツダム会談はドイツ降伏後のヨーロッパの平和処理問題や対日降伏勧告が主題。

会談・時期	参加国（代表）	内容・歴史的意義
カイロ会談 1943年11月 （東条内閣）	米（ローズヴェルト）・英（チャーチル）・中（重慶政府・蔣介石）	カイロ宣言で，朝鮮の独立，満洲や台湾の中国返還，日本の無条件降伏まで戦争を継続することを確認
大東亜会議 1943年11月 （東条内閣）	日本（東条英機）・満洲国（張景恵）・中国（南京政府・汪兆銘）・タイ（独立国）・自由インド・フィリピン・ビルマ	東京で開催。大東亜共同宣言で「大東亜共栄圏」の結束，欧米諸国からのアジア解放という聖戦理由を再確認
ヤルタ会談 1945年2月 （小磯内閣）	米（ローズヴェルト）・英（チャーチル）・ソ（スターリン）	秘密協定で，ドイツ降伏から2〜3か月後のソ連の対日参戦と，南樺太の返還と千島列島の引渡しを密約
ポツダム会談 1945年7月 （鈴木内閣）	米（トルーマン）・英（チャーチル→政権交代でアトリー）・ソ（スターリン）	ポツダム宣言で日本軍への無条件降伏勧告と日本の占領方針を発表。会談不参加の中国（重慶政府・蔣介石）・米・英の3国で宣言。ソ連は対日宣戦布告後の1945年8月から宣言に加わる。日本は8月14日に受諾

33 ｜ 昭和時代戦後1

STEP 1 基本レベル

1 (1)　次の各文章を読んで，下記の設問に答えよ。 （関東学院大・改）

　婦人参政権の付与を含む①五大改革指令を受けて，②1945年に制定された新選挙法で女性の参政権がはじめて認められ，満20歳以上の成人男女に選挙権が与えられるようになった。

□ **問1**　下線部①に関する説明として誤っているものはどれか。

　　1．マッカーサーが幣原喜重郎首相に口頭で指示した。

　　2．労働組合の結成を奨励した。

　　3．秘密警察の設置を指示した。

　　4．教育制度の自由主義的改革，経済機構の民主化を指示した。

□ **問2**　下線部②の年の出来事として誤っているものはどれか。

　　1．東京大空襲　　　**2**．広島と長崎に原子爆弾投下

　　3．アメリカ軍による沖縄本島占領　　　**4**．日本国憲法公布

　　5．ポツダム宣言受諾

(2)　問題文を読んで，以下の問いに答えなさい。 （高崎経済大・改）

　終戦後，極度の物不足に加えて，終戦処理などで通貨が増発されたことから，日本経済は激しい　1　に見舞われた。　2　内閣は(a)預金を封鎖し旧円の流通を禁止するとともに，新円の引き出しを制限して貨幣流通量を減らそうとしたものの，その効果は一時的であった。第1次吉田茂内閣は生産を回復させるため，　3　・鉄鋼などの重要産業部門に資材と資金を集中させる　4　方式を採用した。同方式は　5　・芦田均内閣でも引き継がれ，生産は徐々に回復したが，赤字財政による巨額の資金投入に伴って　1　はさらに進行した。これに対応するため，GHQは，第2次吉田茂内閣に対して　6　の実行を指令した。また，(b)ある銀行家が特別公使として日本に派遣され，一連の施策を指示した。

□ **問1**　　1　～　6　にあてはまる適切な語句・人名は何か。

□ **問2**　下線部 (a) のために公布・施行された法令は何と呼ばれるか。

□ **問3**　下線部（b）の施策は何と呼ばれるか。

(3)　次の文章を読み，下記の設問に答えなさい。　〈日本大・改〉

　1947（昭和22）年4月，日本国憲法下で最初の衆議院議員総選挙がおこなわれた。この結果，第一党となった　1　の党首が首相となり，民主党と国民協同党もあわせた3党連立内閣を組織した。炭鉱国家管理政策をめぐって内に対立がおこると，この内閣は総辞職し，かわって民主党の　2　が首相となって3党連立政権をひきついだ。しかし，復興金融金庫からの融資をめぐる　3　がおこると，　2　内閣は退陣した。

□ **問1**　空欄　1　にあてはまる語句はどれか。
　　　①日本進歩党　　②日本自由党　　③日本社会党　　④自由民主
□ **問2**　空欄　2　・　3　にあてはまる語句の組み合わせはどれか。
　　　①鳩山一郎・造船疑獄事件　　②鳩山一郎・昭和電工疑獄事件
　　　③芦田均・造船疑獄事件　　④芦田均・昭和電工疑獄事件

第6章
現
代

この **用語** もおさえる！

▶ **戦後の主な贈収賄事件**…**昭和電工事件**は1948年，復興金融金庫（復金）からの融資をめぐる贈収賄事件で芦田均内閣が退陣した。**造船疑獄事件**は1954年，犬養健法相による指揮権発動などがあり第5次吉田茂内閣が退陣した。**ロッキード事件**では1976年に田中角栄元首相が逮捕された。**リクルート事件**では1989年に竹下登内閣が退陣した。

▶ **ドッジとシャウプ**…デトロイト銀行頭取のドッジは1948年の**経済安定九原則**の実施のため来日。緊縮財政の具体案を示した（ドッジ＝ライン）。コロンビア大学教授の**シャウプ**は直接税中心で累進課税を採用した税制改革を実施。なお，現在は少子高齢化に従い間接税を強化する方向に税制を転換している。

▶ **労働三法**…1945年に**労働組合法**，1946年に**労働関係調整法**，1947年に**労働基準法**の順に成立。労働組合法では，労働者の団結権・団体交渉権・団体行動（争議権）が保障された。**片山哲**内閣は1947年に**労働省**を設置。なお，戦前の労働者保護法は**工場法**（1911年成立，1916年施行）。

□ **2**（1）　次の文章の空欄に適語を入れ，下記の設問にも答えよ。　（福岡大・改）

　　1945年10月，連合国側諸国は，第二次世界大戦による多大な犠牲を反省し，国際協調の機関として［　1　］を創設した。しかし，1947年ごろから米ソの間に［　2　］と呼ばれる対立が起こった。アメリカは1947年に西ヨーロッパの資本主義諸国に対する軍事・経済上の援助を開始し，ソ連は同年東ヨーロッパの社会主義諸国との経済協力を行う組織を結成した。さらに，①1949年にはアメリカと西ヨーロッパ諸国（西側）が共同防衛組織を結成し，1955年にはソ連と東ヨーロッパ諸国（東側）も同様の組織を結成してこれに対抗した。こうした東西対立の動きは東アジアにも大きな影響を及ぼした。中国では，共産党と［　3　］との間で内戦が勃発した。共産党が勝利し，1949年には中華人民共和国が樹立されて［　4　］との関係を深めた。他方，敗れた［　3　］は台湾に逃れた。②朝鮮半島では，1948年，大韓民国（韓国）と［　5　］（北朝鮮）とに分離独立することになり，それぞれ別の陣営に属して対立した。このような東西対立の動きは，その後長く国際社会に強い影響を与えた。

　　③1950年6月朝鮮戦争が勃発し，一進一退のはげしい戦いが続けられた。この戦争で日本は出撃基地となり，大量の軍需物資が日本で調達された。④これによって，経済安定化政策で深刻な不況に陥っていた日本経済は急速に息を吹き返した。また，世界的景気回復の中で，［　6　］への輸出が伸び，繊維や金属を中心に生産が拡大していった。1951年には，鉱工業生産をはじめ，主要な経済指標が戦前の水準を回復した。

□ **問1**．下線部①について，西側，東側それぞれの共同防衛組織の組み合わせとして正しいものはどれか。

　　1．西側はワルシャワ条約機構であり，東側は北大西洋条約機構である。

　　2．西側は北大西洋条約機構であり，東側はワルシャワ条約機構である。

　　3．西側は北大西洋条約機構であり，東側はコミンフォルムである。

　　4．西側はワルシャワ条約機構であり，東側はコミンテルンである。

□ **問2**．下線部②について，日本の降伏後の朝鮮半島の動向の説明として正しいものはどれか。

　　1．朝鮮半島は北緯38度線を境として分割占領された。

　　2．朝鮮半島はアメリカと中国によって分割占領された。

　　3．北朝鮮建国時の首相は金正日であった。

　　4．韓国建国時の大統領は朴正熙であった。

□ **問3.** 下線部③について，朝鮮戦争に関連する事項の説明として誤っているものはどれか。

    1. アメリカ軍を主力とする国連軍が韓国を支援した。

    2. 中国人民解放軍が北朝鮮を援助した。

    3. 休戦会談は1951年から始まった。

    4. 休戦協定は板門店で調印された。

□ **問4.** 下線部④について，このような急速な日本経済回復の状態は何と呼ばれたか。2文字で記せ。

□ **(2)** 次の文中の空欄に適する語句を答えよ。

（明治大・改）

　敗戦後の暗い世相にあっても，文化・学術の分野でさまざまな活動が行われた。たとえば，歌謡曲では並木路子の「　**1**　」が大流行し，さらに「悲しき口笛」や「東京キッド」で有名な　**2**　が登場した。映画では，　**3**　が「羅生門」で1951年にヴェネチア国際映画祭グランプリを，　**4**　が「西鶴一代女」で1952年にヴェネチア国際映画祭国際賞を受賞した。文学では，　**5**　の『俘虜記』，　**6**　の『斜陽』などが次々と発表された。このうち，『俘虜記』は著者のフィリピンにおける捕虜収容所生活の体験に基づくものである。

　学術の分野では，まず1949年に湯川秀樹がノーベル　**7**　を受賞したことが特筆に値する。また，考古学の分野においては静岡県の　**8**　や群馬県の　**9**　の発掘が挙げられる。　**9**　は，1946年に相沢忠洋が地層から石器を見つけたことにより発見された後，1949年に明治大学考古学研究室による発掘調査が行われ，日本における旧石器時代の文化の存在が確認されたのである。

解答力 UP！ 誤字に注意 ─────

幣原喜重郎（×弊，×十），復興金融金庫（×公），食糧管理法・食糧メーデー（×料），
太宰治（×大），『俘虜記』（×捕），預金封鎖（×貯），炭鉱国家管理問題（×坑，×砿），
李承晩（×季）
（イスンマン）

1　(1)　問1　3　問2　4

(2)　問1　1-インフレーション〔インフレ・物価上昇〕

　　　　2-幣原喜重郎　3-石炭　4-傾斜生産　5-片山哲

　　　　6-経済安定九原則　問2　金融緊急措置令　問3　ドッジ＝ライン

(3)　問1　③　問2　④

解説

(1)　**問1**　五大改革指令では圧政的諸制度の撤廃が求められ，1945年に特別高等警察や治安維持法が廃された。

　　問2　4：日本国憲法は，旧憲法を改正する形で1946年11月公布，47年5月施行。

(2)　**問1**　3の石炭について，石炭から**石油**へのエネルギー転換は1960年代。

(3)　**問1**　片山哲内閣は1947年，初の日本社会党内閣。55年体制以降は細川護熙内閣で初めて与党となる。次の社会党内閣は1994～96年の村山富市内閣。

2　(1)　1　国際連合　2　冷戦　3　国民党　4　ソ連

　　　　5　朝鮮民主主義人民共和国　6　アメリカ　問1　2　問2　1

　　　　問3　2　問4　特需

(2)　1　リンゴの唄　2　美空ひばり　3　黒澤明　4　溝口健二

　　　5　大岡昇平　6　太宰治　7　物理学賞　8　登呂遺跡

　　　9　岩宿遺跡

解説

(1)　**問1**　1：誤文。北大西洋条約機構（NATO）は1949年結成。西側欧米諸国の共同防衛組織。一方，ソ連と東欧7か国は1955年，ワルシャワ条約機構を結成して対抗したが，91年に解体。3：誤文。**コミンフォルム**は1947～56年の欧州諸国の共産党系国際組織。4：誤文。**コミンテルン**は世界革命を目指した戦前の国際共産党組織。

　　問2　2：誤文。中国ではなくソ連が正しい。3・4：誤文。1948年，韓国では李承晩（イスンマン）が親米反共政権を樹立。朴正熙（パクチョンヒ）は1963～79年に大統領。**詳しく！▶**北朝鮮は金日成（キムイルソン）→金正日（キムジョンイル）（2002，04年に小泉純一郎首相が訪朝）→金正恩（キムジョンウン）の世襲政権が続く。

　　問3　2：誤文。中国は正規の**人民解放軍**ではなく人民義勇軍が参戦。

　　問4　特別需要の略。

(2)　３・４：映画監督では『東京物語』の小津安二郎《おづやすじろう》も有名。なお，占領期の文化史では法隆寺金堂壁画《ほうりゅうじこんどう》の焼損を契機とする1950年の文化財保護法成立にも注意する。

精講 [33-1]　日本占領の方法（1945年8月〜1952年4月）●━━━━

① 極東委員会《きょくとう》（占領政策の最高機関）…ワシントンに設置。米・英・中・ソ・仏など。

② 対日理事会（GHQの諮問機関）…東京に設置。米・英・中・ソの4か国で構成。

③ GHQ…連合国（軍）最高司令官総司令部。アメリカのマッカーサーが最高司令官。日本本土ではGHQの指令や勧告《かんこく》のもとで，日本政府が政治を行う**間接統治**の方法を採用した。

精講 [33-2]　GHQの占領政策とその転換（1945年8月〜1952年4月）●━━━

　GHQは日本の**民主化**と**非軍事化**を占領政策の中心とした。しかし，冷戦構造《れいせん》の激化に加えて**中国内戦**で中国共産党が優勢となる1948年から，占領政策を転換した。

① 民主化の推進から一部抑制に転じた（レッドパージ・政令201号で官公庁労働者の争議権喪失《そうしつ》・公職追放の緩和）。

② 非軍事化から再軍備に転じた（1950年に**警察予備隊**設置，旧軍関係者の入隊）。

③ 日本経済の抑制から経済復興の優先に転じた（過度経済力集中排除法では325企業の分割を指定したのに，実際の分割は**日本製鉄**や**三菱重工業**《みつびしじゅうこうぎょう》など11社のみ。財閥《ばつ》解体では銀行は除外。財閥系銀行を中心に六大企業集団が後に成長した）。

④ 日本の長期占領から防共の障壁《しょうへき》として早期独立・**軽賠償**《ばいしょう》に転じた（1951年に平和条約を調印，賠償請求権は原則放棄，日本はフィリピン・ビルマ（現ミャンマー）・インドネシア・南ベトナムの4か国にのみ現物や役務提供の形で賠償）。

精講 [33-3]　サンフランシスコ平和条約と日米安全保障条約（1951年9月）●━━━

① サンフランシスコ講和会議…**(1)** 講和会議への不招請《しょうせい》国…**中華人民共和国・中華民国（台湾）**（連合国がどちらを呼ぶかで対立），北朝鮮・韓国（連合国の資格なし）。**(2)** 招請されたが不参加の国…インド・ビルマなどとは個別の平和条約を調印。**(3)** 会議に参加したが調印せず…ソ連・ポーランドなど。**(4)** 奄美諸島《あまみ》（1953年に日本復帰）・小笠原諸島《おがさわら》（1968年に日本復帰）・沖縄諸島（1972年に日本復帰）はアメリカの施政権下へ置かれた。**(5)** 朝鮮の独立，台湾・千島列島《ちしま》・南樺太《からふと》などの放棄（日本は択捉島《えとろふとう》以南の四諸島を固有の領土と主張）。**(6)** 軽賠償…▶ **精講 [33-2]**

② 日米安全保障条約…**(1)** 日本の希望で駐留する米軍に日本防衛**義務**はなかった。**(2)** 内乱への在日米軍の出動が可能であった（**内乱条項**）。**(3)** 条約期限がなかった。**(4)** 費用負担など細目は1952年締結の**日米行政協定**で定めた。

1 (1) 問題文を読んで，以下の問いに答えなさい。
（高崎経済大・改）

A．1955年，保守勢力が3分の2弱，[1]勢力が3分の1の議席を確保してから，日本では_a保守一党優位の政治体制が40年近く続くことになった。日本経済はこの頃，「神武景気」と呼ばれる大型景気を迎え，経済企画庁は『経済白書』の中に「もはや[2]」と記した。その後成立した池田勇人内閣は，[1]勢力との真正面からの対立を避けながら，[3]をスローガンに掲げ，既に始まっていた高度成長をさらに促進する経済政策を展開した。これを継いだ[4]内閣は，経済成長の順調な持続にも支えられて長期政権となった。

B．ベトナム戦争による軍事支出の膨張や西側諸国への多額の援助，日本や西ドイツ等による対米輸出の急増などのため，アメリカの国際収支は著しく悪化し，[5]準備も減少していた。ドルへの信頼が揺らぎ始めると，当時のアメリカ大統領はドル防衛を目的に_b[5]とドルの交換を停止するなどの経済政策を発表し，日本や西ドイツなどの国際収支黒字国に対して為替レートの大幅な切り上げを要求した。こうして，戦後の世界経済の機軸であった[6]体制は根底から揺らぐこととなった。

またこの頃，[7]戦争が勃発したのを受けて，_cアラブ石油輸出国機構（OAPEC）が欧米や日本への石油輸出を制限し，原油価格を段階的に引き上げた。当時，すでに世界最大規模の石油輸入国であり，その大半を中東に依存していた日本経済への打撃は大きかった。ちょうど国内では，「[8]論」を掲げた田中角栄内閣の政策により，公共投資が拡大され地価が暴騰していたことと相まって，激しいインフレも発生した。政府は金融[9]に転じたが，_dインフレが収束しないまま深刻な不況に陥り，戦後初のマイナス成長を記録した。

☐ **問1**．空欄[1]～[9]にあてはまる適切な語句・人名は何か。
☐ **問2**．下線部a～dの体制や出来事，経済現象はそれぞれ何と呼ばれるか。

☐ (2) 次の文章の空欄に，もっとも適切な語句を下の語群から選び記号で答えよ。
（成城大・改）

サンフランシスコ平和条約の発効後には，労働運動や社会運動を抑えるための法整備が進められた。1952年には破壊活動防止法が成立し，その調査機関と

して　1　も設置された。高度経済成長期を通じて，日本においては次第に協調的な労使関係が築かれていった。終身雇用・年功賃金・労使協調を特徴とする　2　が確立していった。各産業の労働組合が一斉に賃上げを要求する「　3　」方式の導入などによって労働者の賃金も大幅に上昇した。1980年代には労働組合の再編も進み，1987年には労使協調的な全日本民間労働組合連合会も結成され，1989年には他の労働組合の中央組織もこれに合流し，　4　が結成された。また「戦後政治の総決算」を唱えて行財政改革を推進した　5　内閣のもとで，労働運動が盛んであった国鉄の民営化も実施された。

〔語群〕
①警察庁　②自治体警察　③公安調査庁　④労働基準監督署　⑤企業集団
⑥ケインズ理論　⑦消費革命　⑧生産性向上運動　⑨日本的経営　⑩春闘
⑪生産管理闘争　⑫減量経営　⑬全日本産業別労働組合会議
⑭全日本労働総同盟　⑮日本経済団体連合会　⑯日本労働組合総評議会
⑰日本労働組合総連合会　⑱全国労働組合連絡協議会　⑲海部俊樹
⑳鈴木善幸　㉑竹下登　㉒中曽根康弘

第6章

現代

┌─ この用語もおさえる！ ─┐

▶ 破壊活動防止法…暴力的破壊活動を行う団体を取り締まる法律。団体等規正令（1949年）などのGHQ政令が日本の独立で失効したため，独立直後の1952年7月に政府が法制化した。調査機関として公安調査庁を設けた。同法は団体自体を解散できる点で，思想や言論の自由を基本的人権として保障する日本国憲法に違反すると批判された。

▶ 戦後の警察組織…1947年の警察法では，自治体警察と国家地方警察を設けて，警察機構の民主化と地方分権をはかった。一方，1954年の新警察法では，これらを廃して都道府県警察へと一元化し，警察庁が指揮する中央集権体制が強化された。なお，1874年創設の警視庁は現在，首都である東京都の警察行政を担当している。警察庁と混同しないこと。

▶ 国鉄の分割民営化…中曽根康弘内閣の行財政改革の一環として，1987年に公社の日本国有鉄道をJR（旅客と貨物）各社に分割民営化した。1985年には電電公社が日本電信電話（NTT），専売公社が日本たばこ産業（JT）に民営化されている。なお，郵政事業の民営化は小泉純一郎内閣（2005年以降）である。

2 次の文章を読み，後の問に答えなさい。

（青山学院大・改）

　戦後の日本経済は，1955年から約20年間にわたり，経済成長率が年平均 あ となる ア高度経済成長期を経験した。生産の急速な拡大は国内市場と イ輸出の増大を背景としており，後者の関連では開放経済体制のもと，日本の い への移行に伴い為替の自由化が，経済協力開発機構への加盟に伴い う の自由化が実施された。そうした開放経済下で日本が直面する世界経済情勢は変化していくこととなる。とりわけ，基軸通貨としてのドルの地位を大きく揺さぶったドル＝ショックと ウ石油ショックのインパクトは大きかったとされる。 エ金とドルの交換が停止され，1ドル＝360円から1ドル＝308円に円が切り上げられる状況下，基軸通貨ドルに支えられた固定為替相場制は崩壊，さらには原油価格を含め物価が高騰する中,西側先進諸国の繁栄は陰りをみせ，日本の高度経済成長にも終止符が打たれた。

□ **問1.** 空欄 あ に当てはまる数字を一つ選びなさい。

　　①2％未満　　②約3％　　③約5％　　④10％超

□ **問2.** 空欄 い に当てはまる内容を一つ選びなさい。

　　① GATT11条国　　② GATT10条国

　　③ IMF14条国　　　④ IMF 8条国

□ **問3.** 空欄 う に当てはまる語句を一つ選びなさい。

　　①関税　　②資本　　③競争　　④輸入

□ **問4.** 下線イに関して，日本の貿易黒字（貿易収支黒字）が資金面に反映される内容としてもっとも適切なものを一つ選びなさい。

　　①日本から外国へ資本流出，日本から外国への貸し付け

　　②日本から外国へ資本流出，日本の外国からの借り入れ

　　③日本に外国から資本流入，日本から外国への貸し付け

　　④日本に外国から資本流入，日本の外国からの借り入れ

□ **問5.** 下線ウに関連して，原油価格上昇の要因になりえないものを一つ選びなさい。

　　①原油の供給の減少と原油の需要の増加

　　②原油の供給の減少と原油の需要の減少

　　③原油の供給の増加と原油の需要の減少

　　④原油の供給の増加と原油の需要の増加

□ **問6.** 下線エは，ブレトン＝ウッズ協定（IMF 体制）に基づく国際通貨体制との決別を意味するが，同体制の説明として，もっとも適切なものを一つ選びなさい。

    ①ドルは金と交換されないが,他国通貨はドルとの交換比率が固定される。

    ②ドルは金と交換され，他国通貨間レートは変動する。

    ③ドルは金と交換され，他国通貨はドルとの交換比率が固定される。

    ④ドルと金は交換されないが，他国通貨間レートは変動する。

□ **問7.** 下線エに関連して，金とドルの交換が停止された時期として，もっとも適切なものを一つ選びなさい。

    ①1971年8月　　②1971年12月　　③1972年12月　　④1973年2月

□ **問8.** 下線アに関連して，同期に日本で生じていない事柄として，もっとも適切なものを二つ選びなさい。

    ①赤字国債発行　　②米の生産過剰　　③食糧管理特別会計の赤字

    ④政府による生産者米価の引き下げ　　⑤減反政策

    ⑥日本の GNP が世界総生産額の1割を超える

□ **問9.** 下線ウに関連して，第1次石油ショックが発生したときの内閣総理大臣の氏名を漢字で記しなさい。

□ **問10.** 下線エに関連して，金とドルの交換が停止されたときの米国大統領を記しなさい。

第6章

現　代

（**解答力 UP！**）**現代史の学習についての留意点** ─────────

① グラフを読み取る力をつける。グラフでは交点や著しく伸びている点に注目する。

② 地図で位置を確認する。特に現代史では世界地図を多用すること。「歴史総合」の範囲である18世紀以降に限らず，前近代でも，すでに「世界史」や「地理」との関連を問う出題は増えている。

③ 10年単位で時代を大きくつかむ。1960年代，70年代など，年代ごとの特徴をその時代の内閣名とともにまとめるとよい。

---

1 (1) **問1** 1-革新　2-戦後ではない　3-所得倍増　4-佐藤栄作
　　　　5-金　6-ブレトン=ウッズ〔IMF〕　7-第4次中東
　　　　8-日本列島改造　9-引締め　**問2**　a-55年体制
　　　　b-ニクソン=ショック〔ドル危機，ドル=ショック〕
　　　　c-第1次石油危機〔オイルショック〕　d-スタグフレーション
　　(2)　1 ③　2 ⑨　3 ⑩　4 ⑰　5 ㉒

解説

(1)　**問1　5・問2　b**　金とドルの交換停止は**ニクソン=ショック**の一つ。ニクソン
　　　　=ショックは，経済面では1971年8月の金・ドルの交換停止と円の切上げ，
　　　　外交面では1972年のアメリカ大統領の中国訪問（中国敵視政策の転換）を指す。
　　　問1　7・問2　c　第1次石油危機は1973年の**第4次中東戦争**，第2次石油危
　　　　機は1979年のイラン革命（イラン=イスラム共和国の誕生）に起因する。

(2)　1・5：□この□用語□も□おさえる□！（p.209）　3・4：▶精講 34-1

2 **問1** ④　**問2** ④　**問3** ②　**問4** ①　**問5** ③　**問6** ③　**問7** ①
　　問8 ④・⑥　**問9** 田中角栄　**問10** ニクソン

解説

問1　第1次石油危機後の1974年に**マイナス成長**となり，**高度経済成長**が終焉した。

問2・3　▶精講 34-2

やや難　**問4**　資本輸出の説明。都市銀行6行を中心に六大企業集団がつくられた。

問6　▶精講 34-2　③が正答。世界恐慌以降の反省に立ち，通貨価値の安定による，
　　　貿易の安定と発展を目指した。

問7　詳しく！▶金・ドルの交換停止は1971年8月。変動相場制に移行後，1971年末
　　　の**スミソニアン協定**で固定相場制に戻して円は1ドル=308円に切り上げ，1973年
　　　に変動相場制に移行すると，円高が進んだ。

やや難　**問8**　①戦後の**赤字国債**は東京五輪（1964年）後の1965年度から発行。②・③を背景
　　　に1970年から⑤の**減反政策**を実施。④「引き下げ」が誤り。自民党政権は**食糧管理
　　　制度**により生産者米価を引き上げて農家を保護した。⑥1968年，日本の**GNP（国民
　　　総生産）**は西ドイツを抜き，資本主義国内でアメリカに次ぐ第2位となったが，アメ
　　　リカは日独の5倍以上であり，日本が世界総生産額の約10％を占める経済大国にな
　　　るのは1980年である。なお，現在はGDP（国内総生産）を経済指標として用いている。

戦後の労働組合の全国組織では以下の動向に注意する。

① GHQ は，五大改革指令（1945年）の中で労働組合の結成を奨励した。1946年に左派（日本共産党系）の産別会議（全日本産業別労働組合会議）と反共右派の総同盟（日本労働組合総同盟）が結成された。

② 官公庁労働者により1947年2月1日に予定された二・一ゼネストは，GHQ の指令によって直前に中止された。

③ 1950年に GHQ の援助のもと，反共の総評（日本労働組合総評議会）が結成された。総評は1951年に反米に転換して戦闘性を強めた。総評は高度成長期に春闘（一斉賃上闘争）を1955年から展開した。

④ 1980年代には労働組合の再編も進み，労使（資）協調の動きが強まった。総評は1989年に解散して，連合（日本労働組合総連合会）となった。

精講 34-2 開放経済体制への道

ドッジ=ラインでの1ドル＝360円の単一為替レートにより，日本の輸出は伸びた。一方，1960年代の石炭から石油へのエネルギー革命以降，原油は1973年までは1バレル＝約2ドルと安価であった。1960年代に IMF（国際通貨基金），IBRD（国際復興開発銀行・世界銀行），GATT（関税及び貿易に関する一般協定），OECD（経済協力開発機構）への加盟を通して，貿易品や資本の自由な取引を認める開放経済体制へと移行した。

西暦（内閣）	開放経済化	具体的な内容
1944年	ブレトン=ウッズ協定	ドルが基軸通貨。金とドルの交換を自由とし，各国通貨はドルと固定相場制とする
1952年（吉田）	IMF・IBRD に加盟	日本の主権回復（独立）による。1964年開業の東海道新幹線は IBRD の資金援助があった
1955年（鳩山）	GATT に加盟	貿易の自由化が促進。GATT は1995年に WTO（世界貿易機関）に発展解消した
1963年（池田）	貿易の自由化	GATT12条国→11条国へ移行（貿易赤字でも輸入制限ができない）
1964年（池田）	為替の自由化	IMF14条国→8条国へ移行（国際収支を理由に為替管理ができない）
1964年（池田）	OECD に加盟資本の自由化	外国資本の流入と流出が自由化され，多国籍企業など外国企業の日本参入が進む

STEP 1 基本レベル

1 (1) 次の各設問に答えなさい。 (青山学院大・改)

　1989年末になると「冷戦の終結」が宣言された。1991年にはクウェートに侵攻したイラクに対して，　1　が国連決議を背景に武力制裁を実施した。1992年に　2　内閣のもとで_aPKO協力法が成立し，国連での活動が増えた。

☐ **問1.** 　1　に当てはまる語句として正しいものを，次の選択肢のなかから一つ選びなさい。

　　①国連軍　　②有志連合　　③多国籍軍　　④国連平和維持軍

☐ **問2.** 　2　に当てはまる人物は誰か，次の選択肢のなかから一つ選びなさい。

　　①竹下登　　②安倍晋太郎　　③宮沢喜一　　④細川護熙

☐ **問3.** 下線部aに基づく活動で派遣されていない地域はどこか，次の選択肢のなかから一つ選びなさい。

　　①ペルシャ湾　　②ゴラン高原　　③カンボジア　　④東ティモール

(2) 次の文章を読み，下の設問に答えなさい。 (明治大・改)

　税制に関してみると，アメリカのコロンビア大学教授の　1　を団長とする税制使節団が1949年に来日し，税制改革の勧告を行った。その内容は，主として直接税・所得税中心主義，地方税の独立などである。これを受けて，所得税などの直接税を中心とする税制改革が断行された。わが国では，それ以来，直接税・所得税中心主義が維持されたが，　2　内閣において1989年4月から消費税が導入されることとなった。その税率は当初は　3　パーセントであったが，2019年現在10パーセントとなった。

☐ **問1.** 空欄を答えなさい。

(3) 次の文章を読み，下の設問に答えなさい。 (青山学院大・改)

　バブル景気は1991年ごろから後退し始め，地価や株価の大幅な下落が起こった。このため，_a土地を担保に多額の融資を行っていた金融機関は不良債権を抱えて倒産する一方，企業も銀行からの融資が受けられず倒産が相次いだ。しかし，_b55年体制が崩壊して不安定な連立政権の時代に突入したことも重なり，_c政府と日本銀行はこの不況を乗り越えるための政策を打ち出したが，大きな

効果は出なかった。日本経済は停滞したまま，21世紀を迎えることになったのである。

□ **問1.** 下線部**a**に関して，この時の経済状態は一般に何と呼ばれているか。もっとも適切なものを一つ選びなさい。

    ①円高不況　　②平成不況　　③なべ底不況　　④構造不況

□ **問2.** 下線部**b**に関して，55年体制最後の総理大臣は誰か。

□ **問3.** 下線部**c**に関して，1990年代に政府もしくは日銀が採用した景気刺激策としてもっとも適切なものはどれか。一つ選びなさい。

    ①郵政民営化　　　②不良債権の買取り
    ③国鉄の民営化　　④消費税増税

第6章

現

代

┌─ この **用語** もおさえる **！** ─────────────────

▶ **テロ対策特別措置法**…2001年に自由民主党の**小泉 純一郎**内閣によって時限立法として成立。2001年9月11日におきた**アメリカ同時多発テロ事件**に対応するため，自衛隊の海外派遣に法的根拠を与えた法律。この法律を受けて自衛隊は**インド洋**に派遣された。

▶ **イラク復興支援特別措置法**…2003年に自由民主党の**小泉純一郎**内閣によって時限立法として成立。イラク戦争後のイラクの非戦闘地域に自衛隊を派遣する法的根拠となった法律。

└────────────────────────────

2（1）　次の文章を読んで，以下の問いに答えなさい。

（東京女子大・改）

　　1995年9月に沖縄でおきたアメリカ兵による少女暴行事件は沖縄県民の大きな怒りを買った。米軍基地の縮小を求める県民運動がおき，米兵・軍属の犯罪の取り扱いや裁判権を規定する日米間の①ある協定を問題化させた。こうした米軍基地の問題は冷戦後の日米間に緊張をもたらしたが，他方では，日米安全保障関係の強化が進められた。1996年4月，②時の自民党首班内閣は来日したクリントン米大統領との間で③ある宣言をまとめ，これによって日米安保体制は，アジア太平洋地域における地域紛争への共同対処という性格を強めた。1997年には「周辺事態」の際の「④日米防衛協力のための指針」が策定された。さらに1999年にはその関連法として周辺事態安全確保法（周辺事態法）が成立したが，⑤時の内閣は国旗・国歌法も成立させた。

　　2001年日米両国において新しい政治指導者が誕生した。共和党のブッシュ氏がアメリカ大統領に就任したのに続き，日本でも森喜朗内閣に代わる新しい自民党首班内閣が成立した。⑥新しい首相はアメリカ流の新自由主義政策を採り構造改革をすすめたが，その後貧富の問題が徐々に深刻化し，（　⑦　）社会が進行した。他方，同内閣は9・11同時多発テロ事件後，アメリカの対テロ戦争を積極的に支援し，「日米同盟」の強化に努めた。同年11月にはテロ対策特別措置法を成立させて，アフガニスタンで活動する多国籍軍を支援するため⑧海上自衛隊を派遣した。さらに2003年7月には（　⑨　）復興支援特別措置法が成立，フセイン政権崩壊後の（　⑨　）に自衛隊が派遣された。

□ **問1.** 傍線①に関連して，「ある協定」の名称を答えなさい。

□ **問2.** 傍線②に関連して，「時の自民党首班内閣」の首相の氏名を答えなさい。

□ **問3.** 傍線③に関連して，「ある宣言」とは何か，その名称を答えなさい。

□ **問4.** 傍線④に関連して，「日米防衛協力のための指針」は一般的に何と呼ばれているか，その名称を答えなさい。

□ **問5.** 傍線⑤に関連して，「時の内閣」の首相の氏名を答えなさい。

□ **問6.** 傍線⑥に関連して，この首相の靖国神社参拝をめぐり中国や韓国との関係が悪化したが，他方，2002年9月には未だに国交のない朝鮮半島のある国を突然訪問し，国交正常化をめざすある外交文書を取り交わした。その外交文書名を答えなさい。

□ **問7.** （　⑦　）に適する言葉を漢字2字で答えなさい。

□ **問8.** 傍線⑧に関連して，自衛艦が派遣されて給油活動などをおこなった海洋
　名を答えなさい。

□ **問9.** （　⑨　）に適する言葉を答えなさい。

(2)　次の設問の答えとしてもっとも適切なものをひとつ選び，その番号を記
　入せよ。なお，選択肢に適切なものがないときには⑤を記入せよ。

（福岡大）

□ **問1.** 1989年，昭和天皇が亡くなり，元号が平成となった。この新しい元号を
　内閣官房長官として発表し，後に内閣総理大臣となった人物は誰か。
　　　①中曽根康弘　　②竹下登　　③村山富市　　④小渕恵三

□ **問2.** 2002年9月，国交正常化を求めて朝鮮民主主義人民共和国を訪問した首
　相は誰か。
　　　①鳩山由紀夫　　②安倍晋三　　③麻生太郎　　④福田康夫

（解答力 **UP!**）現代史の学習の注意点 ─────────────

① 　平成時代以降の最現代の学習については，高校の「公共」「政治・経済」の教科
　書を併用して確認しておく。例えば，GATT → WTO，公害対策基本法→環境基本
　法，防衛庁→防衛省など，最新のデータおよび国名の変更にも注意する。

② 　IMF，GATT，ILO，OECD，GNP，GDP，ODA，INF などは，英語で正しく
　示すと理解しやすい（例：WTO ＝ World Trade Organization，世界貿易機関）。

③ 　入試問題のリード文は最高の参考書でもある。特に空欄補充問題では，解答を入
　れた後に読み返してみることで，テーマ別の整理が期待できる。

④ 　誤字に注意。**安倍晋三**（×阿部），**細川護熙**（×弘），**村山富市**（×一），**鳩山
　由紀夫**（×起），**不良債権**（×債券），**有志連合**（⇔明治時代は**有司専制**），**福田康夫**
　（⇔父は1978年に日中平和友好条約を結んだ**福田赳夫**）

---

1 (1) 問1 ③ 問2 ③ 問3 ①
(2) 問1 1－シャウプ 2－竹下登 3－3
(3) 問1 ② 問2 宮沢喜一 問3 ②

‖解説‖

(1) 問2 ②の安倍晋太郎元外相は安倍晋三首相の父。

問3 PKO協力法は1992年に自民党の**宮沢喜一内閣**によって成立。国連の平和
維持活動（Peace Keeping Operations）に協力する形で**自衛隊**の海外派遣に
道を開いた法律。これに従い自衛隊は1992年にカンボジアに派遣され，その
後もモザンビーク，ザイール（現コンゴ民主共和国），ゴラン高原，東ティモー
ルなどに派遣された。

(3) 問2 1993年の非自民の**細川護熙内閣**成立で，1955年以来続いた自民党が与党，
社会党が野党の立場の**55年体制**が崩れた。自民党内閣の最後は，野党の内閣
不信任案が可決成立し，直後の総選挙で敗れて退陣した**宮沢喜一内閣**である。

2 (1) 問1 日米地位協定 問2 橋本龍太郎 問3 日米安保共同宣言
問4 新ガイドライン 問5 小渕恵三 問6 日朝平壌宣言
問7 格差 問8 インド洋 問9 イラク
(2) 問1 ④ 問2 ⑤（適切な選択肢なし）

‖解説‖

(1) 問1 1951年の**日米安全保障条約**の細目は1952年の日米行政協定。1960年改定
の新しい安全保障条約の細目は**日米地位協定**である。

問2 「1996年」「自民党」「クリントン米大統領」から**橋本龍太郎**首相と判断する。

やや難 問5 周辺事態安全確保法などの新ガイドライン関連法と**国旗・国歌法**の制定
は**小渕恵三内閣**である。

問6・(2)問2 **小泉純一郎**首相は2002年と2004年，国交のない北朝鮮を訪問
して**金正日**総書記と会談し，拉致された日本人の一部の帰国に貢献した。
（キムジョンイル）

問8 ▶**この用語もおさえる！**（p.215）

問9 1991年の**湾岸戦争**，2003年の**イラク戦争**はいずれもイラクの**サダム＝フセ
イン政権**とアメリカとの戦争。湾岸戦争では**多国籍軍**，イラク戦争では後に
有志連合と呼ばれる多くの国が参戦・後方支援を行った。

(2) 問1 平成の新元号は小渕恵三，令和の新元号は**菅義偉**の，いずれも官房長官
が発表した。

精講 35-1 衆議院小選挙区比例代表並立制と政権交代

1993年に成立した非自民（非共産）8党派による**細川護煕**連立政権は，1994年に衆議院の**小選挙区比例代表並立制**を成立させた。小選挙区は定数1で，二大政党による政権交代がおきやすい長所と，例えば投票数が51：49でも当選議席は1：0となり死票が多いという問題点をもつ。小選挙区制の導入後，自民党から民主党への政権交代（2009年）と，民主党から自民党への政権交代（2012年）がおきている。民主党政権（2009〜12年）では**鳩山由紀夫・菅直人・野田佳彦**が首相を経験した。2012年の自民党の政権復帰後は**安倍晋三**が通算では戦前の桂太郎，戦後の佐藤栄作を抜いて歴代で最長の政権を維持している。

精講 35-2 直接税から間接税への直間比率の見直し

間接税である消費税は平成時代に入り，1989年に**竹下登内閣**が税率3％で初めて導入した。1997年，**橋本龍太郎内閣**が5％，**安倍晋三内閣**が2014年に8％，2019年に10％へと増税し，日本でも軽減税率を導入した。**注意!** ▶ 経済安定九原則に基づく1949年の**シャウプ勧告**に端を発する戦後の直接税中心から，間接税強化への税制改革は少子高齢化による。消費税率の改定と並行して，所得税における最高税率の引き下げや法人税率の見直しも行われている。

精講 35-3 バブル経済と平成不況

「公共」「政治・経済」の教科書も参考にしながら，原因と経過・結果を考え，時系列を意識して現代の経済を理解しよう。

バブル経済 1986年〜 91年頃	アメリカの対日・対西独貿易赤字の拡大→1985年のプラザ合意（**協調介入**でドル高を是正＝円高容認）→日本は円高不況→政府・日銀による超低金利政策（公定歩合の引き下げ）→企業のもつ巨額の金融資金が不動産（土地）市場と株式市場（株）に流入→実体経済を上回る好況（地価と株価の投機的な高騰＝1989年12月に日経平均株価は過去最高へ）
平成不況 1991年〜 2000年代初頭	地価と株価の暴落（土地や株式は不良資産となる）→企業の倒産→取引銀行の不良債権が拡大→実体経済も不況へ→賃下げ・雇用不安・失業者増大→個人消費の減退に円高も加わる（輸出不振）→デフレスパイラル。政府による金融機関の破綻処理で公的資金を投入。企業はアジア諸国などに工場を移転（国内産業の衰退＝産業の空洞化現象），企業の多国籍化が進行→2008年にリーマン＝ショック（世界金融危機）

第**7**章 テーマ史

36 | 法制史（近現代）

STEP 1 基本レベル

1 （1） 次の文章を読み，以下の問いに答えよ。 （神戸女子大・改）

　法制度の面でも，明治期の女性の地位はきわめて低くおさえられていた。1880年に公布された刑法においては，妻にのみ（　　１　　）罪が適用されることになっていた。また，いわゆる民法典論争を経て1896年から98年にかけて公布された民法では，（　　２　　）権や財産相続権などの面で女性の地位は男性に従属的なものとされた。さらに，1900年制定の（　　３　　）では，女性が政治団体に加わることや政治演説会に参加することまで禁止された。明治末期から大正期になると，こうした状況に疑問を抱いた女性たちが，地位向上をめざして声をあげ始める。その結果，（　　３　　）の一部改正が実現し，女性も政治演説会に参加できるようになった。

☐ **問1.** （　　１　　）・（　　２　　）にあてはまる語句を漢字で答えよ。
☐ **問2.** （　　３　　）にあてはまる語句を一つ選べ。
　　　①讒謗律　　②保安条例　　③集会条例　　④治安警察法

（2）　次の文を読み，下記の問に答えなさい。 （北海学園大・改）

　治安維持法の改正では，下記にあるように共産主義者といった「（　　a　　）ヲ変革スルコトヲ目的トシテ結社ヲ組織シタル者又ハ結社ノ役員其ノ他指導者タル任務ニ従事シタル者」については厳罰化された。これを踏まえ，次に示す治安維持法改正（昭和３年公布勅令第129号）を読み，次の問いに答えなさい。
　第一条　（　　a　　）ヲ変革スルコトヲ目的トシテ結社ヲ組織シタル者又ハ結社ノ役員…ハ（　　b　　）又ハ（　　c　　）若ハ五年以上ノ懲役若ハ禁錮ニ処シ情ヲ知リテ結社ニ加入シタル者又ハ結社ノ目的遂行ノ為ニスル行為ヲ為シタル者ハ二年以上ノ有期ノ懲役又ハ禁錮ニ処ス。
　2　（　　d　　）ヲ否認スルコトヲ目的トシテ結社ヲ組織シタル者結社ニ加入シタル者又ハ結社ノ目的遂行ノ為ニスル行為ヲ為シタル者ハ十年以下ノ懲役又ハ禁錮ニ処ス。 『官報』

□ **問1.** 空欄（　a　）・（　d　）に当てはまる語句を下から選びなさい。

　　　ア．民主主義　　　**イ**．政党政治　　　**ウ**．私有財産制度

　　　エ．天皇制　　　**オ**．大日本国憲法　　　**カ**．国体

□ **問2.** 空欄（　b　）・（　c　）に当てはまる刑罰を，重い順にそれぞれ記しなさい。

　問3. その後，治安維持法は言論統制に拡大された。1945年に①GHQの指令による治安維持法の廃止に至るまで，同法によって幾多もの共産主義者の取締りが行われていた。これについて，次の問いに答えなさい。

　　□ **(1)** 下線部①の指令は，「政治的，公民的及宗教的自由に対する制限除去の件」のことであり，思想，宗教，集会，言論にかかわる取締法の廃止を含んでいた。この指令を答えなさい。

　　□ **(2)** これに関連して，治安維持法廃止後，1952年7月に制定された治安法を答えなさい。

第
7
章

テ
ー
マ
史

┌─ この 用 語 もおさえる！ ─────────────────────

▶ **政党政治**…議院内閣制に基づき，公選制である衆議院の第一党が民意を得たものとして内閣を組織すること。大日本帝国憲法では，制度として定められておらず，慣例として行われた。現在の日本国憲法では制度として保障されている。

▶ **1952年4月28日**…1951年9月に調印したサンフランシスコ平和条約が発効し，沖縄・奄美・小笠原の各諸島を除いて日本が独立し，主権を回復した日。GHQが廃止となり，占領中にGHQが発令した政令はすべて失効した。つまり（2）の問3（2）にある1952年7月は，独立直後に政府が国会の承認を得て急ぎ立法化したことに気づきたい。

▶ **緊急勅令**…大日本帝国憲法第8条では，天皇大権の一つとして非常時や議会閉会中に，法律にかわる勅令を発することができた。

2 (1) 次の設問に答えよ。 (日本女子大・改)

□ **問1.** 農地改革は二次にわたって行われたが，第二次の政策を推進した法律は何か。

    a. 地方自治法   **b.** 自作農創設特別措置法   **c.** 農業基本法

□ **問2.** 農地改革と並ぶ民主化政策として財閥解体が行われ，1947年には財閥の復活を防ぐための法律が制定された。この法律を何というか。

    a. 労働基準法   **b.** 重要産業統制法   **c.** 独占禁止法

(2) 次の設問に答えよ。 (大阪学院大・改)

  GHQ は，財閥が軍国主義の温床のひとつとなったとみて，(ア)財閥解体を経済民主化の中心課題とした。また GHQ は，（ a ）を除去し，安定した自作農経営を大量に創出する(イ)農地改革の実施を求めた。

  GHQ の労働政策は，労働基本権の確立と労働組合の結成支援に向けられた。1945年12月には，労働者の団結権・団体交渉権・争議権を保障する法が制定された。1947年には8時間労働制を規定した（ b ）が制定され，労働保護行政を所管する（ c ）が設置された。

□ **問1.** 上記文中の（ a ）～（ c ）に入る語句を下記の語群から選びなさい。

  ①農地委員会   ②労働組合法   ③工場法   ④土地私有制   ⑤厚生労働省
  ⑥大蔵省   ⑦在村地主   ⑧労働基準法   ⑨経済安定本部   ⑩労働省
  ⑪寄生地主制   ⑫労働関係調整法

□ **問2.** 下線部（ア）に関し，次の文のうち不適当なものはどれですか。

  ①1945年11月，15財閥の資産の凍結・解体が命じられた。
  ②1946年，持株会社整理委員会が発足した。
  ③1947年，「シャウプ勧告」により，カルテル・トラストなどが禁止された。
  ④1947年，過度経済力集中排除法が制定された。

□ **問3.** 下線部（イ）に関し，次の文のうち不適当なものはどれですか。

  ①1945年，日本政府は第一次農地改革案を自主的に決定したが，GHQ により不徹底と指摘された。
  ②1946年から，GHQ の勧告案にもとづいた第二次農地改革が開始された。
  ③全農地の半分近くを占めていた小作地が，1割程度に減少した。
  ④農地改革により自信を得た農民運動が，一層急進化した。

(3) 次の設問に答えよ。

（立教大・改）

☐ **問1**．GHQ による自由化・民主化に関する出来事について，もっとも古いものから年代順に並んでいる組み合わせはどれか。

　　a．五大改革指令→独占禁止法制定→労働関係調整法制定→教育委員会法公布

　　b．五大改革指令→労働関係調整法制定→独占禁止法制定→教育委員会法公布

　　c．独占禁止法制定→五大改革指令→教育委員会法公布→労働関係調整法制定

　　d．独占禁止法制定→教育委員会法公布→五大改革指令→労働関係調整法制定

☐ **問2**．1985年，採用，配置，昇進などにおける男女平等と女性の権利の促進を目指した法律が公布され，1986年に施行された。この法律は何か。

☐ **問3**．1997年，アイヌ民族の誇りが尊重される社会を実現させるための法律が成立した。この法律は何か。

─────────────────────────────────────

（**解答力 UP!**）戦後改革と諸法制 ──────────────────

① **労働改革**…1945年に**労働組合法**，1946年に**労働関係調整法**，1947年に**労働基準法**が制定される。1947年に**労働省**も設置。2001年の省庁再編で**厚生労働省**となる。

② **教育改革**…戦前は ┃ **40 ┃ 教育史（近現代）** ┃ を参照。戦後は1947年に**教育基本法**と**学校教育法**，1948年に**教育委員会法**（教育委員の**公選制**）が制定され，**教育勅語**の失効を決議した。1956年に教育委員は**任命制**に改めた。

③ **財閥解体**…1946年に**持株会社整理委員会**（持株会社の解散，株式の民主化）。1947年に**過度経済力集中排除法**（寡占325社を指定したが日本製鉄・三菱重工業など11社のみ分割された）。1947年に**独占禁止法**（公正取引委員会が監視した）。

④ **農地改革**…1945年に第1次農地改革（**農地調整法改正**）。1946年の第2次農地改革（**自作農創設特別措置法**）により寄生地主制が解体された。

⑤ **地方自治**…1947年の**地方自治法**で首長や地方議会の議員が公選制となり，内務省は廃止された。

─────────────────────────────────────

1 (1) 問1　1−姦通　2−戸主　問2　④

　　(2) 問1　a−カ　d−ウ　問2　b−死刑　c−無期

　　　　問3　(1)−人権指令　(2)−破壊活動防止法

解説

(1) 問1　2：戸主は直系男子とされた。戸主制・姦通罪ともに1947年の民法・刑
　　　　法の改正で削除。▶**精講** 39 - 1

　　問2　▶**精講** 36 - 2

(2) 問3　(1)　**注意!**▶人権指令は GHQ が1945年10月，東久邇宮稔彦内閣に指令。
　　　　内閣は実行不能として総辞職した。次の幣原喜重郎内閣に対して同月に口頭で示
　　　　した五大改革指令と混同しないこと。

2 (1) 問1　b　問2　c

　　(2) 問1　a−⑪　b−⑧　c−⑩　問2　③　問3　④

　　(3) 問1　b　問2　男女雇用機会均等法　問3　アイヌ文化振興法

解説

(1) 問1　農業基本法は1961年（池田勇人内閣）。**開放経済体制**に対する農業の近代
　　　　化を図るも，実際には離農や兼業化が進んだ。▶**解答力 UP!**（p.223）

　　問2　b：重要産業統制法は1931年，浜口雄幸内閣（立憲民政党）による産業
　　　　合理化策。

(2) 問2　▶**解答力 UP!**（p.223）　③：誤文。**シャウプ勧告**は1949年から実施の税
　　　　制の大改革（**直接税**中心主義，累進所得税制）。独占禁止法が正しい。

　　問3　④：誤文。**農地改革**の結果，自作農が増えた農村では保守化が進んだ。

(3) 問1　五大改革指令（1945年）で諸改革が指示された。労働関係調整法（1946年）
　　　　→独占禁止法（1947年）→教育委員会法（1948年）の順である。

　　問2　▶**精講** 39 - 1（p.243）

　　問3　▶**精講** 37 - 2（p.231）

精講 36 - 1　**大日本帝国憲法と治安立法との関係**

　憲法制定・国会開設以前，政府は民権運動を条例で規制した。1889年発布の大日本
帝国憲法第29条で，臣民の言論・集会などの自由は法律の範囲内とされ，治安警察法
の制定などの事後の立法で基本的人権の抑制は可能なことを示したが，一方で，条例
など法律以外で人権を奪うことは憲法違反であるという解釈が可能となった。

新聞紙条例 （1875年）	立志社（1874年・高知），愛国社（1875年・大阪）の結成などの自由民権運動を警戒し，讒謗律と同年に制定。1909年に**新聞紙法**に継承
集会条例 （1880年）	国会期成同盟の結成など民権運動の高揚に対応。1900年に**治安警察法**に継承
保安条例 （1887年）	三大事件建白運動や**大同団結運動**など民権運動の再燃に対応。民権派を東京から追放可能とする予防法
憲法制定後の 法典整備 （1889年以降）	保安条例は廃止（1898年）。治罪法を基礎に**刑事訴訟法**（1890年）。**商法・民事訴訟法**も制定（1890年）。選挙制度は**衆議院議員選挙法**（1889年）

精講 36-2 変化や運用に注意したい法令（近代・現代）

治安警察法	1900年（山県）制定。女性の政治活動や労働運動（デモやストライキ）を事実上抑制→1922年，女性の政治活動は解禁→1945年廃棄
治安維持法	1925年（加藤）制定。国体の変革や私有財産制度の否認を目指す団体の取締り（共産党など）→1928年（田中）に**緊急勅令**で死刑と**目的遂行罪**を導入→1941年（近衛）には**予防拘禁制**を導入→1945年廃棄
国家総動員法	1938年（近衛）制定。戦争のための人的・物的資源の統制運用法。内閣直属の企画院が立案し，**勅令**形式で施行。議会の承認を必要としない委任立法。同法により国民徴用令・価格等統制令などが相次いで発令された

精講 36-3 現代社会との関連

　現代社会との関連が深い事項については，「日本史探究」や「歴史総合」の教科書に触れられていなくても，「公共」の教科書などで確認しておきたい。

1961年（池田）	法律に基づく**国民皆年金・国民皆保険**の制度が開始された
1967年（佐藤）	公害対策基本法…1970年に改正（1971～73年に四大公害訴訟は患者側原告が勝訴），1993年に**環境基本法**に継承された
1979年（大平）	**元号法**…改元は皇位の継承時に限ることになった
1999年（小渕）	**国旗・国歌法**…日の丸・君が代を国旗・国歌と法律で定めた
2005年（小泉）	**郵政民営化法**…郵便と貯金・保険の分割・民営化

□ **1** 次の文章を読み，　A　～　H　に適当な語句を漢字・カタカナで入れ，
　ア　～　カ　に最も適当な語句を，下の (a) ～ (d) から一つずつ選べ。

（摂南大・改）

　中世の北海道は蝦夷ケ島と呼ばれていた。その南部には道南十二館を中心に
和人居住地が広がり，　ア　の豪族安藤（安東）氏の支配のもとにあった。和
人居住地の北にはアイヌ世界が広がっており，彼らは漁労・狩猟・交易を生業
としていた。しかし，和人の勢力拡大はアイヌを圧迫することになり，このた
め1457年アイヌの大首長　イ　が蜂起したが，上之国の領主蠣崎氏の客分で
あった武田信広によって鎮圧された。同氏は間もなく蠣崎氏の養子となり，こ
の蠣崎氏が近世には姓を松前氏とあらため，この地の大名となった。松前氏は
徳川家康からアイヌとの交易独占権をあたえられたが，家臣への知行給付もこ
の交易権の分与という形をとった。この交易対象地域は場所とか　A　と呼ば
れたので，こうした知行給付制度は　A　知行制といわれている。

　近世後期になると，蝦夷地は対外危機の前線となった。シベリア開発を進
めていたロシアは18世紀半ば以降何度か日本近海に出没するようになり，上陸
することさえあったからである。このような状況下で　B　が老中として実権
を握っていた天明年間，　ウ　は『赤蝦夷風説考』を著して蝦夷地開拓と日露
貿易の必要性を説き，また　C　は『三国通覧図説』で日本防衛のため，蝦夷・
朝鮮・琉球の３国を確保すること，ロシアの南下に備えて蝦夷地開拓の必要性
を説いた。

　1792年，ロシア使節ラクスマンが漂流民　エ　の送還と通商を求めて，
　D　に来航した。幕府は通商要求を拒否するが，江戸湾と蝦夷地の海防強化
に努めた。危機感を深めた幕府は，1798年　E　・最上徳内に千島を探検さ
せ，択捉島に「大日本恵登呂府」の標柱を建てさせた。1802年には東蝦夷地を
永久の直轄地とした。1804年になると今度はロシア使節　F　が通商を求めて
長崎に入港したが，幕府はこれに冷淡な対応をとったため，ほどなくしてロシ
ア船が蝦夷地周辺を攻撃するという事件もおこった。幕府は北方防備をさらに
強化すべく，1807年，松前藩と蝦夷地をすべて直轄にして松前奉行の支配の下
に置き，東北諸藩を守備に付けた。また，　G　に樺太を探検させたが，彼は
樺太が島であることを発見した。今日，樺太と大陸との海峡には彼の名がつけ
られている。

1811年，国後島に上陸したロシア軍艦の艦長 オ は，日本の警備兵によって捕まえられ，箱館，ついで松前に監禁された。その後 オ は解放され，日露関係は改善に向かう。しかし，西欧列強の危機はますます深まっていく。

　幕末維新期，戊辰戦争の最後を飾ったのが箱館 H の戦いである。旧幕府軍の海軍を率いて H に立てこもり，抗戦をつづけていた蝦夷島総裁 カ を中心とする幕臣集団も結局降伏し，新政府の下に国内統一がなされた。

☐ ア. **(a)** 津軽　**(b)** 南部　**(c)** 常陸　**(d)** 越後
☐ イ. **(a)** アテルイ（阿弖流為）　**(b)** シャクシャイン
　　　(c) ツキノエ　**(d)** コシャマイン
☐ ウ. **(a)** 本多利明　**(b)** 最上徳内　**(c)** 西川如見　**(d)** 工藤平助
☐ エ. **(a)** ジョン万次郎　**(b)** 大黒屋光太夫
　　　(c) 末次平蔵　**(d)** 高田屋嘉兵衛
☐ オ. **(a)** ビッドル　**(b)** プチャーチン
　　　(c) ハリス　**(d)** ゴローウニン
☐ カ. **(a)** 榎本武揚　**(b)** 土方歳三　**(c)** 松平容保　**(d)** 勝海舟

┌─ この用語もおさえる！ ──────────────────

▶ **国後島・択捉島**…千島列島のうち，択捉島以南は1854年の**日露和親条約**で日本領と画定。1875年の**樺太・千島交換条約**では得撫島以北も含む全千島列島が日本領となった。1951年の**サンフランシスコ平和条約**で日本は千島列島を放棄したが，政府は現在，歯舞群島，色丹島，国後島，択捉島の4諸島を日本固有の領土と主張している。

▶ **伊治呰麻呂・阿弖流為**…伊治呰麻呂は奈良時代の780年に多賀城を襲撃した蝦夷の長。阿弖流為は平安時代初期の蝦夷の長。802年に征夷大将軍の坂上田村麻呂に降伏した。いずれも北海道ではなく東北地方での出来事である。

▶ **大黒屋光太夫・高田屋嘉兵衛・ジョン（中浜）万次郎**…伊勢の船頭の大黒屋光太夫は漂流し，1792年に**ラクスマン**とともに帰国した。択捉航路を開拓した商人の高田屋嘉兵衛は1812年，ロシアに捕らえられた後，**ゴローウニン事件**の解決に貢献した。土佐の漁師中浜（ジョン）万次郎は北海道ではなく太平洋（高知県沖）で漂流し，琉球経由で帰国。1860年に通訳として咸臨丸で渡米した。
└──────────────────────────────

2 次の文を読み，下記の設問に答えよ。 (立教大・改)

　津軽と畿内をむすぶ日本海交易は14世紀にはすでに行われていたが，やがて本州から，アイヌが独自の文化を築いていた蝦夷ヶ島南部に進出する人々もいた。かれらは和人といわれた。和人たちは，蝦夷ヶ島南部各地の海岸に港（湊）を設け，土塁や空壕に囲まれた小さな城砦である館（（　イ　）と呼ばれる）を建設して，津軽地方の豪族であった₁₎安藤（安東）氏の支配の下で勢力を伸ばした。しかし，和人の蝦夷ヶ島への進出は，漁労や狩猟，交易などを生業としてきたアイヌを徐々に圧迫した。そのためアイヌは，1457年，大首長であるコシャマインを中心に蜂起し，（　イ　）のうち茂別館と花沢館を除いて攻め落した。₂₎この蜂起の鎮圧を契機として，蠣崎氏は勢力を拡大し，松前に拠点を築いてアイヌとの交易権を掌握するとともに，後に蠣崎氏から松前氏に改姓した。

　松前氏は，徳川家康によってアイヌとの交易独占権を付与され，藩制を敷いて松前藩を形成すると，アイヌ交易や港の運営を主たる財源として繁栄した。ただし，この繁栄は，アイヌの生活基盤を犠牲にしたものでもあった。松前藩は，和人の住む和人地をアイヌの住む蝦夷地から区分し，蝦夷地に交易場を設けて，アイヌとの交易権を家臣に与えることで主従関係を維持した。この制度は商場知行制と呼ばれる。

　1669年には，松前藩の圧制に対する不満から，近世最大のアイヌの抵抗となる（　ロ　）の蜂起が起こった。しかし，蜂起したアイヌは津軽藩の協力を受けた松前藩の勢力の前に敗れ，アイヌは松前藩への従属をいっそう強めた。18世紀末になると，江戸幕府は蝦夷地海防の強化を各藩に求めるとともに，₃₎19世紀初頭には，幕府が蝦夷地すべてを直轄地化して，蝦夷地の開拓を進めた。

　こうした蝦夷地開拓の動向は，明治以降にも引き継がれる。明治政府は，1869年に₄₎開拓使を設けてその本庁を東京に設置し，蝦夷地を北海道と改称した。続いて（　ハ　）の設置を決定し，秩禄処分によって生活基盤を失った士族を（　ハ　）として北海道に送り込んだ。開拓使は後に廃され，1886年に₅₎北海道庁が設けられた。他方，こうした開発の裏で，アイヌは伝統的な生活や文化を失っていった。明治政府は，1899年に（　ニ　）を制定し，土地を与えて農業に従事させ，生活を保障しようとしたが，実際には開拓使以来の同化政策が推し進められた。こうした政策は，1997年に実施された（　ニ　）の廃止と（　ホ　）の制定により転換された。

□ **問A**．文中の空所それぞれにあてはまる適当な語句をしるせ。

問B．文中の下線部にそれぞれ対応する次の問に答えよ。

　　　□ **1**．これが岩木川の河口部に置いた拠点はどこか。その地名をしるせ。

　　　□ **2**．これを中心に行った人物は，花沢館主の蠣崎氏を継承し，勝山館を築いた。この人物は誰か。その名をしるせ。

　　　□ **3**．この時期に関する記述として正しいのはどれか。

　　　　　a．クナシリ・メナシの蜂起が起こった。

　　　　　b．幕府は近藤重蔵らを択捉島に派遣し，「大日本恵登呂府」の標柱を立てさせた。

　　　　　c．ロシア使節ラクスマンが根室に来航した。

　　　　　d．ロシア使節レザノフが長崎に来航した。

　　　□ **4**．この機関の長官をつとめた人物は誰か。

　　　　　a．井上馨　　**b**．黒田清隆　　**c**．五代友厚　　**d**．松方正義

　　　□ **5**．これに関連する次の文 **i**・**ii** について，その正誤の組み合わせとして正しいのはどれか。

　　　　　i．これの設置と同時に北海道全域に徴兵制が施行された。

　　　　　ii．函館・札幌・釧路の3県の廃止後に，これが設置された。

　　　　　a．**i**：正　**ii**：正　　**b**．**i**：正　**ii**：誤

　　　　　c．**i**：誤　**ii**：正　　**d**．**i**：誤　**ii**：誤

[解答力 **UP!**] 入試では頻出内容の混同に注意 ───────────

① 弥生時代以降の北海道と南西諸島…米の生産ができなかった北海道では**続縄文文化**，沖縄など南西諸島では**貝塚後期文化**と呼ばれる食物採取文化が長く続いた。

② 中世（15世紀）のアイヌの蜂起はコシャマイン，近世（17世紀）のアイヌの蜂起はシャクシャインである。

③ **道南十二館**…蝦夷地南部（松前，函館一帯の渡島半島）に安藤氏など和人が築いた居住地。15世紀のコシャマインの蜂起ではそのほとんどが攻め落とされた。なお，**武田信広**（蠣崎氏）が本拠とした**勝山館**は，道南十二館に含まないので注意すること。

　　　　　　　　　　　　　　　　　　　　解答・解説

1　A　商場　B　田沼意次　C　林子平　D　根室　E　近藤重蔵　F　レザノフ
　　G　間宮林蔵　H　五稜郭　ア　(a)　イ　(d)　ウ　(d)　エ　(b)　オ　(d)
　　カ　(a)

解説

A・C・E　▶**精講** [37-1]

B　「天明年間」とあるので田沼時代を想起する。

D・F　1792年にラクスマンは**根室**，1804年にレザノフは**長崎**に来航した。

オ　**注意!**▶(a)のビッドルは1846年来航，(c)のハリスは駐日総領事でともにアメリカ人。(b)のプチャーチンは1854年に**日露和親条約**を結んだロシア人である。

2　問A　イ－道南十二館　ロ－シャクシャイン　ハ－屯田兵
　　　　　　ニ－北海道旧土人保護法　ホ－アイヌ文化振興法
　　　問B　1－十三湊　2－武田信広　3－d　4－b　5－d

解説

問A　イ・ロ：▶**解答力 UP!** (p.229)　ハ：**屯田兵**制度は，北海道の開拓とロシアに対する警備も担った制度。屯田兵村が設けられ，多くの士族が入植した。ニ・ホ：▶**精講** [37-2]

問B　1　十三湊（青森県）は中世の日本海交易の拠点港であった。

　　　2　▶**解答力 UP!** (p.229)

　　　3　**詳しく!**▶ aのクナシリ・メナシの**蜂起**は1789年（18世紀）に北海道東部（道東）でおきた出来事。

　　　4　開拓使の長官は薩摩出身の**黒田清隆**。cの**五代友厚**は黒田と同じ薩摩出身の政商で，1881年の**開拓使官有物払下げ事件**に関与した関西貿易社の人物である。

やや難　5　**詳しく!**▶ i：誤文。北海道全域（全道）での徴兵令施行は1898年，衆議院議員選挙法施行は1903年である。ii：誤文。1882年設置の札幌・函館・根室の三県を統合して1886年に**北海道庁**を設置した。

精講 37-1 江戸時代の蝦夷地 ●

① 時期を正しく区分し，功績は混同しないようにしよう。

田沼時代	工藤平助：『赤蝦夷風説考』，最上徳内：蝦夷地探査
寛政の改革 （松平定信）	林子平：『海国兵談』・『三国通覧図説』（朝鮮・琉球・蝦夷三国の地理書）が発禁。幕府が諸藩に海防強化を命令
大御所政治 （徳川家斉）	近藤重蔵・最上徳内：択捉島に「大日本恵登呂府」標柱，伊能忠敬：蝦夷地調査（測量），間宮林蔵：樺太調査（間宮海峡発見）

② **松前藩・幕府の蝦夷地支配**

(1) 松前藩の蝦夷地支配は，松前藩の家臣への**商場知行制**から，18世紀前半頃に**和人**商人が商場（場所ともいう）の管理を請け負う**場所請負制**へと変化した。

(2) 幕府はロシアへの危機感から蝦夷地を直轄化したが，松前藩に落ち度はないため，緊張が緩和すると元に戻した。1802年：幕府は**東蝦夷地**を直轄化→1807年：松前藩と西蝦夷地も直轄とし，**全蝦夷地**を松前奉行が管理する→1821年：1811年のゴローウニン事件が解決して緊張が緩和したので，蝦夷地を松前藩に戻した。

精講 37-2 近代以降のアイヌ政策 ●

① **北海道旧土人保護法**…1899年，第2次山県有朋内閣のときに制定された。旧土人は通称ではなく，**開拓使**が定めた公称。法律はアイヌの保護をうたうが，狩猟・漁労生活を営むアイヌに農耕生活への転換を求め，アイヌ語など独自の文化をもつアイヌに文部省主導の小学校教育を施す**和人化（同化）**政策であった。同法は，平成時代（1997年）までこの名称のまま形式上は存続した。

> **第1条** 北海道旧土人にして農業に従事する者…には一戸に付土地一万五千坪以内を限り無償下付することを得。
>
> **第9条** 北海道旧土人の部落…には国庫の費用を持って小学校を設くることを得。　　　　　　　　　　　　　　　　　　　　　　　　　（『官報』）

② **アイヌ文化振興法**…1997年に橋本龍太郎内閣のときに制定された。アイヌを**少数民族**として認め保護をうたった。日本が単一民族国家ではないことの証左にもなる。

③ **国際連合**による「先住民族の権利に関する宣言」（2007年）の動きに従い，日本も2008年に**国会**でアイヌ民族を**先住民族**と認める決議を採択した。

④ 2019年に「**アイヌ新法**」（安倍晋三内閣）が成立し，ようやく法的にアイヌの先住権が認められた。

1 次の文章を読み，下記の問いに答えよ。

（東洋大・改）

　琉球は交易によって栄えていたが，1609年，幕府の許可を得た薩摩藩の島津氏に侵攻を受けて以来，事実上島津氏の支配下におかれた。明治新政府はさらに琉球を日本の一部とし，a 琉球処分をおこなった。

　第二次世界大戦下の1945年4月にはアメリカ軍が沖縄本島に上陸し，島を南北に分断して3か月間におよぶ戦闘に入った。上陸直後，　A　内閣は退陣し，かわって　B　内閣が組織された。アメリカ軍の攻撃は激烈をきわめ，日本軍のみならず一般県民をも巻き込んだ壮絶なものとなった。この結果，沖縄戦を通じて甚大な被害がもたらされることとなったのである。

　戦後，沖縄はアメリカの施政権下におかれたが，基地拡張や人権侵害事件があいついだことから祖国復帰運動が強まり，1971年に b 沖縄返還協定の調印，翌年に沖縄の日本復帰が実現した。

□ **問1.** 下線部 a について述べた文として最も適切なものを一つ選べ。
　　①1871年の日清修好条規によって琉球が日本に帰属することが明らかとなった。
　　②政府は1872年に琉球藩を解散した。
　　③1874年に台湾に出兵し，沖縄の施政権を台湾から奪い返した。
　　④1879年に沖縄県をおいた。
　　⑤清国が琉球処分を不服としたため，政府は1880年に宮古・八重山列島を清国に割譲した。

□ **問2.** 　A　・　B　に入る語句の組合せとして最も適切なものを一つ選べ。
　　①A：東条英機　　　B：小磯国昭
　　②A：東条英機　　　B：鈴木貫太郎
　　③A：小磯国昭　　　B：鈴木貫太郎
　　④A：小磯国昭　　　B：東久邇宮稔彦
　　⑤A：鈴木貫太郎　　B：東久邇宮稔彦
　　⑥A：鈴木貫太郎　　B：東条英機
　　⑦A：東久邇宮稔彦　B：小磯国昭

□ **問3.** 下線部 b について述べた文として不適切なものを一つ選べ。
　　①これに先だち，1969年に日米首脳会議で沖縄返還に関する合意があった。

②調印時の首相は岸信介であった。

③協定の背景には，沖縄での祖国復帰運動があった。

④沖縄の施政権は日本に返還されたが，軍事基地の使用は延長された。

⑤「核をもたず，つくらず，もち込ませず」の非核三原則を宣言した。

この用語もおさえる！

▶ 南西諸島…九州南端から台湾に至る諸島を指す。日本史では奄美諸島（鹿児島県），沖縄本島，先島諸島（宮古・石垣・八重山など）・尖閣諸島（魚釣島など。中国と台湾が現在，領有権を主張）を区別する必要がある。

▶ 謝花昇・屋良朝苗…謝花昇は明治時代の社会運動家。沖縄の参政権を主張した。屋良朝苗は米軍統治下の琉球政府の初代公選主席（1968年）。本土復帰と米軍基地の全廃を主張した。

▶ 岸信介…自由民主党総裁で1957～60年に首相。日米安全保障条約の改定に取り組み，1960年に日米相互協力及び安全保障条約（新安保条約）を調印して，米軍の日本防衛義務，10年の条約期限，内乱条項の削除を定めた。

▶ 非核三原則…佐藤栄作首相の1967年の国会答弁で示された。唯一の被爆国の立場から核兵器を「もたず，つくらず，もち込ませず」の方針を示した。

2 次の文を読み，下記の設問に答えよ。

（立教大・改）

（　イ　）文化と呼ばれる食料採取文化が続いていた琉球では，その後，農耕が始まり，集落や聖地からなるグスクが各地に形成されて，12世紀頃にはグスク時代をむかえた。グスクの指導者は（　ロ　）と呼ばれるようになり，琉球各地に出現して群雄割拠の状態にあったが，やがて北山・中山・南山の3つの勢力（三山）に統合された。この三山割拠状態を終結し，統一政権を樹立して1429年に琉球王国を作り上げたのは，中山王の（　ハ　）である。当時の琉球王国は，明の海禁政策のもと，日本をはじめ，東アジアや東南アジア諸国の間での（　ニ　）貿易を通して繁栄した。

琉球王国の東アジアにおける位置付けは，1)1609年の薩摩藩による軍事的征服によって変化した。江戸幕府は，薩摩藩による琉球支配を認めるものの，中国（明のちに清）への朝貢国としての地位は存続させた。そのため，江戸時代以来，2)琉球王国は事実上薩摩藩に支配されながら，名目上は中国を宗主国とする両属関係にあった。中国との間では朝貢関係を維持する一方，江戸幕府との間では，琉球国王の代がわりごとに（　ホ　）を，江戸幕府の将軍の代がわりごとに（　ヘ　）を江戸に送ることが慣例となり，ペリー来航の直前まで続いた。また，薩摩藩は琉球にも（　ト　）を行い，石高制による支配を実施するとともに，通商交易権も掌握した。

明治時代に入ると，政府は清と薩摩の双方と両属関係にあった琉球に対して，明確に日本領とする方針をとった。明治政府は，3)廃藩置県により琉球を（　チ　）県に編入したが，その翌年の4)1872年には琉球国王を藩王とし，改めて琉球藩を置く旨を一方的に琉球王国に通告した。また，（　リ　）に漂着した琉球の民が（　リ　）先住民に殺害された琉球漂流民殺害事件を理由に，1874年に明治政府は（　リ　）に出兵し，琉球が日本領であることを清に示した。続いて1879年には，琉球藩を廃して沖縄県を設置した。琉球はこのように，徐々に日本の国家体制に組み込まれていったが，他方で旧来の土地制度・租税制度が温存され，参政権が付与されないなど，制度改革は遅れた。

□　**問A**．文中の空所それぞれにあてはまる適当な語句をしるせ。

　　問B．文中の下線部にそれぞれ対応する次の問に答えよ。

　　　　□**1**．この時の薩摩藩主は誰か。その名をしるせ。

　　　　□**2**．これに関する記述として正しくないのはどれか。

a．江戸幕府は，将軍および国王の代がわりに琉球から送られる使節について，琉球風の服装・髪型を改めさせ，日本風の服装・髪型を用いさせた。

b．薩摩藩は琉球に対して，黒砂糖や中国との朝貢貿易で取得した産物などの上納を求めた。

c．薩摩藩の琉球支配に伴い，琉球での農業生産が奨励されたため，琉球経済は中継貿易型から農業型に変貌した。

d．中国への朝貢では，琉球使節は福建の港から上陸し，その後陸路北京に向かった。

□**3**．これに関する記述として正しいのはどれか。

a．旧大名である知藩事は罷免されて，旧領地への帰還を命じられた。

b．これにより，全国の藩は1871年に1道3府43県に整理された。

c．これにより，中央政府が派遣する府知事・県令が地方行政に当たるようになった。

d．これの後の官制改革により，太政官は左院と右院の二院制となった。

□**4**．この時の琉球国王は誰か。その名をしるせ。

解答力 UP！ 琉球をめぐる混同に注意 —————————————

① **琉球国王**…琉球国王の**尚氏**と対馬の大名の**宗氏**を混同しないこと。琉球国王は，**尚巴志**（中山王・1429年に琉球を統一），**尚寧**（1609年に**島津家久**軍に降伏），**尚泰**（1879年，琉球処分時の琉球藩王）を混同しないこと。

② **江戸時代に琉球王国から幕府に派遣された使節**…**(1)** 琉球国王の就任を感謝するのが**謝恩使**。**(2)** 徳川将軍の交替を奉祝するのが**慶賀使**。**(3)** 幕府の威光が遠く南方の外国に及ぶのを可視化する装置として，琉球使節は異国風の衣装や形式を求められた。一方，文書では和暦を求めた。

③ **琉球王国の都（王宮）は首里**…中継貿易で栄えた**那覇**は首里の外港で都ではない。

1　問1　④　問2　③　問3　②

解説

問1　▶精講 38-2　⑤：誤文。先島諸島（宮古・八重山列島）の分割は日清の両案とも実現しなかった。

問2　詳しく！▶開戦前から続いた東条内閣はサイパン島陥落で1944年7月に退陣した。小磯内閣は沖縄戦開始後の1945年4月に，鈴木内閣はポツダム宣言受諾後の同年8月に退陣した。東久邇宮内閣は人権指令発令後の同年10月に退陣した。

問3　②：誤文。沖縄返還協定を調印したときの首相は**佐藤栄作**である。

2　問A　イ−貝塚後期　ロ−按司　ハ−尚巴志　ニ−中継　ホ−謝恩使
　　　　　　ヘ−慶賀使　ト−検地　チ−鹿児島　リ−台湾
　　　問B　1−島津家久　2−a　3−c　4−尚泰

解説

問A　注意！▶イ：弥生時代以降の北海道では**続縄文文化**，南西諸島では**貝塚後期文化**と呼ばれる**食物採取文化**が長く続いた。▶解答力 UP!（p.229）　ロ：12世紀頃に出現した琉球の各地域の首長を按司と呼ぶ。ハ・ホ・ヘ：▶解答力 UP!（p.235）　ト：薩摩藩が実施し，琉球王国内の石高を定めたので検地が正しい。注意！▶豊臣秀吉の検地ではないので**太閤検地**としないこと。チ：1871年の廃藩置県で琉球は鹿児島県に編入された。リ：▶精講 38-2

問B　1・4　▶解答力 UP!（p.235）

　　　2　a：誤文。▶解答力 UP!（p.235）　詳しく！▶c：正文。那覇での**中継貿易**は，明の海禁政策の緩和，ポルトガル人の後期倭寇への参入，中国の琉球王国に対する入貢数の制限（朝貢の削減）により衰えた。

　　　3　a：誤文。知藩事は廃藩置県後，東京に居住した。b：誤文。廃藩置県直後は1道3府302県，1871年末に72県，88年に43県。d：誤文。廃藩後，太政官は正院・左院・右院の三院制となった。▶精講 25-1（p.158）

精講 38-1　琉球王国と両属関係 ●────────────────

① **独立国**…17世紀以降，琉球王国は薩摩藩の支配を受けながら独立国として存続した。その上で江戸幕府と中国とに両属する体制となった。琉球王国は幕末にアメリカなどと**修好条約**を個別に締結した。

② **琉球を介した物の移動**…薩摩藩は琉球産の**黒砂糖**を上納させ，琉球王国が中国との朝貢で得た中国産物を入手した。一方，蝦夷地産の**昆布**が大坂市場，薩摩藩経由で琉球王国に運ばれ，琉球で消費されたほか，中国へも朝貢貿易を利用して送られた。

精講 38 - 2　琉球の日本編入過程 ●━━━━━━━━━━━━━━━━━━━━━━━

① 1872年…**琉球藩**を置き，琉球国王の**尚泰**を藩王にした。
② 1874年…1871年におきた**琉球漂流民殺害事件**を持ち出して**台湾**に出兵した。
③ 1875年…清への朝貢（使節派遣）と清からの冊封を禁止した。
④ 1879年…**琉球処分**により**沖縄県**を設置した。尚泰は東京居住となった。
⑤ 1895年…日清戦争後の**下関条約**（講和条約）で台湾の日本への割譲が決まり，沖縄の日本帰属が事実上決まった（1871年の日清修好条規では規定なし）。
⑥ 沖縄での徴兵令施行は1898年，衆議院の選挙法施行は1912年まで遅れた。

精講 38 - 3　第二次世界大戦と沖縄 ●━━━━━━━━━━━━━━━━━━━━

① **沖縄戦**…1945年4月1日，アメリカ軍が沖縄本島に上陸。日本軍は本土防衛の時間稼ぎの意味もあり，上陸を阻止せず県民を巻き込んだ**地上戦**となった。6月23日に日本軍の組織的抵抗が終了した（**沖縄慰霊の日**）。
② **サンフランシスコ平和条約**…1951年9月に調印，翌52年4月28日に発効して日本は独立・主権を回復したが，沖縄はアメリカの施政権下に置かれた。後に**琉球政府**による自治（間接統治）が認められるが，米軍基地は拡張した。
③ **沖縄返還問題**…奄美諸島は1953年，小笠原諸島は68年，沖縄諸島は71年の沖縄返還協定に従い，翌72年5月15日に返還された。返還の背景には，**沖縄県祖国復帰協議会**の結成（1960年），アメリカのベトナム戦争への直接介入（1965年），1969年の**佐藤・ニクソン会談**での合意（**日米共同声明**）などがある。アメリカは嘉手納飛行場など沖縄の基地機能の維持と費用の負担を日本に確約させることで，反対運動を抑えるため施政権返還に転じた。
④ **日本復帰後の沖縄**…「**核抜き・本土なみ**」の返還は守られず，日本の国土総面積の1％未満の沖縄県に米軍専用施設の約70％が集中し，沖縄本島では面積の約15％に迫る（2019年3月現在）。在日米軍駐留の法的根拠は**日米安全保障条約**（旧安保は1951年調印，60年に改定），細目は旧安保条約では**日米行政協定**，現在は**日米地位協定**に基づく。

1 次の文を読み，下の問いに答えよ。

（近畿大・改）

　古い道徳にしばられ，社会的に差別されていた女性の解放をめざす運動は，1911年に　1　らによって結成された文学者団体が発刊した雑誌『　2　』に始まった。これは大逆事件直後の時代閉塞をつきやぶる女たちの自己表現であった。同年には，(a)松井須磨子の主演によって，なに不自由のない家庭の妻ノラの家出を描いたイプセンの『人形の家』が上演された。これは，女性が良妻賢母としてもっぱら家庭の中で生きることを強いられているという矛盾について，多くの女性に気づきを与えた。1918年には　1　と(b)与謝野晶子を中心に，女性の自立には国家による母性保護が必要（　1　）か，経済的自立が必要（与謝野）かをめぐるはげしい論争がたたかわされた。　1　と市川房枝らを中心に，1920年に　3　が結成され，(c)参政権の要求など女性の地位を高める運動を進めた結果，1922年に　4　が改正された。また，女性による社会主義運動の気運も高まっていく。参政権獲得運動によって，1930年と1931年の二度にわたり，(d)婦人公民権法案が提出され，衆議院では可決，貴族院で否決された。

□ **問1.** 空欄　1　に入れる人名として最も適当なものはどれか。
　　①山川菊栄　　②樋口一葉　　③平塚らいてう　　④奥むめお
□ **問2.** 空欄　2　に入れる語句として最も適当なものはどれか。
　　①婦人公論　　②中央公論　　③主婦之友　　④青鞜
□ **問3.** 空欄　3　に入れる語句として最も適当なものはどれか。
　　①全国水平社　　②黎明会　　③新婦人協会　　④友愛会
□ **問4.** 空欄　4　に入れる語句として最も適当なものはどれか。
　　①出版条例　　②集会条例　　③治安維持法　　④治安警察法
□ **問5.** 下線部（a）が所属し，坪内逍遙が設立した団体として最も適当なものはどれか。
　　①文芸協会　　②自由劇場　　③日本美術院　　④築地小劇場
□ **問6.** 下線部（b）についての文として最も適当なものはどれか。
　　①日清戦争開戦に際して，反戦の詩を発表した。
　　②雑誌『明星』の誌上で活躍した。
　　③代表作『小説神髄』を発表した。

④夫の与謝野鉄幹とともに自然主義文学の運動の中心となった。

□ **問7.** 下線部（c）に関連して，1925年に成立した普通選挙法についての文として最も適当なものはどれか。
　①満25歳以上の男性で3円以上の直接国税を納めるものが衆議院議員の選挙権をもつこととなった。
　②満20歳以上の男性が衆議院議員の選挙権をもつこととなった。
　③満20歳以上の男女が衆議院議員の選挙権をもつこととなった。
　④満25歳以上の男性が衆議院議員の選挙権をもつこととなった。

□ **問8.** 下線部（d）に関連して，女性の参政権についての文として最も適当なものはどれか。
　①1946年に戦後初の総選挙が行われたが，女性議員は誕生しなかった。
　②マッカーサーの指令による五大改革に含まれていた。
　③アメリカ軍の占領統治が弱まった1952年に女性の参政権が認められた。
　④太平洋戦争時に男性人口が急減したことから，敗戦直前に女性に参政権が付与された。

この**用語**も**おさえる**！

▶ **青鞜社**…1911年に**平塚らいてう（明）**らが設立した女性による文学団体。雑誌『青鞜』を発行。時期区分は明治時代であることに注意すること。

▶ **新婦人協会**…1920年に平塚らいてうらが設立。参政権を求めるとともに，治安警察法の改正に取り組み，1922年に女性の政治集会への参加が認められた。

▶ **赤瀾会**…1921年に山川菊栄や伊藤野枝らが設立した女性の社会主義者の団体。

▶ **松井須磨子**…新劇の女優。明治時代に**文芸協会**，大正時代に**芸術座**で活躍した。なお，1919年没なので，1924年結成の**築地小劇場**には参加していない。

▶ **市川房枝**…戦前は1920年に**新婦人協会**，1924年に**婦人参政権獲得期成同盟会**に参加。大政翼賛会の活動により戦後に**公職追放**を受けた。公職追放の解除後は参議院議員として活躍した。

2 (1) 次の文を読み，設問に答えなさい。
（津田塾大・改）

　産業革命は人びとの生活を近代化・合理化すると同時に，新たな抑圧も生み出した。1910年代になると，労働運動や農民運動にくわえて，女性の解放を求める新たな社会運動がでてきた。島村抱月が結成した文化団体の文芸協会が1911年にイプセンの『人形の家』を公演すると，女性の主人公ノラを演じた[1]が脚光を浴びた。同年，平塚らいてうなどは女性のみの文学団体である青鞜社を結成し，『青鞜』の創刊号で「元始，女性は実に[2]であった」と宣言した。1918年に平塚は，日露戦争を批判した歌人として知られる与謝野晶子と，女性の自立や国家による保護をめぐって母性保護論争を展開した。1920年，平塚，市川房枝，奥むめおなどは女性の政治的権利の獲得を目指して[3]を結成し，女性が政治集会に参加することを禁止する治安警察法第5条の撤廃を求めた。1922年には同法の改正により女性も政治演説会への参加が認められるようになった。[3]は1924年の婦人参政権[4]の結成へとつながり，女性の参政権を求める運動は拡大していった。また，山川菊栄らは1921年に女性社会主義団体の[5]を結成した。

　第一次世界大戦頃から，教師，バスガール，電話交換手などとして働く女性が増え，[6]と呼ばれるようになった。都市では洋装の普及が進み，娯楽としてのショッピングが生まれ，三越や高島屋など呉服店があいついで[7]へと転業して消費文化の中心となった。また，昭和初期，洋服に断髪のいでたちで街を闊歩する女性は[8]と呼ばれた。

□ **問1**　空欄[1]〜[8]にもっとも適当な語を入れなさい。

(2) 次の文を読み，設問に答えなさい。
（専修大・改）

　満州事変から1945年まで続いた戦争では，男性の多くが前線へと動員される一方，女性は「銃後」の活動に総動員された。戦争初期の段階で活発な活動を開始したのは，1932年に結成された国防婦人会である。その活動は日本社会の軍国主義化をうながしたが，当時の農村女性たちにとっては，半日でも家から解放されて活動に参加することは，一種の「婦人解放」であったとする見方もある。

　戦争が拡大するにつれて，戦場に動員された男性に代わり，女性が軍需生産をも担うようになる。政府は女性たちの「自発的活動」と称して，劣悪な労働条件の下，①多くの未婚女性を軍需工場で働かせた。沖縄では1945年の初めに，

沖縄駐留の日本軍の一部が台湾に移動したことの穴埋めとして住民の根こそぎ動員が行われ，一般男性はもちろんのこと，男子学生は軍人として，女子学生は補助看護婦として動員された。沖縄戦が始まると，兵力不足を補うために男子学生は　1　，女子学生は　2　に編成された。

□ **問1**　下線部①に該当する，軍需工場における男性の労働力不足を補うために女性たちを動員した組織の名称として最も適切なものを1つ選べ。

　　　①大日本婦人会　　②隣組　　③赤瀾会　　④女子挺身隊

□ **問2**　空欄　1　・　2　に入る語の組み合わせとして最も適切なものを1つ選べ。

　　　① 1．神風特別攻撃隊　　2．国民義勇隊
　　　② 1．神風特別攻撃隊　　2．女子学徒隊
　　　③ 1．鉄血勤皇隊　　　　2．女子学徒隊
　　　④ 1．鉄血勤皇隊　　　　2．国民義勇隊

（**解答力 UP!**）「初の○○」は要注意（**女性史**）───────────

① 　**初の女子留学生**（1871年の岩倉使節団に参加）…**津田梅子**は女子英学塾（津田塾大）設立。**山川捨松**は大山巌元帥の妻となる。

② 　**初の女性国会議員**…1945年の衆議院議員選挙法改正に基づく1946年4月の総選挙では，女性78人が立候補して39名が初当選した。

③ 　**戦後政治**…すでに女性の閣僚，衆議院議長，知事や市長などは誕生しているが，女性の首相就任例はまだない。

1　問1　③　問2　④　問3　③　問4　④　問5　①　問6　②　問7　④
　　　問8　②

解説

問2・5　誤字に注意。松井須磨子（×摩），『青鞜』（×踏）。

問5　▶この用語もおさえる！（p.239）　近代劇で西洋の翻訳劇を中心とした新劇と
川上音二郎らの新派劇を混同しないこと。**文芸協会**は1906年に坪内逍遥・島村抱
月が設立した。**自由劇場**は1909年に小山内薫らが設立した。

問6　①：誤文。日清戦争ではなく日露戦争の反戦詩。③：誤文。『小説神髄』は坪
内逍遥。④：誤文。自然主義文学ではなくロマン主義文学。

問8　②：正文。五大改革指令は1945年10月，**幣原喜重郎**首相に指示が出されたもの。
他に労働組合の結成奨励，教育・経済の民主化，圧政的諸制度撤廃がある。①：
誤文。▶解答力 UP！（p.241）

2　(1)　問1　1−松井須磨子　2−太陽　3−新婦人協会
　　　　　　4−獲得期成同盟会　5−赤瀾会　6−職業婦人
　　　　　　7−百貨店〔デパート〕　8−モダンガール〔モガ〕
　　(2)　問1　④　問2　③

解説

(1)　**問1**　1・3・4・5：▶この用語もおさえる！（p.239）　6：職業婦人は女
工（工女）や家業を担う主婦と異なり，教育機関で技術や資格を得て就業（通
勤）した主に大正時代以降の女性を指す。　**詳しく！**▶7：例えば三井家の越
後屋呉服店は1904年に三越呉服店となり，「デパートメントストア宣言」で百
貨店化した。呉服店以外では私鉄会社が始発駅にターミナルデパートを開業
した。8：男性は**モボ**（モダンボーイ）と呼ばれた。

(2)　**問1**　**注意！**▶女子挺身隊は1943年以降に本格化。14〜25歳の未婚女性が男性
の労働力不足を補った。一方で既婚女性は「産めよ増やせよ」を求められた。
　　問2　沖縄の男子中学生は**鉄血勤皇隊**，女子は**女子学徒隊**として動員された。
ひめゆり隊は県立第一高等女学校と沖縄師範学校女子部の教師・生徒が結成
した。

精講 39-1 女性の社会進出を阻んだ要因 ●━━━━━━━━

① **刑法**（1882年施行）…家制度を維持するため姦通（不貞行為）に対して妻だけに厳しい規定（**姦通罪**）があった。日本国憲法が男女および夫婦の平等を定めたため，1947年の刑法改正で**大逆罪・不敬罪**とともに姦通罪も削除された。

② **学校令**（1886年）…女性の中学校や帝国大学など中等・高等教育への門戸を閉ざした。**高等女学校令**（1899年）で女子中等教育が拡充するも，教育課程は「良妻賢母」を目指すもので，女性の官僚・政治家・学者・技術者が誕生しにくい教育制度であった。1947年の教育基本法・学校教育法で教育における男女平等（男女共学などを含む）を定めた。

③ **衆議院議員選挙法**（1889年）…1945年まで女性の参政権を認めなかった。

④ **民法**（1898年施行・明治民法）…強い**戸主制**のもと，女性は戸主や夫，長男に従属する存在とされ，家督相続権は直系男子優先，親権は父親のみ，妻の財産権はなく夫の管理となった。慣習的に江戸時代以前からあった内容も多いが，それを法制（成文）化した意味は大きい。刑法と同様に1947年の民法改正（新民法）で戸主制廃止，親権や相続などでの男女同権化がなされた。

⑤ **治安警察法**（1900年）…**第5条**で女子の政治活動（史料では政事活動）を抑制した。新婦人協会の運動により1922年に女子の政治集会参加が容認された。

⑥ **工場法**（1911年制定・16年施行）…労働者保護法であるが，女工（工女）が繊維産業の重要な労働力であったため，12時間労働を認めた上，例外規定も多かった。15人以上の工場にのみ適用された。労働基準法（1947年）で男女同一賃金制に。

⑦ **男女雇用機会均等法**…1985年に成立し，97年に改正された。

⑧ **女子差別撤廃条約**…国際連合で1979年に採択。日本は1985年に批准した。

精講 39-2 近現代に活躍した女性 ●━━━━━━━━

精講 39-1 のように明治以降の女性は制度上も差別の対象となった。その中でも才能を開花させた女性もいた。例えば紙幣の肖像画に近代では樋口一葉，津田梅子が選ばれた。やや細かいが設問に登場した以外の女性も確認しよう。

① **樋口一葉**…作家，『たけくらべ』『にごりえ』

② **金子みすゞ**…童謡詩人

③ **三浦（柴田）環**…ソプラノ歌手，オペラ『蝶々夫人』で活躍

④ **緒方貞子**…国連難民高等弁務官

⑤ **土井たか子**…日本社会党委員長，衆議院議長

STEP 1 基本レベル

□ **1** 次の文章を読み，空欄に入るもっとも適切な語を答えよ。 (成城大・改)

　1872年に「学事奨励に関する太政官布告」（いわゆる被仰出書）が出され，これを受けて　1　が公布された。被仰出書は，「学問は身を立るの財本」と認識し，「身を修め智を開き才芸を長ずる」教育の必要，すなわち学校設置の必要を説くものであった。また「国家の為」と論ずる「空理虚談」の学を排して，　2　を奨励しようとするものであり，さらに「一般の人民」すなわち「華士族農工商及婦女子」を対象として「必ず邑に不学の戸なく家に不学の人なからしめん事を期す」宣言であった。しかしながら，この構想は非現実的なものであったため，現実的な改変が試みられ，1879年に　1　が廃止されて　3　令が公布された。　3　令は教育の地方分権化によって，学校教育を地域化し，人々の学校への自発的協力を得ようとしたものであったが，就学率が低下するなどの状況が生まれたため，1880年に早くも改正され，　4　省や府県による学校教育に対する指導，監督が強化された。

　1886年には初代文部大臣　5　のもとで，帝国大学令，師範学校令，中学校令，小学校令などの　6　が制定され，学校体系の基本構造が確立した。1890年には教育に関する勅語が渙発されて国家主義的な教育理念が示され，同年に制定された第二次小学校令では，　2　よりも道徳教育や国民教育が重視されることとなった。1900年には，第三次小学校令によって義務教育期間が4年間に統一されるとともに，義務教育　7　制が実現した。小学校令は1907年にも一部改正され，義務教育期間が　8　年間に延長された。その後，1941年に　9　令が制定され，それまでの小学校は　9　に改称された。　9　令は義務教育期間を　10　年間に延長するものであったが，戦争激化のため，その実施は延期され，第二次世界大戦中に実現することはなかった。

　1　と　3　令のもとでは，唯一の大学は東京大学であったが，帝国大学令によって，東京大学は帝国大学に改組され，帝国大学の組織と制度が明確化された。1897年に　11　帝国大学が設立され，帝国大学は東京帝国大学と改称された。日本近代の高等教育において，帝国大学は大きな役割を果たしたが，私立の専門学校や大学も大きな役割を果たしたことを見逃してはならない。

　1918年に　12　内閣のもとで　13　が制定された。　13　は，帝国大学令と異なり，公立大学や私立大学，また単科大学を認めた。

　政府が議会の承認を得ることなく，戦争遂行に必要な労働力などを勅令に

よって動員できるようにする 14 が1938年に制定されると，大学や専門学校の学生は，出征兵士急増による労働力不足を補うために，各種の業務に駆り出されることとなった。また，従来は兵役法などの規定によって，大学や専門学校などの学生は26歳まで徴兵が 15 されていたが，1943年になると，徴兵年齢に達した学生を，理工系と教員養成系を除いて徴集することとなり，労働力不足に加え，兵士不足にも対応するために，学生が動員されたのであった。これをふつう 16 という。

この用語もおさえる！

▶ 学制（1872年）・教育令（1879年）…学制はフランス，教育令は地方分権的なアメリカの制度を参考にした。教育令では4年のうち16か月を義務教育期間とした。1880年の改正教育令では修身が筆頭科目となり，文部省による集権的な制度となった。

▶ 学校令（1886年）…小学校令・中学校令・師範学校令・帝国大学令などの総称。第1次伊藤博文内閣が発令した。師範学校は教師養成機関。

▶ 帝国大学…1886年に東京大学を帝国大学（東京）と改組，1897年の京都帝大に続き，1939年までに東北・九州・北海道・京城（朝鮮）・台北（台湾）・大阪・名古屋の順に，植民地も含む9帝大を設けた。札幌農学校（1876年）は北海道帝大の前身である。

▶ 大学令（1918年）…公立と私立の大学および商科・工科・医科などの単科大が認可されたが，女子大学の設置は戦後のことであった。

▶ 女子教育…津田梅子の女子英学塾（津田塾大），成瀬仁蔵の日本女子大学校，安井てつの東京女子大など。

▶ 徴兵免除と徴兵猶予…1873年の徴兵令では戸主や長男，代人料として270円を納めた者などに徴兵の免役規定があった。大日本帝国憲法で兵役を臣民男子の義務としたため，1889年の徴兵令改正で免役の規定を廃した。文系の大学生などの徴兵猶予は1943年になくなり，学徒出陣が行われた。

□ **2** 次の文章を読み，空欄にもっとも適当な語句・人名・数字（年代は西暦年）などを記入し，かつ (a) ～ (e) の問いに答えよ。

（立命館大・改）

　　　 1 　年に設置された文部省により制定された学制は， 2 　の教育制度に範をとったもので，全国を 3 　個の大学区に分け，そのなかに中学区，小学区を設置した。これを受けて①日本各地で小学校の整備が進められた。

　この間，高等教育の整備も進み，1869年には旧幕府時代の昌平坂学問所に淵源する昌平学校と，同じく蛮書和解御用に淵源する 4 　学校，種痘所に淵源する医学校を統合して大学校が設置された。大学校はその後，廃止となり， 4 　学校は大学南校，医学校は大学東校となった。この両者はその後，1877年に統合されて東京大学が誕生している。

　一方，工業技術などを教える高等教育機関としては，②工部省所管の工学校が開校され，1876年にはフォンタネージ，ラグーザなどを招いて工部 5 　学校が併設されたが，これらは最終的に③東京大学（帝国大学）に吸収された。

　1890年代には企業勃興の影響を受けて，中高等教育の整備拡充を求める動きが日本各地からわき起こった。1893年に文相に就任した④井上毅は，同年に実業補習学校規定を制定した。また，1894年に高等中学校を高等学校と改称した。

　この間，民間でも専門学校設立の動きが加速した。特に法律系専門学校の需要は高く，1881年には岸本辰雄らにより 6 　法律学校が，1885年にはのちに 7 　大学となる英吉利法律学校が設立されている。一方で女子教育の充実もはかられた。1900年には 8 　により女子英学塾が設立され，1901年には教育家成瀬仁蔵らの手で日本女子大学校が設立された。

　　 9 　年，原敬内閣は⑤大学令を公布， 10 　大学以外にも公・私立大学，単科大学の設立を認可することで，大学教育全体の整備再編をはかった。

□ **(a)** 下線部①に関連して，長野県松本市に県下第一の小学校として開設され，擬洋風の建築として有名な小学校はどれか。
　　　⑥ 春米学校　　⑪ 開智学校　　⑤ 専修学校　　⑤ 番組小学校

□ **(b)** 下線部②に関連して，1877年にこの学校の後身である工部大学校に建築教師として招かれ，辰野金吾らの優れた日本人建築家を育てたイギリス人は誰か。
　　　⑥ メーソン　　⑪ キヨソネ　　⑤ コンドル　　⑤ ワーグマン

□ **(c)** 下線部③に関連して，東京大学の初代総理だった人物は，のちに帝国大学の総長も務めている。『国体新論』などの著書でも知られるこの人物は誰か。

　　あ　南原繁　　**い**　井上哲次郎　　**う**　西村茂樹　　**え**　加藤弘之

□ **(d)** 下線部④に関連して，井上毅が起草に加わった教育勅語が制定されたのはいつか。

　　あ　1879年　　**い**　1890年　　**う**　1898年　　**え**　1904年

□ **(e)** 下線部⑤に関連して，この大学令は戦後廃止され，新しい法律に基づいていわゆる新制大学が誕生することになる。新しい法律名として，もっとも適当なものはどれか。

　　あ　学校教育法　　　**い**　私立学校法

　　う　教育基本法　　　**え**　社会教育法

─── **解答力 UP!** 教育史（近現代）の注意点 ───────────

① 戦前の教育行政は**勅令主義**（基本となる法律を勅令によって定めること）のため，教育令，学校令，大学令，国民学校令などを○○法と誤答しないこと。一方，戦後は教育基本法，学校教育法，教育委員会法など**立法主義**である。

② 戦前の教育史では**性差**に留意する。女子は中学校，高等学校，大学に進めず，**高等女学校**（男子の中学校に相当）や女子高等師範学校（現在のお茶の水女子大，奈良女子大）に進学した。

③ 特に私立大学を受験する場合，前身の名称，創立年，創立者，代表的な卒業生などは必ず確認しておこう。

④ 明治期のお雇い**外国人**については，国籍と業績（職種），直接指導を受けた日本人などを確認しておこう。

⑤ 戦前における複線型の教育体系は，一度進学すると，進路変更がしにくい。尋常小学校の卒業時にその後の学歴が早々に決まってしまうという問題点があった。一方，現在の教育体系は単線型である。

1　　1　学制　2　実学　3　教育　4　文部　5　森有礼　6　学校令
　　　7　無償　8　6　9　国民学校　10　8　11　京都　12　原敬　13　大学令
　　　14　国家総動員法　15　猶予　16　学徒出陣

解説

1・3・6・13・16　▶ この用語もおさえる！（p.245）

2　「空理虚談」の学を排してとあるので，この対語を考える。

5　内閣制度は1885年導入。森有礼は1889年の大日本帝国憲法発布当日に暗殺された。

やや難　8　義務教育期間は学校令の後，4年→6年→8年→9年と延長した。

2　　1　1871　2　フランス　3　8　4　開成　5　美術　6　明治　7　中央
　　　8　津田梅子　9　1918　10　帝国
　　　(a)　い　(b)　う　(c)　え　(d)　い　(e)　あ

解説

1　文部省は1871年創設，中央省庁の再編で2001年に文部科学省へ改組された。

2　この用語もおさえる！（p.245）

3　全国を8大学区に分け，1大学区に32中学区，1中学区に210小学区とした。

4　注意！▶ 蛮書和解御用（1811）→蕃書調所（1856）→開成所（1863）→開成学校
　　（1868）→大学南校（1869）→東京開成学校（1874）→東京大（1877）と変遷した。

やや難　(a)　開智学校は長野（松本）。なお，春米学校は山梨，番組小学校は京都にある。

(b)　コンドルはニコライ堂や鹿鳴館を設計。キヨソネ（伊）は紙幣印刷に関わった。

(c)　加藤弘之については　28 | 明治時代4　2 問2を参照。政治学者南原繁（あ）
　　は終戦後の東京帝大総長。吉田茂首相と講和問題で論争した。哲学者井上哲次郎
　　（い）は東京帝大の文科大学長。思想家西村茂樹（う）は『日本道徳論』を著した。

(d)　教育勅語は1890年に発布。井上毅と元田永孚が起草。天皇中心の国体観念と忠
　　君愛国を強調した。

(e)　▶ 精講 40 - 2

精 講 40-1 明治時代に設立された私立の高等教育機関 ●━━━━━━━

　官立学校が全国的なのに対し，私立は都市圏を中心とした。なお，高等学校は男子に限られ，同年齢に占める在学率は戦前を通してほぼ１％未満であった。なお，受験を予定している私立大学の名称は必ず確認しておこう。

東京	慶応義塾（慶應義塾大）・立教学校（立教大）・東京法学社（法政大）・明治法律学校（明治大）・東京専門学校（早稲田大）・英吉利法律学校（中央大）・哲学館（東洋大）・日本法律学校（日本大）
関西	京都：同志社英学校（同志社大）・京都法政専門学校（立命館大），大阪：関西法律学校（関西大），神戸：関西学院（関西学院大）

精 講 40-2 第二次世界大戦後の教育改革 ●━━━━━━━

　戦後の教育改革については，GHQ による教育の民主化の内容と，独立後の自由党のち自由民主党を中心とする教育改革による変化や転換に注目すること。

① GHQ による占領中の教育改革（1945年８月〜1952年４月）
1945年：墨塗り教科書，青空教室，**修身**・地理・日本歴史の授業を一時停止した
1947年：**教育基本法**（民主主義教育の基本理念・教育の男女平等）・**学校教育法**（６・３・３・４制，教育体系は**複線型→単線型**に転換した）
1948年：**教育勅語の失効決議（国会）・教育委員会法**（教育の民主化と教育行政の地方分権化，教育委員の**公選制**，都道府県と市区町村にそれぞれ教育委員会を設置）
1949年：**検定教科書**の使用開始（戦前の**国定教科書**制度を否定→検定制）
②独立・主権回復後（1952年４月28日以降）の教育改革
1954年：**教育二法**の公布（教育の政治的中立，教員の政治的活動を抑制）
1956年：教育委員は地域住民の**公選制→自治体首長の任命制**に転換
③平成（1989年１月）以降の教育改革
2002年：公立小中高校で学校５日制実施
2006年：教育基本法の改正

さくいん

メモ